本书出版得到华东政法大学资助

Research on Social Adaptation of Adolescents
in Placement and Educational Assistance System

安置帮教青少年
社会适应研究

井世洁 著

中国社会科学出版社

图书在版编目(CIP)数据

安置帮教青少年社会适应研究／井世洁著. —北京：中国社会科学出版社，2024.1
ISBN 978-7-5227-2806-3

Ⅰ.①安… Ⅱ.①井… Ⅲ.①青少年—社会生活—适应能力—研究—中国 Ⅳ.①D432.64

中国国家版本馆 CIP 数据核字(2023)第 240249 号

出 版 人	赵剑英
责任编辑	刘亚楠
责任校对	张爱华
责任印制	张雪娇

出　　版	中国社会科学出版社
社　　址	北京鼓楼西大街甲 158 号
邮　　编	100720
网　　址	http://www.csspw.cn
发 行 部	010-84083685
门 市 部	010-84029450
经　　销	新华书店及其他书店

印　　刷	北京君升印刷有限公司
装　　订	廊坊市广阳区广增装订厂
版　　次	2024 年 1 月第 1 版
印　　次	2024 年 1 月第 1 次印刷

开　　本	710×1000　1/16
印　　张	15
插　　页	2
字　　数	276 千字
定　　价	98.00 元

凡购买中国社会科学出版社图书，如有质量问题请与本社营销中心联系调换
电话：010-84083683
版权所有　侵权必究

《华东政法大学70周年校庆丛书》
编委会

主 任 郭为禄 叶 青 何勤华
副主任 张明军 王 迁
委 员 (以姓氏笔画为序)

马长山 朱应平 刘宪权 刘 伟 孙万怀
陆宇峰 杜 涛 杜志淳 杨忠孝 李 峰
李秀清 肖国兴 何益忠 冷 静 沈福俊
张 栋 陈晶莹 陈金钊 林燕萍 范玉吉
金可可 屈文生 贺小勇 胡玉鸿 徐家林
高 汉 高奇琦 高富平 唐 波

第一章　导论 / 1
第一节　研究背景 / 1
第二节　研究问题 / 12
第三节　研究意义 / 15
第四节　研究方法 / 16

第二章　文献回顾 / 22
第一节　与安置帮教青少年相关的研究 / 22
第二节　与社会适应相关的研究 / 35
第三节　对文献的基本总结 / 45

第三章　场域转换：刑罚与回归 / 49
第一节　刑罚执行 / 49
第二节　回归社会 / 62
第三节　小结 / 79

第四章　社会适应策略 / 82
第一节　促进性聚焦策略 / 82
第二节　防御性聚焦策略 / 99
第三节　外部疏导聚焦策略 / 103
第四节　小结 / 108

第五章　社会适应历程 / 110
第一节　动荡震惊阶段 / 110

第二节 反思调适阶段 / 113
第三节 缓冲休整阶段 / 121
第四节 融入行动阶段 / 126
第五节 小结 / 146

第六章 社会适应类型 / 148
第一节 积极社会适应型 / 148
第二节 平稳社会适应型 / 152
第三节 抗争社会适应型 / 157
第四节 消极社会适应型 / 161
第五节 小结 / 165

第七章 促进对策 / 167
第一节 相关政策与制度的优化 / 167
第二节 服务输送方式完善 / 176
第三节 工作者能力素养的提升 / 195
第四节 小结 / 202

第八章 结语 / 204
第一节 主要发现 / 204
第二节 研究贡献 / 209
第三节 研究不足与未来研究方向 / 210

参考文献 / 212

附录 1 安置帮教青少年访谈对象基本情况表 / 227

附录 2 安置帮教工作人员访谈对象情况表 / 230

附录 3 安置帮教青少年社会适应状况访谈提纲 / 231

附录 4 安置帮教工作人员访谈提纲 / 233

后　记 / 234

第一章 导论

安置帮教青少年群体回归社会所面临的一个"核心问题"是社会适应问题，其社会适应状况不仅决定着该群体的生活质量，还影响到我国社会治理水平的提高乃至和谐社会的构建。从某种意义上说，安置帮教青少年的社会适应状况，既是我国社会转型期一个严峻的现实问题，也是一个亟待解决的学术命题。本章将在对研究背景做深入阐述的基础上，明确研究目的与研究主题，提出具有针对性的研究问题，介绍研究采用方法，阐述本书的理论意义与实践意义。

第一节 研究背景

一 严峻的青少年犯罪现状

青少年犯罪是世界性的社会问题，威胁着社会的和谐与稳定，我国也不例外。在我国社会转型的时代背景下，社会生活中的越轨现象不断增多，我国最高人民法院将25周岁以下（含25周岁）的犯罪定义为青少年犯罪，并从1991年开始公布青少年犯罪情况。据国家统计局数据显示，在犯罪人群中，青少年刑事犯罪（即14—25周岁的青少年罪犯）人数为24.3万人，占犯罪总人数的比例为17%，相较于2017年与2016年有所回升。其中，不满18岁的青少年刑事犯罪人数约为3.4万人，18—25岁青少年刑事犯罪人数为20.9万人。[①]

总体来看，青少年犯罪的态势呈现以下特征。首先，犯罪年龄低龄化。

---

① 中华人民共和国国家统计局：《2016—2018年年度数据》，http://data.stats.gov.cn/easyquery.htm?cn=C01&zb=A0S0G02&sj=2018（访问日期：2020年1月17日）。

我国青少年犯罪日益呈现低龄化特点。2023年由最高人民检察院发布的《未成年人检察工作白皮书（2022）》显示，2021年，检察机关受理审查起诉14—16周岁未成年犯罪嫌疑人为8169人，占受理审查起诉未成年犯罪总数的11.04%，较2017年增加2980人，增幅达57.4%。如何为青少年构建一个良好的成长环境，提升家庭和学校教育质量，改善社会风气，正考验着中国当前的社会治理体系。其次，犯罪手段暴力化。青少年犯罪涉嫌最多的罪名分别是盗窃、抢劫、故意伤害、寻衅滋事以及聚众斗殴，这五种犯罪占全部受理案件人数的81%左右。而且，一般的盗窃、聚众斗殴等违法犯罪行为呈现减少的趋势，取而代之的是社会危害性更大的故意伤害、抢劫、性侵害等暴力性犯罪。再次，犯罪人数团伙化。有研究指出，所有青少年犯罪中有超过60%的是团伙犯罪。近年来诸如"洋浦17岁少年伙同他人诈骗"，"海南一13岁少年伙同他人偷电动车"等新闻频频见诸报端便是明证。青少年彼此之间会因为志趣相投，更容易产生共同话题，如果受到不良群体的引诱，很容易因为涉世未深、经验不足而陷入违法犯罪的境地。最后，犯罪方法新型化。青少年高科技犯罪是指青少年犯罪主体利用高科技手段所实施的犯罪形式。利用电脑合成技术，伪造证据，敲诈勒索；利用因特网传播非法言论，在网络上招嫖卖淫；甚至伪造假文凭、假身份证等骗取钱财，都属于高科技犯罪。现代科技的迅猛发展与广泛使用使青少年处在虚拟与现实交织、低俗与高雅共存的社会氛围之中，处于成长期的青少年难分良莠，极易借助高科技手段实施犯罪行为。

"教育、感化、挽救"一直是我国青少年犯罪预防工作遵循的基本方针，也是青少年犯罪预防与矫正制度的出发点和落脚点。尽管随着少年司法制度的发展完善，有很大一部分青少年通过父母严加管教、治安处罚等方式予以矫治。但是，依然有年满十六岁需要负刑事责任的青少年需要通过监所服刑和社区矫正的方式执行法律对他们的刑罚，而几乎所有犯罪青少年最终都会重返社会，面对和刑罚执行前几乎无二致，甚至更为艰难的生活环境、就业或就学的抉择，面对充满坎坷的回归之路，不少人会重蹈覆辙，再次走上犯罪之路。

二 不容忽视的安置帮教青少年再犯罪状况

再犯罪，也被称为重新犯罪或又犯罪，指个体因为犯罪而被处以刑罚，并在刑罚执行完毕或假释释放回归社会后，又触犯法律的行为。安置帮教青少年再犯罪则是指那些因犯罪被处以刑罚且释放后的青少年又重新犯罪。如果说刑满释放人员的再犯罪问题是一个得到普遍关注的现实问题，那么，有犯罪前科的青少年再犯罪更应该受到重视。根据我国学者孔一的调查显示，J省在押犯中有前科罪犯占比22.41%，5次以上判刑罪犯总数超过千人，其中某罪犯累计判刑和劳教次数高达20次之多。[1] 而他的另一项研究通过针对浙江省近3000名18—25岁的青少年刑释人员的研究发现，57%的犯罪青少年在回归三年内会再犯罪，再犯罪与初犯类型显著相关。[2] 未成年犯在释放后二次犯罪率远高于成年犯，在青少年期毫无犯罪前科而到了成年期（26岁以前）才开始犯罪的可能性为12%，但是，一旦有过青少年犯罪史，继而成为成年犯罪者的可能性的百分比会提升至43%。[3]

当前，青少年的再犯罪表现出一定的特征。第一，青少年再犯罪集中于暴力犯罪和侵财犯罪，且暴力性强。再犯罪与初次犯罪的类别相同。第二，青少年再犯罪呈现出前轻后重的趋势。与初犯不同，再犯罪不仅受原有犯罪的影响，还受刑事诉讼、刑罚执行、社会接纳程度等多方面因素的影响，表现出一定的复杂性。第三，再犯罪的周期短。青少年容易受到外界环境影响，自控力不足，很容易再犯罪。第四，青少年再犯罪的动机单一。与初次犯罪时的动机较为多样化相比，青少年再犯罪往往目标明确。

可以说，安置帮教青少年再犯罪问题愈发凸显，已经不仅仅是一个犯罪治理控制的问题，更是一个影响到我国经济社会发展和社会长治久安的政治问题，亟待引起社会各界的关注，需要相关学者对此问题进行深入研究。

---

[1] 孔一：《犯罪生涯的开始》，《河南警察学院学报》2019年第6期。
[2] 孔一：《少年再犯研究——对浙江省归正青少年重新犯罪的实证分析》，《中国刑事法杂志》2006年第4期。
[3] 马文·E.沃尔夫冈、朱文英：《对青少年犯罪和其他犯罪的纵向研究》，《环球法律评论》1987年第2期。

三 安置帮教青少年回归社会的现实困境

回归社会是安置帮教青少年的必然选择。但是当安置帮教青少年走出监所时,展现在他们面前的却是一个既熟悉又陌生的世界,成为合格公民的历程充满了艰辛与苦闷,安置帮教青少年不但要经历从监狱到社会的过渡,还要经历从青春期到成年期的转变,面临与成年安置帮教人员既相同又有一定特异性的现实困境,正如崔永康等人所言,相对于成年安置帮教人员,从监狱重返社会的过渡期对于青少年来说更加困难。①

安置帮教青少年会遭遇到社会排斥。有研究显示,目前我国相关法律法规及规范性文件中有362部中存在对安置帮教人员的制度性排斥内容。② 其次,安置帮教青少年会遭遇严重的人际交往排斥。他们因为犯罪与服刑,人际交往会经历很多变化。既有被动社会排斥,即来自朋友、熟人甚至同事的疏远与排斥,也有因为担心自己的"不光彩"经历被朋友和熟人知晓而选择远离人际交往,成为所谓的主动社会排斥。最后,安置帮教青少年还会遭遇到就业排斥。他们不但会遭遇无法就业这种绝对性的就业排斥,还会遭遇边缘性就业这种相对排斥的情况。就业是安置帮教人员回归社会的重要途径,但在现实中,安置帮教人员就业率极低。王瑞山发现,在上海C区五年期在册安置帮教人员中,实际就业率仅为47.7%,且已就业人员的就业岗位也多为那些付出较多且待遇较差的工作岗位,而临时性和不稳定性也是此类工作的主要特征。③ 刘柳指出,安置帮教者再就业一般有三种类型:不就业、去监狱推荐的工厂或者自己做生意。④

安置帮教青少年面临着再社会化后的继续社会化新挑战。社会化是一个贯穿人生始终的内化社会价值标准、学习角色技能和适应社会生活的过程。服刑过程是再社会化过程,是一个被强制性教化的过程。以《监狱服刑人员行为规范》中的规定为例,"必须""不""严禁"等词汇频繁出现,反映出监

---

① 崔永康等:《犯罪标签:香港青年男性刑释人员的受歧视感和自我污名》,《青少年犯罪问题》2016年第5期。
② 应培礼:《论刑满释放人员回归社会的制度排斥》,《法学》2014年第5期。
③ 王瑞山:《论刑释人员回归社会的制度困境》,《河南警察学院学报》2015年第4期。
④ 刘柳:《从福利支持视角论刑满释放者的社会融入》,《国家行政学院学报》2014年第6期。

狱对于服刑人员在服从意识、被动接受等规范方面的强调。犯罪青少年在其中接受的是不间断的、统一的、持续的强制控制，这被学者郭星华等称为规训文化。[①]而服刑结束后所面对的社会生活则是一种选择性文化，行为主体可以主动地、自愿地从多种可供其选择的行为模式中进行选择。但是，一旦经历过服刑阶段，内化了监狱规训文化后，犯罪青少年便会遭遇由于不同文化交替所带来的碰撞与冲突，产生诸多根深蒂固性的不适应，如社会进步与发展对于职业技能方面的新要求和服刑期间职业技能训练不足之间的矛盾，监禁环境中的亚文化及价值观与社会主流文化及价值观之间的冲突等，不一而足。多元选择的文化冲击了单一的规训文化，模糊了安置帮教青少年的价值选择和道德选择标准，使他们发现自身的短板与不足，造成了他们的茫然、彷徨、困惑、无所适从。

安置帮教青少年需要面对家庭及婚恋方面的困境。由于缺乏积蓄或者不能立即找到工作，安置帮教之初是犯罪青少年最需要帮助的阶段，来自家庭的经济支持尤为重要。但是，一方面，犯罪人的犯罪行为在很大程度上与他们的家庭问题有关，他们之所以走上犯罪道路与畸形的家庭结构和紧张的家庭关系密不可分；另一方面，长时间服刑也导致犯罪青少年的家庭崩溃和与家庭成员之间的关系疏远。这使得安置帮教青少年难以从家庭中得到必要的经济支持和情感支持。恋爱与婚姻是青少年阶段的重要生活议题，但是安置帮教青少年会遭遇这些方面的困境。由于原有社会关系网络断裂，经济条件不好，他们的择偶实力较弱，很难在婚恋市场上成功吸引到心仪对象，他们的择偶范围较小，且不能按照自己喜欢的择偶标准来选择对象。那些已经结婚的安置帮教人员可能会因为监禁阻隔影响夫妻情感交流，因为无法支撑家庭经济开销，因为配偶担心名誉受损、承担社会舆论压力等问题遭遇离婚、感情破裂及夫妻关系疏远等问题。

既有的违法犯罪与服刑经历以及回归社会后遭遇到的各种歧视与排斥，会对安置帮教青少年带来一定的消极影响。社会歧视与排斥会摧毁安置帮教青少年的自尊，使他们出现消极自我认知，这些消极自我认知往往与原来的

---

① 郭星华、任建通：《规训与选择：对刑释人员回归社会的法社会学研究》，《江苏行政学院学报》2014年第4期。

低受教育程度和低职业地位相关联,进一步加剧他们的自我污名化,其中羞愧和窘迫是他们最大的感受。他们要么会采取自我隔离的方式拒绝与社会交往;要么会采取更为谨慎的方式与他人交流,尽量避免被人认出;最令人不愿意看到的结果便是他们重新走回老路,从事违法犯罪行为。

四 针对安置帮教人员的政策与措施

(一) 我国针对刑满释放人员的社会政策变迁

由于社会的政治、经济形势和刑满释放人员的实际情况都有所不同,在不同历史时期,针对刑满释放人员的社会政策呈现出各自特点。新中国成立70多年来,针对刑满释放人员的社会政策大致经历了"多留少放""四留四不留""基本不留""安置帮教"这四个阶段的政策演变过程。

"多留少放"阶段是1949年中华人民共和国成立之初到20世纪60年代中期这段时间,在"政治改造与劳动改造相结合、惩罚与改造相结合"的管教方针指引下,对多达百万名以上的在押人员进行强制劳动改造。1954年8月通过了《中华人民共和国劳动改造条例》和《劳动改造罪犯刑满释放及安置就业暂行处理办法》,是新中国第一个正式的针对刑满释放人员的社会政策——"多留少放"政策的形成标志。这一政策的核心内容在于,在押人员刑满释放后,基本留在劳改农场就地安置就业,不允许返回原籍或流入社会自行就业。有研究显示,当时有70%左右的服刑期满人员留队就业,只有30%左右释放回家。[①] 之所以会有这样的政策,与当时社会难以承受如此数量巨大的刑满释放人员就业的压力有关。这一政策不但解决了服刑人员刑满后的就业去向问题,更为重要的是,它最大限度地减少了社会不稳定因素,保证了新中国成立之初的社会稳定。

"四留四不留"政策紧随于"多留少放"政策之后,开始于1960年代初期。之所以出台这样的政策,主要原因在于当时我国政治、经济形势好转,社会秩序较为稳定,社会安置就业能力也有所提高;同时,犯罪人的构成成

---

① 杨世光、沈恒炎主编:《刑满释放人员回归社会问题专论——回归社会学研究》,社会科学文献出版社1995年版,第25页。

分也发生了一定变化,劳动人民出身的普通刑事犯占绝大多数,家居农村的占绝大多数。"多留少放"政策调整为"四留四不留"政策是以1964年中共中央批转的《第六次全国劳改工作会议纪要》为标志。"四留"的对象主要包括改造不好的;无家可归又无业可就的;家在边境口岸、沿海沿边县和大城市的;放出去有危险,本人不想回的。"四不留"对象包括改造好的;家在农村的(包括在大城市郊区的);家中需要本人或本人要求坚决的;老弱病残丧失反革命活动能力的。实行这一政策后,全国有75%的刑满释放人员回归社会后回到原籍安置就业。此阶段基本沿袭明确的留与放的标准,以分类留放方式对不同情况刑满释放人员做不同处理。

"基本不留"政策实行于20世纪80年代初。1978年12月,党的十一届三中全会后,中国进入以社会主义现代化建设为中心的改革开放新时期。随着党和国家工作重点的转移,对刑满释放人员的安置政策也进行了全面调整。1979年3月5日,公安部下发的关于《关于处理留场就业人员问题的几项通知》,明确提出"从现在起,服刑期满的人不再留场,可以放回捕前所在地安置就业,凭劳改机关的释放证,由当地公安机关给予落户"。在"基本不留"原则的引领下,各部门进一步通过一系列政策将刑满释放人员的社会安置落到实处,如1983年5月5日,公安部、劳动人事部、农牧渔业部、教育部、商业部联合颁布了《关于犯人刑满释放后落户和安置的联合通知》,加上同年公布的《最高人民法院、最高人民检察院、公安部、司法部关于劳改犯刑期满后和劳教人员教期满后留场就业的暂行规定》《最高人民法院、最高人民检察院、公安部关于宽大释放和转业安置工作中几个有关政策问题的通知》等文件,进一步明确了安置帮教人员的落户和安置政策。"基本不留"政策不但是我国刑事政策转型的标志,也是刑满释放人员社会保护工作的开端。在此阶段提出的对刑满释放人员"安置"为随后的"安置帮教"制度打下了基础。

"安置帮教"政策是以我国社会主义市场经济体制的建构为基础而诞生的。此阶段一改计划经济时期国家对刑满释放人员统一分配和安置就业,开始采用"政府指导、社会参与、自谋职业、资助择业"的刑释解教人员社会政策,并逐步建立起安置市场化、帮教社会化、管理信息化、职责规范化的安置与帮教并举的新模式。① 1994年2月14日，中央社会治安综合治理委员会、公安部、司法部、劳动部、民政部、国家工商行政管理局联合下发《关于进一步加强对刑满释放、解除劳动教养人员安置和帮教工作的意见》（综治委［1994］2号），明确了安置帮教工作的性质、对象、范围和工作目标以及各部门的任务、责任。自此，以强化社会保障与人权保护为核心的刑满释放人员的社会政策逐渐建立完善。安置帮教工作的目标是通过安置帮教工作，力争使大多数刑满释放人员增强改过自新的信念和就业能力，在就业、就学和社会救济方面不受歧视，实现生活有着落、就业有门路，从而达成维护刑满释放人员基本人权与维护社会安全的双重目标。这也体现了我国针对刑满释放人员的刑事政策，已经逐渐从国家维稳本位向个人权利本位转变这一动态特征。

（二）我国针对刑满释放人员的工作措施演进

在我国，政策制定与实施是分离的。一般而言，一项社会政策制定以后，都会成立相应的组织机构或部门来完成这项工作。针对刑满释放人员社会政策的落实也不例外。

在新中国成立之初的"多留少放"阶段，由于绝大多数刑满释放人员留队就业，因此，针对刑满释放人员的政策落实主要依托监狱及劳改农场来进行，劳改农场的主要职责是安排就业。根据1954年颁布的《劳动改造罪犯刑满释放及安置就业暂行处理办法》规定，"在劳动改造管教队内安置就业，并且按照他的劳动条件或者技能评定工资"，并"由劳动改造农场划出部分土地或在劳动改造农场附近划出一部分土地，组织集体生产，建立新村"。在就业及居住安置过程中，主要负责部门为劳动改造农场及农场所在地民政部门。即使是在"文革"期间的"四留四不留"阶段，依然有大部分刑满释放人员由农场和劳改队安置就业。上海监狱志中便有"1964—1979年期间，上海监狱系统共计刑满罪犯21374人，释放回归社会8595人，只占40.21%。安置在农场和劳改队就业的12779人，占59.79%"②的记载。从新中国成立初期到改革开放之前的阶段，我国的刑满释放人员工作主要以司法行政机关牵头

---

① 吴鹏森：《新中国刑释人员社会政策的历史演变》，《学术月刊》2016年第7期。
② 麦林华主编：《上海监狱志》，上海社会科学院出版社2003年版，第217页。

改革开放不但开启了我国经济社会的全面转型，针对刑满释放人员的政策也发生了根本性调整。从"基本不留"阶段开始，针对刑满释放人员的安置帮教体系便处于建构发展之中。严格控制留场成为被广泛落实的政策，也就是说，绝大部分刑满释放人员均需放回捕前所在地或直系亲属所在地，当地公安机关要凭释放证给予落户，并由原工作单位、当地劳动部门、街道或社、队负责安置就业。"社会安置"越来越成为刑满释放人员的主导安置方式。1984年11月5日，公安部、司法部下发《关于加强对刑满释放和解除劳动教养人员教育管理工作的通知》，强调要在党委、政府的统一领导下，组织各方面的力量，通过承包责任制的方式对刑释人员实施就业、教育的帮教。特别是在90年代，我国开始确立社会主义市场经济体制，"政府指导、社会参与、自谋职业、自主择业"的刑释解教人员社会政策被确立，安置帮教被界定成为在党委、政府的统一领导下，依靠各有关部门和社会力量对刑满释放人员进行的一种非强制性的引导、扶助、教育、管理活动。① 文件明确规定安置帮教工作由中央及地方社会治安综合治理委员会协调、督促各有关部门履行职责，这一工作涉及司法、公安、社保、卫生、民政、工商、税务等十多个职能部门，这迫切要求我国建立起安置市场化、帮教社会化、管理信息化、职责规范化的安置与帮教并举的新模式。

经过多年组织体系建设，截至目前，各地已经基本形成以基层政府、如乡镇、街道派出所、人民法院等基层政法组织和如村（居）委会、人民团体、群防群治队伍及其他社会组织等基层自治组织构成的安置帮教工作体系。安置帮教工作站是安置帮教工作的基层工作组织形式，它以"一站式接待、一条龙服务"为目标，建立联动机制，加强各职能部门的协作配合，明确职责分工，规范工作流程，优化服务质量，帮助刑满释放人员解决各方面的困难。一般来说，安置帮教服务站由司法所牵头，由社会救助事务管理所、劳动保障事务所、住房保障和房屋管理处、辖区公安派出所共同组成，安置帮教服务站原则上设置在司法所中。

---

① 引自1994年中央社会治安综合治理委员会、公安部、司法部、劳动部、民政部、国家工商行政管理局6部委联合出台的《关于进一步加强对刑满释放、解除劳教人员安置和帮教工作的意见》。

根据1994年的《关于进一步加强对刑满释放、解除劳动教养人员安置和帮教工作的意见》中的规定，安置帮教工作的主要内容为技能培训、就业帮扶、生活帮助、思想教育、犯罪预防、安置帮教衔接六个方面。任何一个方面的工作仅靠一个部门都难以实现。各地在积极探索有利于安置帮教工作效果的工作模式上均进行了各种改革创新。北京市西城区司法局通过"完善一个机制，开展一个活动，建立一个基地，搭建一个平台，打造一个品牌"，逐步形成具有西城特色的"五个一"监所结对协作工作新模式，来促进安置帮教工作向监所延伸。上海市虹口区则通过探索"标准化+安置帮教工作"创新模式，来开展安置帮教服务工作。他们对以往的安置帮教工作要求和规范标准予以梳理、汇总，并且用标准的形式予以固化，这种做法能够规范刑满释放人员回归衔接、情况排摸研判、分类帮教、疑难问题处置等日常帮教工作流程，将刑满释放人员的户口恢复、就业安置、创业扶持、帮困、医疗救助、子女助学、法律援助等实际安置帮教举措的规范化落到实处，对已有的管理流程、制度进行优化升级，这一做法使虹口区的安置帮教工作越来越科学、规范，并且富有地方特色。

近年来，针对刑满释放人员的安置帮教工作出现了一些新的进展，《关于进一步做好刑满释放、解除劳教人员促进就业和社会保障工作的意见》（2020）中指出刑满释放人员享有就学、就业和获得社会保障的基本权利。《中华人民共和国预防未成年人犯罪法》（2020）和《中华人民共和国未成年人保护法》（2020）的修订与实施更为青少年安置帮教对象回归社会提供了较为全面的保护举措。各地纷纷出台安置帮教工作细则，以推动安置帮教工作的深入完善，如《上海市安置帮教工作规定实施细则》在刑满释放人员和解除社区矫正人员的户口管理、就业援助、社会保险、临时救助、教育帮扶等各个方面予以明确。

我国针对刑满释放人员的安置帮教工作发生着系统性变化，逐渐从安置和帮教并举向就业安置、思想帮教、生活保障和权利保护等多重目标同时发力的方向转变。这既是针对刑满释放人员的工作措施以适应中国社会宏观环境变动的结果，也是刑事政策变迁演进的产物，一方面是为了维护刑满释放人员的基本权利；另一方面也是为了通过减少刑满释放人员的再犯罪，维护社会的和谐与稳定。但我们必须看到的是，在安置帮教工作的实施过程中，依然存在着阻碍工作实施的障碍性和瓶颈性因素，有待进一步修正与完善。

（三）总结

作为青少年群体中的特殊成员，安置帮教青少年同样具备作为青少年的基本特征。处于"心理断乳期"的安置帮教青少年正经历着从童年向成年发展的过渡，其身体、心理、社会关系等方面都正在经历着"质的过渡"，此阶段是一个充满希望与潜力的阶段；这一阶段也是一个"狂风骤雨的危险时期"，他们面对困难和挫折的心理承受能力较弱，在不良的家庭关系、同伴关系及社会风气的影响下极易误入歧途，走上违法犯罪的道路，青少年的弱势性同样不能忽视。联合国于1990年颁布的《儿童权利公约》第3条明确提出："关于儿童的一切行动，均应以儿童的最大利益为一种首要考虑。"

安置帮教青少年还具备作为刑满释放人员的特征。一方面，他们具有社会危险性。此群体由于在服刑中受监狱亚文化的影响，回归社会后，威慑与监管程度降低，在不良因素引诱或遭遇生活困境时，他们已有的犯罪心理结构和犯罪行为模式易受激发而被唤醒，从而诱发新的犯罪，破坏社会秩序并威胁公共安全。另一方面，他们具有弱势性。此弱势性与作为处于发展中的青少年的弱势性不同，主要是服刑经历和犯罪人身份使其在回归社会后易受到歧视与排斥，再加上自身综合能力不佳导致其社会竞争力较低，在出狱后难以适应社会。

此两种身份的叠加使得安置帮教青少年在回归社会后的生存之路步履维艰，他们急需具有针对性的措施来对其引导与帮助。但近年来，学界针对安置帮教青少年的研究并不多见，且为数不多的研究主要聚焦在：从维护社会稳定和公共安全角度来解析青少年再犯罪的特点与预防和矫正策略，这是一种因由判断，带有强烈的外在性特征。这种程式化的解释和僵化的对策建议无法对此群体在刑满释放后的生活状况和成长脉络做出真实的勾画与富有生命力的解释。能否找到一种研究的途径与方法，深入安置帮教青少年的内心、了解他们在被释放后的生活经历和生活感受尤为迫切。从对他们的个人陈述和分析中，揭示刑满释放后个体与社会互动的情况与特征，了解他们对生活经历的内在感受、对生活世界的主观描述，由此我们才能为这个群体提供适切性的帮教服务。

安置帮教人员的社会保护越来越受到政府的重视,并以社会政策的方式予以规范化和正式化。应该说,政策或正式制度的生成,体现的是中央政府对刑满释放人员社会保护工作在实质上的"引导"和"扶持"。政策或制度又是需要借助于权威,通过以"等级原则"联结的组织"自上而下"地贯彻。自"安置帮教"政策出台以来,各地都依据国家层面的文件制定出本地安置帮教实施方案,他们要么以贯彻落实国家颁行的政策为主要做法,要么通过对现有组织体系和资源整合而开创"创新性探索",但总体来讲,还是以自上而下地贯彻落实为主。甚至有学者指出,我国的出狱人保护工作"还是以国家为主导,并大范围动员国家机构参与"①。

在基层,安置帮教工作往往放在基层司法所,多为"代管",即使成立一个下属机构,但专职人员不足,相关部门之间又缺乏有效的信息沟通及合作机制,导致安置帮教工作的"碎片化治理"。② 必须明确的一点是,针对刑满释放人员的安置帮教工作是一项社会性很强的工作,要取得安置帮教人员顺利回归社会的良好效果,需要深入了解他们的生活状况与困境、了解他们的优势与不足,更需要社会各方通力合作,这已经由国外出狱人社会保护工作的经验所证明。③

近年来,笔者在参与青少年安置帮教服务实践的过程中,对于安置帮教青少年所处的困境与需求有了直观了解,为他们适应环境与融入社会的努力所动容,更为社会的排斥与歧视而叹息,为制度、规范与体制的遏制感到痛心。这些认识与感受成为笔者对安置帮教青少年进行研究的巨大动力,也成为写作本书的基本出发点。

第二节 研究问题

一名犯罪青少年,一旦刑满释放便成为自由人,理当恢复其应有的公民权利。我国通过各种制度性安排与工作模式设计为安置帮教青少年提供安置、

---

① 贾洛川:《试论社会管理创新视域下出狱人社会保护的创新》,《河北法学》2012 年第 12 期。
② 刘建:《社会治理创新的路径及逻辑 "无缝隙对接与治理术"》,《中共宁波市委党校学报》2018 年第 4 期。
③ 郭旨龙主编:《安置帮教工作指南》,中国法制出版社 2016 年版,第 7 页。

帮教、保障和保护，目的是他们能够顺利回归社会。但是，国内相关研究文献显示，针对安置帮教青少年的研究极为罕见，主要表现出两个特点：第一，既有相关研究大都以"他者"的"自上而下"视角展开，即从安置帮教人员之外的角度来考察这一群体面临的困境和危机，而并非从安置帮教人员的"主位"角度出发进行思考，难以深入研究对象的内心世界和现实处境，从而使研究结果的针对性和解释力欠佳。第二，由于安置帮教人员兼具社会危险性和脆弱性特征，相关帮教工作大都从打击、防范及管控角度进行，相关研究大多聚焦于这一群体的"缺陷"，如安置帮教人员的人格缺陷、社会排斥和重新犯罪问题等，缺乏基于"优势"视角对这一群体进行的分析，更遑论提出对策建议。

相较于国内针对安置帮教人员研究的局限性视角和为数不多的研究成果，国外针对刑满释放人员的研究由来已久，特别是从20世纪90年代开始，对于刑满释放人员的社会适应研究在美国兴起。爱克兰德－奥尔森（Eckland-Olson）等人认为刑满释放人员社会适应的过程经历了三个阶段，它们分别为蜜月期（或兴奋期）、失望期（或清醒期）、重新定位期。玛塔·纳尔森（Marta Nelson）等人对49名假释人员从出狱前一个星期到出狱后一个月进行了六次跟踪调研，发现出狱初期虽然充满困难，但大多数假释人员具有强烈的重新做人的愿望。绝大部分得到及时帮助的假释人员进入了稳定的生活状态，而没有得到及时帮助的假释人员便一直处在困境之中。[①] 可见，刑满释放人员回归社会是一个动态过程，从以刑满释放人员作为主体的经历与感想角度，以生命历程理论为研究框架，对他们出狱后的生活状况进行研究成为一种主流的研究范式。

国外针对刑满释放人员的研究因为受到优势视角思潮的影响，矫正实践与研究逐渐抛弃对于障碍及缺陷的关注，转向对积极因素的关注，并希望通过增强如接纳、利他主义、自我效能感等积极因素对刑满释放人员的作用，促进个体变化进而推动个体积极发展并减少犯罪行为的发生。这一取向在犯

[①] Nelson M., Deess P. & Allen C., "The First Month Out: Post-incarceration Experiences in New York Ciity", *Federal Sentencing Reporter*, 2011, 24 (1): 72 – 75.

安置帮教青少年社会适应研究

罪学领域汇集成一个新的研究学派——积极犯罪学。①

积极犯罪学通过挖掘犯罪青少年内在的积极因素并整合社会环境中的积极因素来推动他们更好地回归社会，因为"所有的犯罪人及其家庭都有诸如技能、兴趣、积极人格特质，甚至希望和耐心等资源，这些能够推动他们离开刑事司法系统"②。这种立足于刑满释放青少年的强大力量与潜能，关注资源链接与整合的实践与研究取向，为当下我国更多关注再犯预防与风险管控的实务与研究界吹来一阵清爽新风。

本书立足中国社会经济转型的时代背景，重点探索安置帮教青少年与所处的"生活世界"③的具体的、动态的社会互动过程，通过这样的探索性研究，达到对于他们的主观意义世界、社会适应过程和机制的深入理解。希望在此基础上，本书能够设计出符合我国国情且具有针对性和有效性的帮教方案。具体而言，本书的研究目的有以下几点：第一，了解安置帮教青少年在刑释前后各阶段的社会适应特征。第二，探明影响安置帮教青少年社会适应的社会生态系统因素和个体行动策略因素及其对社会适应的作用机制。第三，基于以上研究结果，提出能够提高管理和服务效果，操作性强且应用性广的对策与政策建议。

需要说明的是，影响安置帮教青少年社会适应的因素中，既有来自安置帮教青少年的性格、行为方式、受教育程度等主观因素，也有相关政策法规与社会支持等客观因素，二者的相互作用造成了一些安置帮教青少年的社会适应困境。本书是一部针对安置帮教青少年社会适应议题的典型社会学著作，主要采用质性研究方法，力图从青少年主观因素出发，探明影响安置帮教青少年社会适应的特征与行动策略。还应看到，对影响安置帮教青少年社会适应的客观因素应该给予同样重视，我们有理由相信，在习近平新时代特色社会主义思想引领下，坚持走中国特色社会主义法治道路，更好地推进中国特

---

① Ronel N., "Positive Criminology in Practice", *International Journal of Offender Therapy and Comparative Criminology*, 2014, 58（1）: 1389 – 1407.

② Clark M., "Brief Solution-Focused Work: A Strengths-based Method for Juvenile Justice Practice", *Juvenile and Family Court Journal*, 1996, 47（1）: 57 – 65.

③ "生活世界"是由现象学派哲学家胡塞尔于晚年提出的一个颇具创新性的概念，主要是指我们个人和各个社会团体生活于其中的现实而又具体的环境，是先于理性认识的一个被给予的世界。在本书主要是指刑满释放的青少年此时此地所处的现实而又具体的环境。

色社会主义法治体系建设，针对安置帮教青少年的相关制度法规会越来越健全，相关配套工作措施会越来越完善，这为安置帮教青少年的社会适应提供了强大的保证与支持。

第三节 研究意义

青少年犯罪及矫正是转型期中国的一个极为重要的社会问题与学术议题，而既有学术研究较多集中在重新犯罪、社会排斥、社会保护等方面，忽视了对于犯罪青少年在服刑结束后的社会适应问题研究。本书希望能够通过扎根理论的研究方法，以安置帮教青少年的社会适应为研究主题，以发展性社会生态系统观为参照理论，从安置帮教青少年自身主体角度出发，探索其刑满释放后面临的各种障碍和采取的适应策略。本书力求回答的一个核心问题是：安置帮教青少年是如何实现社会适应的？

本书的意义主要体现在以下两个方面：第一，从理论上看，本书有助于我国社会适应乃至社会治理等理论的丰富与发展。当前我国针对安置帮教青少年群体的社会适应状况方面的研究比较薄弱，鲜有将"安置帮教青少年群体"和"社会适应状况"两个问题域连接起来进行一体化研究的。安置帮教人员作为特殊的弱势群体，是中国较为突出的结构紧张因素之一，本书通过质性研究的方式探讨安置帮教青少年社会适应的情况，有助于丰富和拓展社会适应及社会治理研究的理论基础，并为相关理论假设的验证提供论证依据。

第二，本书对于构建和谐社会、完善社会治理结构和治理体系，进而维护社会稳定具有紧迫而重要的现实意义。青少年是国家的希望、民族的未来，从发展性社会生态系统理论出发，对安置帮教青少年的社会适应开展整体性、综合性研究，探讨安置帮教青少年的社会适应状况及个体行动策略与社会生态系统之间的互动作用历时性特征，进而为设计出能够提高安置帮教青少年安置帮教工作效果的相关政策和方案提供重要信息，这有助于调动社会各方面的积极力量，提升矫治帮教工作效果，提高安置帮教青少年的社会适应能力。这对于建设社会主义法治国家，提高国家治理能力和治理体系现代化，维护社会和谐稳定具有十分迫切而重要的意义。

安置帮教青少年社会适应研究

第四节 研究方法

本书运用质性研究方法,对安置帮教青少年的社会适应状况进行探索性研究,发现和分析青少年在面临身份和角色转换的过程中,与社会环境及其重要他人的互动状况,从青少年自身视角出发,探明青少年如何赋予其行为以意义,对安置帮教青少年群体社会适应的类属及阶段特征进行归纳、提炼和解释,探明影响安置帮教青少年社会适应的行动策略因素和外在环境因素及其对社会适应的作用机制,进而提出能够提高管理和服务效果、操作性强且应用性广的对策与政策建议。

一 研究策略

社会学的研究方法一般分为两大类:质性研究和量化研究,二者共同构成了社会科学研究方法的体系基础。之所以将二者相提并论,主要是因为二者在本体论、认识论和方法论等方面均存在着很大差别。量化研究被定义为"硬科学",遵循"经验主义""科学主义"的哲学传统,而质性研究被冠以"软科学"的名号,沿袭"建构主义"和"人文主义"的路线。[①] 量化研究擅长解决的是"是什么"的问题,它寻求对社会现象的"客观"描述、衡量和归类,侧重于对整体特征的全面描述;而质性研究更适合回答"为什么"的问题,偏重于事件的过程和机制的分析与解释,这种以诠释主义为基础哲学的方法旨在描述人们的经历、人们彼此间的互动以及这些互动发生的环境。

质性研究具有探索社会现象,对意义进行诠释,以及发掘整体和深层社会文化结构的作用。从本体论角度来看,质性研究属于反基础主义本体论,主张世界是由人类社会建构的,世界是被解释和理解的。从认识论角度看,质性研究以诠释主义作为认识论基础,诠释主义认为社会现象并不独立于我们的解释而存在,解释和意义是社会科学研究的关键。方法论是一种以解决问题为目的的理论体系或系统,通常涉及对问题阶段、任务、工具、方法技

---

① 刘冬:《质性、量化方法论的融合对社会工作的意义》,《哈尔滨工业大学学报》(社会科学版)2019年第4期。

巧的论述，质性研究的方法论将研究看作是交往各方不断辩证对话而共同建构研究结果的过程。

本书的研究对象为安置帮教青少年，他们的社会适应问题在国内学术界几乎是一个崭新的研究话题，并没有足够的实证研究基础；从研究目的看，本研究是为了获得对安置帮教青少年社会适应问题和应对策略的解释性理解，是研究对象自身的意义建构，必须通过研究者亲身感受加以获得。因此，本书采用的是质性研究方法。本书采用"主位"视角的资料收集过程，从安置帮教青少年与其社会环境的互动关系中去理解和研究他们回归社会过程中的社会适应过程。青少年如何与制度和文化环境、与中观和微观群体互动；在互动过程中，青少年对其互动行为赋予怎样的意义，互动进而对青少年产生怎样的影响是本研究的核心任务。对行动者的意义建构进行探索和解释尤为重要，质性研究方法因其与本书问题的契合性而成为资料收集和资料分析的主要研究方法。

二 研究对象

本书聚焦安置帮教青少年的社会适应状况，安置帮教青少年便是核心的研究参与人。基于文献检索与安置帮教工作实际情况，特别是参照《上海市安置帮教工作规定实施细则》的规定，安置帮教人员主要是指"监所释放五年内、社区服刑期满三年内，生活没有出路和有重新违法犯罪倾向的本市户籍刑满释放人员及常住本市的来沪刑满释放人员"。按照这个规定，本书的研究对象应该聚焦在16—25岁的安置帮教人员。从具体操作角度，纳入本书的安置帮教青少年选择标准为：第一，参与人必须长期居住在上海市（其中既包括户籍人口，也包括常住来沪人口），且满足16—25周岁的刑满释放人员；第二，参与人为上海市安置帮教管理系统在册的监所（包括监狱、少年管教所和看守所）释放五年内、社区服刑期满三年内的刑满释放人员。

本书的访谈对象不但包括安置帮教青少年，也包括矫正社会工作者、司法干部和公安民警。关于访谈对象的相关信息详见附录1和附录2。

三 研究场所

本书的田野点为上海市X区和P区的街镇司法所。之所以做如此选择主要基于以下考虑：

第一，街镇司法所是安置帮教人员管理与活动的主要场所之一。刑罚执行活动一旦结束，犯罪青少年便成为人权被尊重和保障的"公民"，根据我国《监狱法》（第37条）规定，"对于刑满释放人员，当地人民政府帮助其安置生活"，根据《上海市安置帮教工作规定》，市和区、县一级的司法行政部门负责行政区域内安置帮教的组织、协调和指导工作，乡镇、街道司法行政机构具体承担安置帮教的日常工作。安置帮教工作由乡镇、街道司法行政部门具体承担。针对安置帮教人员的帮助、引导和扶助工作主要由基层街镇司法所牵头，刑满释放青少年要定期到司法所进行思想教育、参加各种活动。司法所是接触到研究对象的最佳场所。

第二，本书选择X区和P区作为研究场域主要是因为这两个区具有不同的环境特点，能够使研究者获得关于刑满释放人员更全面的生活状态信息。P区是上海市的市辖区，为城乡接合部地区，面积1210平方公里，下辖12个街道24个镇，共计910个居委会、365个村委会。截至2022年年底，P区常住人口达578.20万人，其中户籍常住人口341.61万人，外来常住人口236.59万人。X区为上海市市辖中心城区，面积54.93平方公里，下辖12个街道1个镇，共计304个居委会、12个村委会。截至2022年年末，X区常住人口111.31万人，其中户籍常住人口94.54万人。相比较而言，P区的区域面积更大，既有城市社区也有农村社区，而X区为中心城区，两个区域中的刑满释放人员的生存环境存在较大差异，这为研究者获得研究对象多样化的回归样貌提供了更好的对照机会，提高了研究取样的代表性。

第三，选择这两个区作为调研地点还因为多年的项目督导及合作研究使研究者与基层工作人员建立了较好的信任关系，在调研中容易得到更多支持。特别要提到的是C社区服务总站设立在这两个区中的工作站主要负责所在辖区刑满释放人员的教育转化、帮困解难、生活指导等工作，对于本研究调查工作的开展可以起到较好的支持和辅助作用。

四　研究质量

（一）研究真实性

质性研究关注研究结果是否反映了研究对象的真实情况，也即是否"真实"地反映了在某一特定条件下研究人员为达到研究目的而使用某一研究问题以及与其相适应的方法对某一事物进行研究的这一活动。①

与研究真实性相关的第一个重点工作是保证通过研究方法所获得的是研究对象的真实情况。这主要取决于研究对象是否如实地表现他/她的行为及想法。为提高青少年表达信息的真实性，笔者主要采取以下措施：

第一，消除访谈对象戒心，真实表达自己情况。安置帮教青少年对访谈者抱有戒心是正常反应。为降低这一情况的影响，访谈者会请"守门人"，也就是安置帮教小组中的社会工作者提前与青少年进行联系，介绍研究相关情况，尽量消除受访青少年对研究者的陌生感与戒备。在访谈过程中，访谈者通过倾听、内容反映、情感性反映、询问及具体化等访谈技巧使青少年在研究者面前表现出他们"正常"而不加掩饰的一面。

第二，访谈后尽快核实情况，保证信息真实性。为了检查安置帮教青少年是否真实地叙述了他们的想法，可以采用两种办法来检验，第一是就同一个问题对同一个访谈对象采用不同提问方法来提问，如果获得相同答案，便表示访谈对象的表述是一致的；第二是通过向负责这位安置帮教青少年的社会工作者、专职司法干部等确认信息的真实性。②

第三，及时转录访谈记录并撰写备忘录。导致效度失真的经常原因是记忆衰退，访谈后及时转录访谈录音并将访谈时安置帮教青少年谈话时的语气、表情与动作的变化，以及访谈者在当时当地浮现在脑海中的想法作以记录尤为重要。而备忘录作为访谈编码的重要基础要在访谈后及编码进程中随时跟进完成，以保证研究者访谈中的发现和灵光一闪的宝贵想法得以记录并对研究结果的归纳提供支撑。

与研究真实性相关的第二个重点工作是保证笔者能够"确切"理解和表达青少年所表达的信息，使研究具有一定的"描述效度"和"解释效度"。理解是一个互为主体的活动，"意义"存在于关系之中。"客观"存在的"意义"是不存在的，对客观意义的理解和解释也是不可能的。任何理解都需要经过研究者的推论，保证笔者确切地理解和表达的首要做法是尽量站在被研

---

① 陈向明：《质的研究方法与社会科学研究》，社会科学出版社2000年版，第389页。
② O'Reilly K. "*Ethnographic methods*", London: Routledge, 2004, p.154.

究者的角度，从他们所说的话和所做的事情中推演出他们看待世界以及建构意义的方法。笔者还通过召开研讨会方式获得同行对研究所获得信息与解释的反馈，通过来自对研究问题领域较为熟悉的专家的不同角度意见反思自己的研究过程与结论，及时进行调整。另外，笔者还通过将研究的初步结果反馈到访谈时愿意与笔者保持联系的四位安置帮教青少年，以检验所获得结论与他们真实生活状况的符合程度。

(二) 研究可信性

笔者在研究过程中主要采用如下方法保证研究的信度：第一，在本章中，笔者详细介绍了访谈对象的个人信息及访谈对象的获取方法，详细介绍了资料收集方法和分析策略；第二，笔者也详细介绍了研究的现实社会背景与现实意义，将研究的社会脉络展现在读者眼前；第三，笔者具有心理学和社会工作双重专业背景并已从事十余年质性研究，具有较高的专业研究素养；第四，笔者在征得安置帮教青少年同意的前提下，对所有访谈进行录音并逐字逐句作了记录，本书的第三章至第七章主要采用访谈资料做低推论描述；第五，在资料收集阶段，笔者将访谈记录交给另一位擅长质性研究方法的研究者作同行评审，并请安置帮教青少年来对访谈记录和研究发现作评价。

(三) 研究代表性

质性研究本身具有做推论的合理性和合法性，因为每个质性研究在一开始它想要（被期待）实现的目的一定不仅仅在于个案本身孤立的信息点，其后必然有更普遍的问题关心或主题关注。[1][2]

为提升研究结论的代表性，笔者主要从以下角度入手采取措施：首先，本书研究问题的提出是在深入的文献梳理和理论研究的基础上，结合笔者多年参与观察与研究的经验基础上提出的，这不但能兼顾到安置帮教青少年的生存状况改善议题、安置帮教部门的服务改善需求，更重要的是它以一种立足当事人视角的动态分析方式构建研究问题，关键概念清晰，研究结果更具

---

[1] Flyvbjerg B. "Case Study". In Denzin N. K. & Lincoln Y. S. *The Sage Handbook of Qualitative Research* (4th ed.). Los Angeles/London/New Delhi/Singapore/Washington DC: SAGE, 2011: 385–405.

[2] 罗云、张雯闻：《质化研究：超越小样本迈向更大研究意义之可能》，《全球教育展望》2018年第6期。

有理论意义和应用价值；其次，笔者多年的实践与研究工作经验使得本书能够在清晰的学科视角、深入的理解和体验中生发出有意义的研究问题并获得有推广意义的结论；在质性材料的分析与解释上，笔者强调呈现经验与探究意义并重，从经验事实出发，建立事实之间的联系，通过细致、具体的描写使现象更加真实，并提高了意义的可代表性；再次，在书稿撰写与修改过程中，笔者一直与四位访谈参与者保持联系，就报告写作进展与写作内容与他们进行充分沟通，访谈参与人都表示笔者所发现和阐述的安置帮教青少年所遭遇的困境和他们的心路历程和行动策略正是他们自己的经历，有些内容自己虽未曾经历，但读后也能感同身受，推断便在自然而然中发生了；最后，本书以社会生态系统理论和生命历程理论为参照，通过对访谈资料的分析与提炼，抽取出安置帮教青少年社会适应的三维动态理论，将此群体的社会适应构成要素、动态发展历程和社会适应策略，通过笔者第一人称的叙述方式进行阐释，使得读者更容易接受理解和产生共鸣。

第二章 文献回顾

社会适应是安置帮教青少年再社会化与继续社会化的开端，也是阻断再次犯罪的关键要素，对安置帮教青少年的社会适应进行研究尤为必要。但是，笔者在查阅文献后发现，当前我国针对安置帮教青少年群体的社会适应状况及干预等方面的研究稍显薄弱，该领域的研究存在着一定的偏倾，即对安置帮教人员的研究大多关注除"社会适应"外的其他问题，且对社会适应问题的研究也多忽视"安置帮教人员"这一群体。有鉴于此，在本章中，笔者结合本书的特定研究对象和研究主题，主要围绕着"针对安置帮教青少年群体的研究"和"针对社会适应问题的研究"展开文献回顾。

第一节 与安置帮教青少年相关的研究

由于社会历史与文化的差异，国内外在针对安置帮教青少年的实务与研究方面存在一定差异，这不仅体现在具体的工作措施上，更体现在基本价值理念与研究取向上。因此，本节主要从国内和国外两个方面对安置帮教青少年的研究进行分析。

一 针对安置帮教青少年的国内研究

安置帮教青少年是一个发展性、弱势和风险性特征并存的特殊群体，以安置帮教青少年为主题词在中国知网上进行文献搜索后发现，此领域研究主要集中在该群体的再犯罪问题、社会排斥问题和社会保护等方面。

（一）安置帮教青少年的再犯罪

再犯率是衡量社会治安状况的重要指标，这已经被世界上绝大部分国家所公认。一直以来，我国以维护社会稳定和公众安全作为刑事政策的基准标准，对于再犯罪问题的关注度极高。对于安置帮教青少年再犯罪的研究侧重于再犯罪状况、再犯罪的产生原因及其对策等主题。

由于我国缺乏大规模的权威性犯罪调查，既有研究大多为针对某些地区的小规模调查。陈赛金（2018）发现五年来上海未成年人年均重新犯罪率为9.3%，某上海管教所过去三年的未成年人犯罪率为8%。有学者对上海市未成年犯管教所在押少年犯进行调查发现，在押少年犯607人中具有两次以上犯罪经历的共50人，再犯率为8.24%（上海市第一中级人民法院少年审判庭课题组，2011）。而孔一（2006）对1998—2000年浙江省青少年犯的追踪调查显示，青少年再犯率为7.2%。尽管各项调查的实施时间和调查地点都不尽相同，但共同反映出一个突出问题：青少年犯罪行为的发生率较高，这应该引起社会各界的高度重视。

青少年再犯具有一定规律性特征。从犯罪主体的性别特征上看，重新犯罪人员中男性占绝大多数，上海市第一中级人民法院少年审判庭课题组（2011）的研究显示，在50名再犯青少年中，男性占49人。陈赛金（2018）发现男性再犯率达到97.7%，朱妙等人（2014）的调研显示未成年累犯中男性占比98.69%。从年龄分布上看，重新犯罪呈现低龄化趋势，14—16岁青少年重犯的人数要远远超过17—18岁时重新犯罪的高峰年龄。[1] 这一点尤其需要引起重视，因为不良行为发生得越早，演变成犯罪行为的可能性就越大，对青少年人未来发展的不良影响也更大。从文化程度上看，重新犯罪青少年的学历普遍偏低，且受教育程度越低，重新犯罪的概率就越高。孔一（2006）发现，在重犯青少年中，初中以下学历占比95.3%，且以流动青少年犯罪情况较为多见。上海的青少年重新犯罪率高于全国平均值的原因就在于上海的外来青少年人口偏多，且刑满释放青少年犯相对较多。[2] 国内其他地区青少年

---

[1] 陈赛金：《来沪未成年人重新犯罪成因分析及其预防体系建构》，《青少年犯罪问题》2018年第3期。

[2] 陈赛金：《来沪未成年人重新犯罪成因分析及其预防体系建构》，《青少年犯罪问题》2018年第3期。

犯罪率较高的地区也主要源于较高的流动青少年人数。① 因此，预防未成年人再犯的重点人群应该聚焦在流动未成年人身上。从犯罪类型上看，青少年再犯的犯罪动机以谋利为主，侵财性犯罪一直占据其犯罪类型中的第一位。根据上海某看守所调研显示，抢劫罪、盗窃罪、抢夺罪、诈骗罪和敲诈勒索罪这五项罪名的涉案犯共306人，占抽样总人数的82.9%，② 来自上海与浙江的调查研究也证实了这一点。③④

青少年再犯原因是学者们较为关注的主题。丛梅（2011）认为未成年人重新犯罪的主观原因包括：社会认知能力低、犯罪前的早期不良行为及刑满释放后的不良交往；客观原因则主要有：社会环境中的消极因素、监狱亚文化的侵蚀、暴力感受和体验、监禁期间的心理矫正工作缺位和学校教育的缺陷。朱妙等人（2014）认为未成年人重新犯罪由文化程度低、犯罪认知度低、在社会上难以立足等主体原因，家庭破裂、家庭教养方式不良等家庭因素，不良人际交往等环境因素和监禁过程中的制度及措施因素等司法执法因素所决定。缪伟君（2012）指出，青少年重新犯罪的原因包括诱发因素和社会控制因素。其中，诱发因素包括诸如家庭、婚姻、文化、心理、经济、思想意识等个体因素，以及由社会歧视、教育失败、不良文化影响等社会外部因素；社会控制因素则包括监狱的改造质量、社会安置帮教工作质量和社会控制等因素。还有学者针对某些具体再犯青少年群体进行更为深入分析，如陈晨（2013）通过调研发现，流动青少年的家庭关系、同伴交往、心理认知、个人文化程度、早期不良行为等非制度性因素与他们重新犯罪有显著相关性。陈赛金（2018）发现来沪未成年人重新犯罪的主要原因包括自身易感性强、文化程度低、社会帮教工作缺位、社会排斥和不良人际交往环境印象等。万云松和陈贵玲（2015）认为，留守未成年人重新犯罪的影响因素为家庭关系薄弱、传

---

① 向前：《未成年人重新犯罪问题实证研究——以东莞市为例》，《赤峰学院学报》（汉文哲学社会科学版）2016年第12期。
② 陈赛金：《来沪未成年人重新犯罪成因分析及其预防体系建构》，《青少年犯罪问题》2018年第3期。
③ 上海市第一中级人民法院少年审判庭课题组：《未成年重新犯罪的实证分析及对策研究》，《青少年犯罪问题》2011年第3期。
④ 孔一：《少年再犯研究——对浙江省归正青少年重新犯罪的实证分析》，《中国刑事法杂志》2006年第4期。

统教育体系的弊端、社会包容度低等。总体而言，学者主要从安置帮教青少年个体内部原因和外部原因两个方面进行论述。

对于预防和减少安置帮教青少年再犯罪的对策问题，学者们提出了各自主张。丛梅（2013）从社会管理创新角度，针对青少年再犯预防提出了应该对安置帮教青少年实施宽严相济的刑事政策，完善并落实社区矫正制度、建立短刑犯监狱，建立符合我国国情的少年司法制度以及合理制定青少年犯回归社会后的处遇方案等，以此对青少年重新犯罪进行防控。万云松和陈贵玲（2015）认为，针对留守未成年人的再犯预防主要应从加强教育引导、重塑道德信念，建立能够修复留守未成年人社会关系的情感依恋，拓宽文化职业技能培训渠道，以及建立留守未成年人观护制度等角度入手。李豫黔（2015）指出应进一步建构完善未成年人犯罪法治体系、矫正未成年犯罪人的不良行为，加强针对未成年犯的权益保护，进行教育矫正等。上海市第一中级人民法院少年审判庭课题组（2011）所做的一项针对上海未成年犯管教所的研究还提出，预防和控制未成年人重新犯罪的四方面建议，它们是实现刑事审判与社会帮教体系的"无缝衔接"、探索建立对未成年犯有条件的前科消除制度、给予未成年犯心理健康矫治及健全，以及完善对未成年犯的社区矫正工作体系。相对而言，俞国女（2012）从较为微观视角指出，通过再犯预防教育、心理矫治、家庭治疗、社会技能训练、生涯规划与职业技能培训等具有针对性的矫正项目，社会可以预防未成年人再犯罪发生。陈珊等人（2018）通过元分析发现，认知行为治疗能够显著降低社区服刑人员的再犯率。

（二）安置帮教青少年的社会排斥

社会排斥是由法国学者维莱·勒内（Lenior）最先提出的一个重要概念，随后，此概念被广泛研究。欧洲委员会（1993）对此下了一个广受推崇的定义："社会排斥既指排斥的过程，又指随之发生的结果，是一系列因素结合在一起共同构成了对某些特定群体、个人或地区的排斥，这些排斥涉及公民的社会权利及日常社会生活，社会排斥是个结构性的和多维度的过程。"[1] "犯罪人""监狱"是与安置帮教青少年身份密切相关的字眼和标签，这会导致他们

---

[1] 参见彭华民《社会排斥与社会融合——一个欧盟社会政策的分析路径》，《南开学报》（哲学社会科学版）2005 年第 1 期。

在刑满释放后,出现想参与但不能参与或者不能完全、充分地参与的社会的情况,这是一个逐渐被边缘化的系统性过程,即遭遇到社会排斥。①

安置帮教人员所遭遇到的排斥涉及方方面面,且已经得到了相当多研究的证实。莫瑞丽和金国华(2008)从日常生活角度入手,指出安置帮教人员会遭遇来自就业、婚姻和家庭以及人际交往方面的排斥与疏远,这主要与我国的相关法律法规对刑释人员从事行业限制以及社会大众在思想上存在的对刑释人员的歧视心理有关。胡滨(2009)对未成年安置帮教人员的研究发现,他们在回归社会过程中会遭遇来自经济、政治、公共服务和社会关系等方面的排斥。

针对安置帮教人员所遭到社会排斥的特点方面,袁泽民和莫瑞丽(2013)指出安置帮教人员遭受的社会排斥具有多维度、多层次和叠加性等特点,这会对安置帮教人员造成更为严重的影响;部分排斥具有合法性,它体现在针对安置帮教人员就业的限制性法律政策上。针对安置帮教放人员的社会排斥具有隐蔽性,可能会因为文化、偏见、习惯等原因而造成实际的不公正。社会排斥具有相对性,也即并非所有领域都会遭遇到;安置帮教人员还存在自我排斥。庞岩等(2016)指出安置帮教人员回归社会后的社会排斥具有系统性、隐蔽性、相对性等特点。

除了对安置帮教人员的社会排斥领域和特点进行分析外,有学者还对安置帮教人员在不同领域的社会排斥情况进行了研究。莫瑞丽、金国华(2008)对安置帮教人员就业排斥的原因进行了分析,袁泽民、莫瑞丽(2010,2012,2013)还对安置帮教人员在婚恋和家庭生活领域、社会保障领域以及人际交往领域的社会排斥状况做了深入探讨。

在如何消除社会排斥方面,学者们大都从制度与外在干预措施层面进行思考。胡滨(2009)指出,消除安置帮教青少年社会排斥的当务之急是确立前科消除制度,以及让社会大众转变歧视观念。袁泽民、莫瑞丽(2013)以及莫瑞丽、金国华(2008)认为,要从完善法律政策、消除社会歧视观念和完善对刑满释放人员的服务与支持方面入手实施。应培礼(2014)和王瑞山

---

① 庞岩、凌军、张慧:《短刑期罪犯回归的社会排斥问题及相关对策》,《江苏经管学院学报》2016年第2期。

(2015)尤其关注安置帮教人员所面对的制度排斥,提出要从再犯风险评估制度、前科封存制度、废除前科报告制度和完善就业政审制度四方面入手进行社会制度建构,以此来改善刑满释放人员所遭遇的制度排斥。虽然有学者提到要从刑满释放人员自身素质提高的角度入手开展工作,但大多语焉不详,缺乏针对性和可操作性。

与安置帮教青少年的再犯问题研究相比,针对社会排斥方面的研究较为薄弱,一方面,绝大部分研究为较笼统与粗略的论述性文章;另一方面,研究者大都站在外在性角度去看待安置帮教人员的困境与状况。这样的研究角度与研究方法难以触及研究对象的深入情况,从而使研究的应用价值大打折扣。

(三)安置帮教青少年的社会保护

针对安置帮教人员的社会保护,也被一些国家称为"更生保护",是指国家为了帮助离开监狱重返社会的人员顺利适应社会生活,避免他们重蹈犯罪的覆辙而采取的各种保护性措施。[1]通过向出狱人提供住宿与饮食、医疗卫生服务、就业机会与就学辅导、经济与物质援助,以及生活适应辅导等方式,解决安置帮教人员的生活问题并减少重新犯罪的可能性。之所以做如此安排是因为安置帮教人员一旦被释放,便成为拥有公民权利的正常社会成员,但是,由于自身原因及外在社会排斥,需要一定的帮扶与支持以推动他们顺利回归社会。

我国针对安置帮教人员的社会保护体系与国外不同,并非以民间力量推动国家相关立法与保护体系构建,而是在社会治安综合治理体系中,有一项专门帮助刑满释放人员重新回归社会的系统性设置——安置帮教工作。尽管目前尚无安置帮教工作的法律出台,但是自新中国成立以来,安置帮教相关政策法规一直处于发展完善过程中,特别是21世纪以来,我国的安置帮教政策已经从安置与帮教并举的二维体系推进到由思想帮教、生活保障、就业安置和权利保护四个维度构成的有中国特色的刑满释放人员安置帮教体系[2],但是也有研究指出,由于实践中对刑满释放人员的保护工作更多依据中央、国务院及相关部委所发出的通知、意见,这些通知或意见的法律效力缺乏针对

---

[1] 力康泰、韩玉胜:《刑事执行法原理》,中国人民大学出版社1998年版,第353页。
[2] 吴鹏森:《新中国刑释人员社会政策的历史演变》,《学术月刊》2016年第7期。

性，不能适应刑满释放人员社会保护工作的实际需要，这就迫切需要出台针对刑满释放人员社会保护的法律，并使之与其他法律规范有机结合①，形成完整的社会治安防控体系②。

在我国安置帮教工作体系中，各级党委、政府在安置帮教工作中发挥着决策者和指挥者的职能，安置帮教相关部门（包括司法行政、公安、劳动、社会保障、民政、工商行政管理、共青团和妇联等有关部门和群众组织）肩负着重要任务和政治责任。政府主导是我国安置帮教制度的核心，而有关部门和社会力量的广泛参与是安置帮教得以顺利开展的必要保证。多年来的组织体系建设和社会力量扶植使安置帮教体系处于不断发展完善之中，在落实刑满释放人员衔接措施、人员安置救助和帮扶工作、帮助教育转化工作和完善刑满释放人员安置帮教工作提升机制上都取得了长足进步，"四社联动""温岭模式""江西模式"等创新型安置帮教新举措频出，极大提升了刑满释放人员的回归效果。但是，还应看到，刑满释放人员在经济融入、交往融入和心理融入等方面依旧困难重重，这不但与刑满释放人员自身有关，也与现有社会保护体系建设的局限性有关③。

青少年安置帮教人员的社会保护问题极为重要，但是在目前并未得到学界的应有关注。为数不多的研究主要关注安置帮教未成年犯在重返社会过程中的社会融入困境及其对策，因此，本书认为，加大这类人群的社会保护力度，要从确立未成年人犯罪前科记录消除制度，加强就学、就业、家庭和舆论保护方面入手。④⑤⑥

二 针对安置帮教青少年的国外研究进展

相较于国内研究现状，国外针对安置帮教青少年的研究成果较为丰富，

---

① 贾洛川：《试论社会管理创新视域下出狱人社会保护的创新》，《河北法学》2012年第12期。
② 任希全：《新时期刑释人员的社会保护》，《中国青年政治学院学报》2012年第6期。
③ 任建通、冯景：《刑满释放人员社会融入的多维性研究》，《安徽警官职业学院学报》2015年第3期。
④ 黄诚：《论促进刑释未成年犯的社会融入》，《社会工作》2014年第3期。
⑤ 福建省未成年犯管教所课题组：《福建省未成年犯回归社会的安置帮教工作研究》，《犯罪与改造研究》2018年第12期。
⑥ 张丽芬、朱颖、张才安：《社会工作介入刑满释放人员社会融入问题研究》，《社会工作》2012年第1期。

他们不仅在理论上颇有建树,在实证研究方面也积累了一定成果。本部分主要对国外安置帮教青少年的相关理论及研究进行梳理。

(一) 国外针对刑满释放青少年研究的主导视角

在国外,刑满释放青少年的再犯预防是青少年犯罪预防体系中的重要环节,更是其必要的组成部分,二者在基础理念、支撑理论、法律规制和实施方法上均有极大的一致性。

早在19世纪中后期,美国开创了遵循福利保护理念来处理青少年犯罪问题的少年司法制度,1899年美国伊利诺伊州颁布的《少年法庭法》便是世界上最早一部关于青少年的专门刑事法律。随后,其他国家纷纷效仿。英国于1908年制定了《儿童法》,日本从1922年开始陆续颁布一系列专门的青少年法规,德国1923年制定了《少年法院法》和《儿童福利法》,法国、意大利、比利时等其他欧洲国家也纷纷出台了少年法。传统少年司法秉持保护主义理念来处遇问题行为青少年,以国家亲权思想和个别化处遇作为其理念基础,制定出一系列以保护少年为目的的制度,力求实现使少年更好地回归社会的目标。①

20世纪70年代以来,随着社会政治经济状况的发展变化,美国青少年犯罪呈现恶化态势,社会对青少年犯罪现象的关注与公众不安全感的增加,迫使美国少年司法的主导模式发生转变,报复模式和威慑理论抬头,加强司法刑事处理机能的呼声开始占主流,美国把少年司法的聚焦点从青少年的需要(needs)转向青少年的行为(deeds),对现有少年法院的条款改为更加强调公共安全、惩罚的确定性和少年犯罪人的责任性。② 但是,严厉的政策让更多犯罪青少年进入刑事司法系统,这会提高他们回归社会的难度,导致"旋转门"现象的周而复始。③

当历史车轮行进到20世纪最后二十年,一股"积极"的风潮席卷西方世界,在经历推崇个人权利、逻辑及理性思维之后,人与人之间的同情、怜悯、

---

① 张知博:《美国少年法院的刑事政策变迁及启示》,《中国青年社会科学》2017年第2期。
② 姚建龙:《美国少年司法严惩刑事政策的形成、实践与未来》,《法律科学》2008年第3期。
③ Bouchard J. & Wong J. S., "Examining the Effects of Intensive Supervision and Aftercare Programs for at Risk Youth", *International Journal of Offender Therapy and Comparative Criminology*, 2018, 62 (6): 1509 – 1534.

相互关爱及彼此之间的连通性越来越受到重视,人际关系、心理情感福祉以及人际和谐等伦理价值开始渗透到社会风气与意识之中。① 这一风潮在诸多领域产生影响,其中与安置帮教青少年相关的领域也不例外,恢复性司法模式的采用、治疗性法理学的兴起以及积极犯罪学的出现,使得对于青少年犯罪及其矫正的整体思路发生了根本性转向。

恢复性司法作为 20 世纪 70 年代兴起于北美和澳大利亚的新型刑事思潮和法治模式,为传统少年司法体制赋予了新的内涵和更强大的生命力。根据英国犯罪学家托尼·马歇尔（Tony Marshall）所提出的恢复性司法定义：“恢复性司法是一种过程,在这一过程中,所有与特定犯罪有关的当事人走到一起,共同商讨如何处理犯罪所造成的后果及其对未来的影响。”以被害人为司法程序的中心,以对话、协商等为手段,以修复因嫌疑人行为而受损的社会关系为目标,是恢复性司法的核心特征。② 截至 20 世纪 90 年代末,欧洲涌现出了 500 多个恢复性司法计划,以加拿大与美国为代表的北美地区的恢复性司法计划达 300 多个,从全世界范围看,恢复性司法计划更多,甚至超过了 1000 个。

治疗性法理学是始于 20 世纪 80 年代的法学思想,是法学理论中的一个新视角,主张法律本身具有治疗主体的作用。司法过程作为社会机制的一部分,发挥着增进所适用对象内心的幸福感的功能。③ 在刑事审判中,"治疗性法理学"理念要求法官承担起主要职责,强调法庭这一场域在解决司法纠纷中的地位,利用各种资源解决引发被告人犯罪的所有主客观因素,消除其再犯的可能性,使他们更好地回归社会。治疗性法理学理念希望,利用行为科学的知识,通过建立"问题解决型法院",促使犯罪人悔罪,并积极参与到矫正程序中。

积极犯罪学是较晚出现的一个犯罪学理论流派,它以积极心理学为基础,整合既有心理学、犯罪学及法学理论与研究,强调以积极视角看待个人遭遇的压力和事件的影响,通过关注社会的积极因素,如善良、社会接纳、重建耻辱等,以及个体的积极特征,如抗逆力、一致性等,运用正式或非正式的

---

① 刘国庆:《论治疗法理学》,《甘肃社会科学》2019 年第 5 期。
② [英] 约翰斯通·G.:《恢复性司法：理念、价值与争议》,郝方窟译,中国人民公安大学出版社 2011 年版,第 3 页。
③ 尹琳:《美国"治疗性司法"理念的实践及其启示》,《政治与法律》2014 年第 12 期。

治疗方案和干预措施（如自助小组），帮助他们远离越轨和犯罪行为，个人、群体所拥有的积极特征和社会积极因素的力量对减少犯罪和预防再犯具有重要作用。① 该理论的提出者、以色列犯罪学家那提·罗奈尔（Natti Ronel）指出，已有研究发现青少年犯罪人可以通过发现生活的新意义、积极思考、承担个人责任、接受社会支持和发展精神信仰的方式改过自新。②

应该说，不管是恢复性司法理念，还是治疗性法学和积极犯罪学，都把人性的积极方面和社会关系的积极侧面作为焦点予以关注，这在青少年犯罪矫正的实施过程中体现在以青少年安置帮教人员为主体，注重他们的发展性和未来性，以推动需求满足和复元为最终目标。凭借此思潮的推动，大量干预项目被开发和实施，并取得了一定的预期效果。③

（二）国外针对刑满释放青少年干预措施的研究

西方各国往往在主流刑事政策影响下，由司法部门主导青少年犯罪矫正工作，社会组织及公众积极参与到刑满释放青少年的回归服务中。一百多年的青少年犯罪矫正服务发展至今，针对青少年出狱人回归工作基本上围绕着公共安全保障、责任追究以及能力发展来进行。很显然，三个目标存在一定的层次关系，对于青少年出狱人的责任追究和能力发展，主要通过两个不同方向的努力来达成他们回归社会的目标，进而保障公众安全。为实现以上三个目标，西方各国大多从再犯风险评估先行和基于优势发展视角干预这两个方面发力推动。

尽管少年司法制度建立的初衷是以国家亲权哲学为基础，强调推动犯罪青少年回归社会，保护他们的权益，遵循基于教育刑理念的矫正模式，通过个别化方式处理少年罪错案件，以达成成功矫治青少年犯罪人的效果。但是，从美国少年司法制度发展历程的经验可以看出，20世纪60年代以来，传统少

---

① Ronel N. & Elisha E., "A Different Perspective: Introducing Positive Criminology", *International Journal of Offender Therapy and Comparative Criminology*, 2011, 55 (2): 305–325.

② Burnett R., "Understanding Criminal Careers Through a Series of In-depth Interviews", *Offender Programs Report*, 2000, 4: 1–16.

③ Menon S. E. & Cheung M., "Desistance-focused Treatment and Asset-based Programming for Juvenile Offender Reintegration: A Review of Research Evidence", *Child and Adolescent Social Work Journal*, 2018, 35: 459–476.

年司法制度不足以面对青少年案件数量的持续增加、恶性暴力犯罪的日渐突出，以及青少年犯罪在整个刑事犯罪中所占比例的提高等日益严峻的现实窘境。在20世纪五六十年代，严惩性刑事政策抬头，美国许多州修改了少年最低刑事责任年龄，将严重少年犯罪人送入成人刑事司法系统来审判，这样就会有更多的青少年犯罪人被监禁。20世纪90年代后，少年司法依然采用严惩政策，但严罚并非适用于所有违法犯罪青少年，严罚的矛头主要对准的是少年暴力犯罪、累犯和重罪少年，问题行为少年并未被列入严罚的对象。之所以会有此种转向，是由于严惩政策所带来的诸多不利后果。例如，加重惩罚并不能从根本上解决重新犯罪问题。佛罗里达州的研究人员发现，被移送刑事法院审判的少年比没有移送的少年更可能重新犯罪且更早地重新犯罪。[①]

以此为契机，针对犯罪青少年的再犯风险评估应运而生，其初衷是更好地甄别青少年再次犯罪的可能性问题。刑罚的目标是"最大化地遏制犯罪"，它以犯罪率和社会安全感作为衡量标准。将具有社会危害性的犯罪人监禁起来，而对能够成为正常社会人的犯罪青少年进行矫正与帮助，都需要再犯风险评估工具的助力。国外相当重视对于犯罪青少年再犯风险评估工具的开发，较为成熟的测量工具既有适用于任何犯罪类型的综合性风险评估工具，也有专门针对于某种犯罪类型的评估工具。其中被较为广泛使用的包括精神病态量表少年版（PCL：YV）、青少年水平评估与个案评估表（YLS/CMI）和青少年暴力危险的结构评估（SAVRY）等。[②] 通过采用规范有效的评估工具测评后，不同类型的青少年犯罪人会被采取不同的处遇方式，暴力犯、累犯和重罪青少年会被采取严惩措施，而对于再犯风险较低的青少年，则采取保护主义、非正式的机构处遇并以更加宽容的方式来对待。

自20世纪最后20年开始，针对刑满释放青少年的处遇方式悄然发生改变。传统的聚焦犯罪青少年缺陷与问题的矫正方式的弊端越来越显现出来，监禁机构的过渡拥挤、恶劣的生活条件以及虐待与肢体暴力等问题频繁被爆出，这迫使政策制定者思考在惩罚与治疗之间选择一条中间道路，恢复性司

[①] 刘卫政、司徒颖怡：《疏漏的天网：美国刑事司法制度》，中国社会科学出版社2000年版，第24页。

[②] 孙晓敏、刘邦惠、吕郭威：《国外犯罪青少年重新犯罪的风险因子及其评估工具》，《预防青少年犯罪研究》2015年第1期。

法模式及积极青年发展观开始进入少年司法领域并逐渐成为相对主流的处遇方式。[1] 这一颇具积极意涵的青少年犯罪矫正新取向对传统的缺陷视角进行了批判，更加强调韧性的优点与价值，认为个体及其环境中的积极力量会影响并帮助个体摆脱犯罪并回归社会。这一取向更关注希望、乐观主义、爱、宽恕等积极的个体内在因素和社会接纳、修复亲属关系等社会联结因素的作用。在对待各种风险因素的态度上，新取向并不是将风险因素排除在关注之外，而是用积极的视角看待个人遭遇的压力和事件的影响，通过关注社会的积极因素，如善良、社会接纳、重建耻辱等，以及个体的积极特征，如抗逆力、一致性等，运用正式或非正式的治疗方案和干预措施（如自助小组），帮助他们远离越轨和犯罪行为。[2]

美国约翰·霍普金斯青少年暴力预防中心基于积极发展观（Positive Development Perspective）开发了犯罪青少年干预计划，设计出一个由40个资产构成的"发展资产框架"，这些资产被分成两类：一类为由对学习的承诺、积极价值观、社会能力和积极认同组成的内在资产；另一类是由社会支持、增权、边界和期待，以及对时间的有效利用等构成的外在资产。青少年建立内在与外在资产来发展他们的新社会行为，并减少问题行为发生。研究发现，青少年拥有的资产越多，他们进入司法系统的可能性越低。[3]

美好生活模型（Good Lives Model，GLM）是公认的青少年犯罪矫正模型，其效果已经得到大量研究证实。[4][5][6] 美好生活模型是以优势为本的或者说恢

---

[1] Bazemore G. & Terry W. C., "Developing Delinquent Youths: A Reintegrative Model for Rehabilitation and a New Role for the Juvenile Justice System", *Child Welfare*, 1997, 76: 665–716.

[2] Ronel N. & Elisha E., "A Different Perspective: Introducing Positive Criminology", *International Journal of Offender Therapy and Comparative Criminology*, 2011, 55 (2): 305–325.

[3] Scales P. C., Benson P. L., Leffert N. & Blyth D. A., "Contribution of Developmental Assets to the Prediction of Thriving among Adolescents", *Applied Developmental Science*, 2000, 4: 27–46.

[4] Barendregt C. S., Van der Laan A. M., Bongers I. L. & Nieuwenhuizen C. V., "Quality of Life, Delinquency and Psychosocial Functioning of Adolescents in Secure Residential Care: Testing Two Assumptions of the Good Lives Model", *Child Adolescence Psychiatry Mental Health*, 2018, 12: 4.

[5] Di Lorito C., Völlm B. & Dening T., "The Individual Experience of Ageing Prisoners: Systematic Review and Meta-synthesis through a Good Lives Model framework", *International Journal of Geriatric Psychiatry*, 2018, 33 (2): 252–262.

[6] Willis G. M., Ward T. & Levenson J. S., "The Good Lives Model (GLM): an Evaluation of GLM Operationalization in North American Treatment Programs", *Sex Abuse*, 2014, 26 (1): 58–81.

复取向的青少年犯罪回归项目。该项目认为，一个犯罪青少年之所以会抵制犯罪生涯，不仅可以用风险因素来解释，诸如满足个体需要、提高生活满意度、发展应对技能等方法，更是与降低再犯风险有密切关系。从整体观出发，该模型不但关注降低再犯风险因素，提升个体心理社会福祉，还要让青少年参加生产性活动以习得和提高应对能力。这一模型认为青少年有十一种需要，分别是生活、知识、工作出色、有兴趣爱好、有内在动力、内心平和、有社会联系、有支持性的社区、精神信仰、快乐和创造力。每个人都努力在一生中追求这些需要，以社会接受的方式获得这些需要的满足会增加个人主观生活满意度并减少再犯可能性。瓦德（Ward）等人的干预效果评估研究显示，在从监狱释放后的三年中，参与美好生活项目的出狱青少年的再犯率仅为3%。[1]

针对刑满释放青少年的服务不仅仅局限在直接服务上，针对青少年出狱人的个案管理工作也越来越多地基于优势视角来开展。青少年接受和评估个案管理项目（Juvenile Intake and Assessment Case Management，JIACM）是一个针对刑满释放青少年的基于优势视角的个案管理模型。它为刑满释放青少年提供120天快速响应、密集服务的个案管理工作。这一模型的基本理念是帮助青少年及其家庭识别和提高优势与资源，这能进一步鼓励青少年行为的改变。此项目不是为了惩罚犯罪人，而是为了支持他们并让青少年及其家人聚焦已有的优势和资源，以便确立并实现由自己所确定的行为目标。[2]

应该说，西方国家在针对青少年再犯预防问题的认识上已经发生了根本性改变，逐渐从聚焦问题与缺陷调整到既关注问题又关注优势，再到现在以聚焦个体与环境优势，通过个人赋权、确立自我目标并整合环境资源优势推动刑满释放青少年趋向正常社会生活，来提升个体福祉和积极情绪为主要工作方向。

---

[1] Ward T., Mann R. E. & Gannon T. A., "The Good Lives Model of Offender Rehabilitation: Clinical Implications", *Aggression and Violent Behavior*, 2007, 12: 87–107.

[2] Kurtz D. & Linnemann T., "Improving Probation through Client Strengths: Evaluating Strength Based Treatments for at Risk Youth", *Western Criminology Review*, 2006, 7 (1): 9–19.

第二节 与社会适应相关的研究

社会适应是人类有机体保持个人独立和承担社会责任的机能，对此问题的研究较为系统与深入，这一方面体现在研究数量众多；另一方面也体现在研究对象的多元化，针对移民、农民工、老年人、青少年和儿童的研究丰富且已经形成了较为系统的研究结论。在本节中，笔者主要对社会适应的概念进行界定，并对相关人群的社会适应方面的研究进行介绍。

一 社会适应的概念与框架

（一）对社会适应的概念界定

作为社会性存在的人类有机体处于个体与社会环境的交互作用之中，努力追求与环境达成和维持和谐平衡的关系，不仅是个体生存的必要保障，也是维持个体心理健康的前提与基础。社会适应这一概念的提出者，系被称为社会达尔文主义之父的英国著名学者赫伯特·斯宾塞（Herbert Spencer），他认为生活就是内在关系与外在关系的调适[1]，社会适应是人类获得社会生存的基本法则，是"个体与群体之间的互动协调以及他们对特定的物理与社会环境的反应"[2]。鉴于社会适应的复杂性与多样性，有学者指出"社会适应是一个未分化的概念，其定义是多样的"[3]。通过对现有国内外文献梳理，笔者将社会适应的概念划分为三种取向：行为取向的社会适应、状态取向的社会适应和过程取向的社会适应。

行为取向的社会适应是将社会适应看作个体在与社会环境互动过程中所表现出的、能够满足个人生活和社会要求的内在人格与外在行为特征。学者们出于各自的理论角度对社会适应进行阐述。进化心理学认为人类通过增强有利于物种生存延续的基因型的变异提高适宜性，在社会生活中通过形成独

---

[1] 车文博主编：《心理咨询大百科全书》，浙江科学技术出版社2001年版，第209页。
[2] 梁波、王海英：《国外移民社会融入研究综述》，《甘肃行政学院学报》2010年第2期。
[3] 郭成、杨满云、缪华灵、常涛：《少年儿童社会适应问卷的初步修订及信效度检验》，《西南大学学报》（社会科学版）2018年第3期。

特人格特质来解决社会生存问题，道尔（Doll）认为"社会适应能力是人类有机体保持个人独立和承担社会责任的机能"[①]，并在其编制的文兰德适应行为量表（VABS）手册中，把适应行为定义为"满足个体和社会需要的日常活动表现"。人格心理学甚至认为人格是个体适应行为的内在依据，社会适应就是人格适应，它主要由内容特质系统、预测控制系统、心理调节系统和动力支持系统构成。[②] 智力心理学将个体的社会适应看作一种智力活动，是按照个人生活和社会生活要求独立处理各种日常生活事务的能力。全美智力落后协会（AAMD）对适应行为所下的定义是："个体达到人们期望与其年龄和所处文化团体相适应的个人独立和社会责任标准的有效性和程度。"[③] 他们从智力落后者的鉴别和诊断出发来研究社会适应行为，将其看作个体的一种智力活动，认为个体的社会适应能力决定了其社会适应行为。行为主义心理学则认为社会适应是个体为了适应外在社会环境、文化要求和内在身心发展的需要，而必须在生活、学习和交往等实际活动中学会、选择和回避的行为，社会适应行为是个体对外在社会环境的应激反应，是个体对其周围环境中压力的适从和应对方式。基于以上观点，李冬梅等（2007）提出了一个较为综合性的定义，将社会适应行为界定为个体在与社会环境相互作用的过程中，为了与社会环境保持协调平衡的状态，个体满足与其年龄相符的所处社会的期望和要求的行为。其中，人格是个体行为的内在基础和机制，社会适应行为是人格的外在表现形式。一般来说，这一取向多被社会心理学研究者所采用，以关注幼儿及青少年的心理健康等方面。

状态取向的社会适应承认社会适应的发展性和文化特异性，将其看成是一个由多个维度构成的综合实体。张文娟等（2012）通过对中学生的研究提出，社会适应主要指个体在与社会环境的交互作用中，通过顺应环境、调控自我或改变环境，最终达到与社会环境保持和谐、平衡的动态关系，它是个体在社会生活中的心理—社会协调状态的综合反映。冯雪红（2019）通过对藏族生态移民的社会适应进行研究，提出社会适应作为移民应对生存困境的

[①] Doll E., "The Essentials of an Inclusive Concept of Mental Deficiency", *American Journal of Mental Deficiency*, 1941, XLVI: 214–219.

[②] 杨彦平、金瑜：《中学生社会适应量表的编制》，《心理发展与教育》2007年第4期。

[③] Grossman H., *Classification in Mental Retardation*, Washington DC: AAMD, EUA, 1983.

一种机制和策略，其本质在于移民在与迁入地自然和社会环境的互动过程中，达到和谐平衡的关系的观点。赵莉（2013）指出，新生代农民工的社会适应是他们从环境中获取资源，从而使得自身在城市社会环境中得以生存和发展的状态，并将农民工的社会适应分为经济适应、社会交往适应和心理适应三个方面。刘庆和陈世海（2015）通过对移居老年人的研究发现，移居老年人的社会适应由心理适应、社会交往适应和经济适应三个维度构成。与行为取向的社会适应更关注人与环境互动过程中的个体因素不同，状态取向的社会适应在人与社会环境互动过程中，探索个体与环境互动的侧面与程度，且主要从弱势人群角度入手，试图揭示不同类型的弱势人群的生存困境，具有较强的社会人文关怀意识。

过程取向的社会适应将社会适应看作个体与环境互动的过程。格瑞乌斯等（Graves & Graves）（1974）认为，"适应"是人类为了能在本性与社会环境的限制中处理问题，通过可以感知、可以利用的手段去寻找办法，克服其所面对的困难，并在周遭世界中历经一次次选择，最终在一个相互交涉的系统中不断改变和被改变的过程。从社会适应的心理过程看，贾晓波（2001）认为，从不适应到重新适应要经历认知调节、态度转变和行为选择三个环节。泰勒（Taylor）（1983）探讨了极端应激事件情境下个体社会心理适应的过程，认为个体达到应激状态下的心理功能的恢复和发展需要经历探究意义、重建个人控制感和重建自尊三个基本心理过程。陈建文（2010）将社会适应看作个体以自身的各种资源构成的自我系统，与各种环境因素构成的社会系统交互作用的过程，包括心理发动、评估比较、内容操作和反馈性自我评价四个环节。上述研究都是从学理上对社会适应过程进行的研究，还有学者针对不同群体以生命历程视角加以分析。刘斌志（2013）通过对艾滋病感染者的深入访谈，发现他们的社会适应历程经历了权能激发、人际互动、问题解决以及评价反馈四个阶段。奥尔森等（1983）认为，出狱人社会适应的过程与退休人员的退休适应过程较为相似，大致都经历了蜜月期（或兴奋期）、失望期（或清醒期）和重新定位期。史晓浩和王毅杰（2009）通过对流动儿童城市社会适应的纵向考察，发现流动儿童在社会城市社会中采取分化与同化这两种不同的适应策略。

(二) 社会适应的构成维度

社会适应是一个多维度的概念,对于社会适应的评价标准和指标体系的研究一直受到学界关注。[①] 由于学科及研究偏好差异,学者对社会适应的构成维度的认识呈现多元化特点。

社会学取向通常将社会适应放在既定的社会生活场域内予以考察,并强调社会适应的文化差异性和群体特征。在社会学取向的研究者看来,社会适应问题常常发生在处于流动状态的群体中,国外最早的社会适应研究便是针对移民展开的,我国针对不同群体的社会适应研究沿袭了这一传统。在既有研究中,对社会适应构成维度的认识有不同观点。二分法是对社会适应的最简分类方式,曾守锤和李其维(2007)将流动儿童的社会适应从外显行为和内隐心理两个角度进行考量。有学者持三分类观点,赵丽丽(2008)通过对上海市"外来媳妇"的调查发现,城市女性婚姻移民的社会适应包括经济适应、生活适应和心理适应三个方面;张静和王金云(2014)认为新生代农民工的社会适应主要表现在三个层面:经济适应、文化适应和心理适应。王建平和叶锦涛(2018)通过对大都市"老漂族"老年人群体进行研究后发现,流动老年人的社会适应主要出现在人际交往适应、精神心理适应和居家住房适应三个方面。赵莉(2013)对城市搓澡工这一城市新生代农民工群体的社会适应进行分析,发现他们的社会适应包括经济适应、社会交往适应和心理适应。刘庆和陈世海(2015)认为,移居老年人社会适应主要包含心理适应、社会交往适应和经济适应三个因子。还有学者将社会适应从四个维度予以考察。赵莉和王蜜(2017)对北京外卖骑手进行调研后,发现城市新兴职业青年农民工的社会适应问题主要出现在生活适应、职业适应、人际交往适应和心理适应四个方面。马凤鸣(2012)把农民工城市社会适应界定为个人对社会生活诸方面的满意和习惯程度,包括职业适应、生活适应、人际关系适应和文化适应四个维度。陈蓉和胡琪(2015)将青年新移民的社会适应分为经济融入维度、行为适应维度、文化接纳维度和身份认同维度。景晓芬和李松柏(2013)对农村婚姻迁移女性进行研究,他们将此类群体的社会适应分为

[①] 邹泓、余益兵、周晖、刘艳:《中学生社会适应状况评估的理论模型建构与验证》,《北京师范大学学报》(社会科学版)2012年第1期。

经济适应、生活适应、关系网络适应和心理适应。风笑天（2005）将第一代独生子女的社会适应分为职业适应、独立生活适应、心理适应和人际关系适应四个方面。

与社会学视角相区别，心理学学者大都将身份与环境特征作为背景信息，尤其关注个体在面对成长与变动过程中的心理与行为的特征及其变动状况。在研究方法上，心理学针对社会适应的研究大多以量表修订与测量方式来进行。由于对社会适应属性看法不同，学者们的分类也有所差异。陈建文和黄希庭（2004）认为，中学生的社会适应性由心理优势感、心理能量、人际适应性和心理弹性四个维度构成。杨彦平和金瑜（2007）对初中生的社会适应进行研究后，提出初中生社会适应由内容特质系统、预测控制系统、心理调节系统和动力支持系统构成。郭成等（2018）通过心理计量学研究指出，少年儿童的社会适应包括个性宜人、人际和谐、学习自主、观点接纳、集体融入、生活独立和环境满意七个维度。王永丽、林崇德和俞国良（2005）发现，儿童社会适应以亲社会行为、居家、生活自我管理、情绪监控和社会交往五个方面的适应为主。上述分类方式均从社会适应所涵盖的心理特征角度入手。还有学者更进一步进行两维分类研究，提出社会适应的领域——功能框架。邹泓和余益兵等（2012）提出"领域—功能"理论模型，认为社会适应的一个维度为积极状态和消极状态；另一个维度是青少年社会性发展的关键维度，其中社会适应的积极状态包括自我肯定、亲社会倾向、行事效率和积极应对四个方面，社会适应的消极状态包括自我烦扰、社会疏离、违规行为和消极退缩四个方面。

二 社会适应的群体特征

社会适应是每个个体都要面临的任务，也是社会化的目标。不同人群的社会适应困境不同，其社会适应的主导内容和特征也有所差异。

（一）移民群体的社会适应特征

迁移所带来的社会适应问题是每一个移民必须要面临的难题，这一课题也是各国学者都非常关注的学术议题。特别对于我国来说，移民往往带有较强的政策性特征；而作为系统工程，其牵涉人数众多，对此问题进行深入研究尤其受到国家的重视。我国有很多政策性移民案例，三峡移民、生态移民和异地扶贫搬迁移民均属此列。

三峡移民是典型的非自愿性移民，风笑天（2004）发现三峡农村移民的社会适应主要集中在经济适应、心理适应、环境适应和生活适应四个方面。吴炳义等（2010）将三峡外迁移民的社会适应归纳为经济适应、生活适应和社会交往适应三个方面，在移民中，最好的是社会交往适应，最差的是经济适应。苏红和许小玲（2005）发现，三峡移民往往采用一定的策略来实现社会适应，一是资源的运用与再生；二是"类型化"知识与情境建构；三是依靠代理人实现利益诉求，这可以被概括为"双重适应策略"，移民从多方面主动地对原有的行为方式和因素进行调整、改变乃至创新，以适应变迁。

生态移民是我国的一项新型移民政策，通过将生态环境脆弱区的人口迁移到环境承载能力较高的地区，达到改善移民生产生活环境、保护和恢复迁出区的生态环境，以促进区域经济社会可持续发展的目标。田晓娟（2012）对同心县生态移民的社会适应进行研究发现，生态移民存在生存环境适应、生产方式适应、生活方式适应和人际交往适应四个方面的社会适应问题。束锡红（2015）指出，生态移民的社会适应包括身体对自然环境的适应、日常生活适应、生产技术条件适应、人际关系与风俗习惯适应以及心理适应五个方面。李霞、朱志玲和文琦（2016）认为生态移民的社会适应问题主要体现在经济生产、生活方式及人际关系三个方面。由于移民社会适应存在一定特征，如生活方式和人际关系适应性强、年龄层次差异小、经济生产适应性普遍较差和年龄层次差异性较大。因此，针对生态移民的社会适应提升应着重从完善保障政策、引导适龄移民进厂务工和加强宣传等方面入手，以此推动社会适应能力提高。

易地扶贫搬迁是精准扶贫和精准脱贫的有效方式，在搬迁过程中，移民会面临社会适应问题。刘宗华（2018）通过对宜昌市的异地扶贫搬迁移民的调查发现，移民的社会适应包括自然环境适应、基础设施适应、教育医疗适应、经济生产适应和人际交往适应。对于扶贫政策了解和落到实处的扶贫措施是提升社会适应的应对策略。

（二）"老漂族"老年人的社会适应特征

基于年龄和社会角色特征，老年人会面临诸多变动情况，如适应退休生活、为照顾子女生活而被迫社会流动、因入住养老院发生生活环境变动等。老漂族是指那些随子女迁移到城市生活的老年人，他们面临着较大的适应困境，王建平和叶锦涛（2018）指出，老漂族在身体健康、社交网络和满意度方面具有一定特征，往往是打工老年人的身体健康状况更好，他们的人际交往以与他们身份相类似的外地来沪老人为主，他们对居住环境等方面的满意度不高。刘庆和陈世海（2015）主要关注了老漂族的社会交往与心理归属感方面的适应状况，发现他们在城市生活中大多存在孤独、茫然、失落、无助等消极情绪与情感，这使老年人真正适应城市生活举步维艰，研究者进一步通过问卷调查方法深入揭示了老漂族社会适应的构成维度，分别为心理适应、社会交往适应和经济适应；研究者还发现移居老年人的心理适应最高，其次是社会交往适应，经济适应最低。究其原因，主要是客观上因空间的变动使得"老漂族"不得不进行精神空间的调整，迁居初期"老漂族"身处原空间的惯性之中，加之因身体机能的衰退致使自身调适能力减退，造成了"老漂族"暂时性"脱嵌"于新的空间，容易出现生活不适、社交匮乏和精神空虚等社会适应问题。[①] 具体来说，社区公共服务、家庭经济收入、子女关心以及户籍归属都是影响移居老年人社会适应的重要因素[②]，年龄、社会经济地位和居住年限也对移居老年人的社会适应具有较大影响[③]。

（三）新生代农民工的社会适应特征

新生代农民工群体是社会适应研究的又一核心群体，大多数研究聚焦此类群体的社会适应状况、社会适应的影响因素以及对策建议。张静和王金云（2014）指出，新生代农民工的社会适应主要集中在经济和文化方面，而赵莉和王蜜（2017）和许又新（2007）则认为新生代农民工的社会适应出现在生活适应、工作适应和人际交往方面。范晓光（2008）提出新生代农民工的社会适应主要集中在职业适应、生活适应、社会交往适应和心理认同适应四个方面。许又新（2007）及马凤鸣和陈玲（2012）指出，影响新生代农民工社

[①] 江立华、王寓凡：《空间变动与"老漂族"的社会适应》，《中国特色社会主义研究》2016年第5期。
[②] 刘庆、陈世海：《移居老年人社会适应的结构、现状与影响因素》，《南方人口》2015年第6期。
[③] 李珊：《影响移居老年人社会适应因素的研究》，《中国老年学杂志》2011年第12期。

会适应的主要因素包括自评家庭阶层地位、教育程度、媒介接触、城市经历、相对剥夺感、社区参与、组织支持等,其中社会排斥是影响农民工城市社会适应最重要的因素,人力资本是影响农民工城市社会适应的基本因素,社会网络对农民工城市社会适应有一定影响。[1] 在提升新生代农民工社会适应的对策建议方面,张静和王金云(2014)主张从组织政策保障、宣传保障和主体个人素质提升入手实施,赵莉和王蜜(2017)以新生代农民工为核心,强调从他们的职业能力提升、心理辅导提升认同和推动他们融入社区的角度开展帮助,马凤鸣(2012)则主要从社会层面强调发展县域经济、推动农民工就地务工等方面展开帮助。

(四)青少年的社会适应特征

青少年期是个体的生理、心理急剧变化的特殊时期,是个体从幼稚走向成熟的转折期,也是个体毕生发展的"危机期",社会适应是这一时期青少年的重要发展任务与目标。这一课题已成为教育工作者、心理学家和社会学家等共同关注的焦点。相较于移民、老年人与农民工群体的研究大多以现象描述和提出对策建议为主,青少年社会适应研究较多采用量化研究方法,关注发展特点和影响因素分析,研究取向较为微观。

青少年社会适应的影响因素主要集中在内在心理因素和外在环境因素两个方面。社会适应是个体与社会环境的互动,不管是顺应环境、调控自己还是改变环境,都需要个体通过内在心理调节才能达成与环境保持和谐、平衡的动态关系。在内在心理影响因素方面,情绪智力、人格和自主性对社会适应具有显著的预测作用。[2][3][4] 学界目前对于外部影响因素的研究较多,其中对于体育锻炼与社会适应的关系研究表明,高强度和中等强度的身

---

[1] 马凤鸣:《农民工城市社会适应的影响因素:基于重庆和珠三角的比较研究》,《西南大学学报》(社会科学版)2012年第2期。

[2] 金灿灿、邹泓、侯珂:《情绪智力和父母社会支持对犯罪青少年社会适应的影响:直接效应还是缓冲效应?》,《心理科学》2011年第6期。

[3] 聂衍刚等:《青少年社会适应行为与大五人格的关系》,《心理科学》2008年第4期。

[4] 陆芳、陈国鹏:《青少年自主—联结的发展及其与社会适应的关系研究》,《心理科学》2012年第2期。

体活动对青少年社会适应能力有非常显著的预测作用[1]，学习武术和进行拓展训练的大学生的社会适应能力明显优于不参加这些锻炼的学生[2]。家庭因素是学者们较多关注的主题，亲子关系[3]、亲子依恋[4]、家庭收入[5]、教养方式[6]、父母监控[7]、亲子沟通与冲突都会对青少年社会适应产生影响[8]。外部支持同样受到学者关注，良好的学校氛围、班级环境和学校人际关系能够推动青少年形成良好的心理品质，进而促进良好社会适应的实现。[9][10][11]

在对青少年社会适应的研究中，有学者开始跳出单线程研究的传统范式，采用优势视角对影响青少年社会适应的风险因素与保护性因素进行探讨，整合性地提出青少年适应的保护性因素，其中个人保护因素包括人格、情绪智力以及社会问题解决能力，家庭保护因素包括积极教养行为、积极家庭功能，学校保护性因素则包括班级环境、师生关系和同学友谊质量等。[12] 这种以整体观为核心理念，以社会生态学理论为指导，着重把握影响社会适应的多变量之间相互关系的研究方法值得学习与借鉴。

---

[1] 孙双明等：《青少年体育参与和社会适应关系的实证研究》，《北京体育大学学报》2019年第2期。

[2] 谭腾飞等：《武术对青少年社会适应的影响及学生类型的调解作用》，《武汉体育学院学报》2018年第8期。

[3] 张文娟、邹泓、梁钰苓：《青少年父母支持的特点及其对社会适应的影响：情绪智力的中介作用》，《心理发展与教育》2012年第2期。

[4] 金灿灿等：《中学生亲子依恋的特点及其对社会适应的影响：服务亲密的调节作用》，《心理发展与教育》2010年第6期。

[5] 王建平、李董平、张卫：《家庭经济困难与青少年社会适应的关系：应对效能的补偿、中介和调节效应》，《北京师范大学学报》（社会科学版）2010年第4期。

[6] 刘文婧、许志星、邹泓：《父母教养方式对青少年社会适应的影响：人格类型的调节作用》，《心理发展与教育》2012年第6期。

[7] 张文娟、邹泓、李晓巍：《青少年的父母监控状况及其对社会适应的影响》，《心理发展与教育》2011年第3期。

[8] 方晓义、张锦涛、孙莉、刘钊：《亲子冲突与青少年社会适应的关系》，《应用心理学》2003年第4期。

[9] 杨飞龙、李翔、朱海东：《学校氛围和青少年社会使用的关系：一个有调节的中介效应》，《中国临床心理学杂志》2019年第2期。

[10] 金灿灿、邹泓：《中学生班级环境、友谊质量对社会适应影响的多层线性模型分析》，《中国特殊教育》2012年第8期。

[11] 曾荣、沖、邹泓：《中学生的学校人际关系特点及其与社会适应的关系》，《中国特殊教育》2010年第12期。

[12] 邹泓、刘艳、张文娟、蒋索、周晖、余益兵：《青少年社会适应的保护性与危险性因素的评估》，《心理发展与教育》2015年第1期。

(五) 儿童的社会适应特征

儿童早期的适应行为或能力发展水平会影响后期其他领域适应或更高水平能力的发展，儿童社会适应的影响因素研究一直受到学界重视。[1] 已有研究主要涉及儿童社会适应的测量与影响因素、流动儿童和留守儿童社会适应等方面。

儿童，特别是学龄前儿童的社会适应往往以社会能力、外化和内化问题为指标。对儿童社会适应产生影响的个体因素主要包括自身的社交退缩[2]、亲社会行为[3]、情绪控制力[4]等，外在环境因素则主要包括父亲的情绪表达[5]、母亲的元情绪理念[6]、父母婚姻关系质量[7]、父母教养方式[8]等家庭因素，这体现出家庭因素对儿童身心发展的关键性作用。

针对特定儿童群体的研究主要聚焦在流动儿童与留守儿童两类群体。对于流动儿童的研究关注流动儿童的社会适应状况[9]和社会适应能力发展状况[10]。留守儿童的研究较为重视其影响因素，针对儿童孤独感[11]、认知评价[12]、自尊和控制源等内在因素和社会经济地位[13]等外在因素的研究也有所涉及。

---

[1] 张青、王争艳、董书阳：《青少年创造性发展及其脑机制研究进展》，《心理科学》2017年第5期。

[2] 孙铃、陈会昌、单玲：《儿童期社交退缩的亚类型及与社会适应的关系》，《心理科学进展》2004年第3期。

[3] 魏星等：《童年晚期亲社会行为与儿童的心理社会适应》，《心理发展与教育》2015年第4期。

[4] 谭和平：《儿童情绪性及情绪控制与社会适应能力的关系研究》，《心理科学》2009年第6期。

[5] 梁宗保等：《父亲情绪表达与儿童社会适应：气质的调节作用》，《心理发展与教育》2011年第4期。

[6] 梁宗保等：《母亲元情绪理念与学前儿童社会适应的相互作用关系》，《心理发展与教育》2016年第4期。

[7] 梁宗保等：《父母婚姻关系质量与学前儿童社会适应：父母养育行为的中介作用》，《中国临床心理学杂志》2016年第3期。

[8] 谢庆斌等：《母亲教养方式对4岁儿童社会适应的影响：执行功能的中介作用》，《中国临床心理学杂志》2019年第3期。

[9] 胡韬、郭成：《流动少年儿童社会适应与其影响因素的结构模型》，《西南大学学报》(社会科学版) 2013年第1期。

[10] 王晓芬、周会：《流动儿童早期社会适应能力发展现状》，《学前教育研究》2013年第7期。

[11] 张更立：《农村留守儿童孤独感与社会适应的关系：感恩的中介作用》，《教育研究与实验》2017年第3期。

[12] 刘晓静等：《农村留守儿童认知评价与社会适应的关系：一个有调节的中介模型》，《中国特殊教育》2016年第7期。

[13] 郝振、崔丽娟：《自尊和心理控制源对留守儿童社会适应的影响研究》，《心理科学》2007年第5期。

（六）犯罪人的社会适应特征

社会适应不但是犯罪的预测变量，也是犯罪人出狱后能否顺利回归的重要影响因素。[1] 犯罪青少年的社会适应受很多因素影响，其中来自父母、老师和同辈的支持是积极适应的显著预测变量；而消极日常生活事件则是消极适应的预测变量。[2] 有学者对51名假释人员进行研究发现，积极的亲子关系对子女重新犯罪具有负向预测作用。[3]

第三节　对文献的基本总结

一　关于安置帮教青少年研究的文献总结

安置帮教青少年是一个多元特征并存的群体，他们可塑性强，但也具有明显的弱势性和风险性特征。由于我国严峻的青少年犯罪形势以及以维护社会稳定和公共安全为核心的刑事政策，我国长期以来对再犯预防极为重视；社会民众的重刑主义意识严重，犯罪人和刑满释放人员遭遇到极大的排斥。这样的文化与制度环境所形塑出的研究意识，更多关注青少年再犯和社会排斥方面的研究。自20世纪80年代开始，我国针对刑满释放人员的政策调整为社会全面安置帮教，针对刑满释放人员社会保护的研究数量也有所增长。应该说，我国已有针对青少年犯罪和刑满释放人员的研究为相关政策制定和工作措施安排提供了一定的借鉴和参考，但也应意识到，现有研究存在一定的不足之处。这主要体现在以下两个方面：

一方面，针对安置帮教人员的研究大都以"客位"视角展开。这种从本质主义立场出发，将安置帮教青少年的"主体性"进行剔除，仅仅将他们看作客观的被认识对象的研究取向，将本应被置于核心的安置帮教青少年"客体化"，聚焦其再犯风险，遭遇到的社会排斥与困难的特点，并进行对策建议

---

[1] 王维皓等：《社会适应与社区服刑人员再犯风险的关系》，《心理月刊》2019年第17期。
[2] 张友印等：《社会适应双功能模型在犯罪青少年群体中的初步验证》，《中国特殊教育》2015年第12期。
[3] 高梅书、张昱：《国外出狱人社会适应研究及对当代中国的启示》，《华东理工大学学报》（社会科学版）2013年第1期。

的倡导，实则是将安置帮教青少年这一群体的鲜活的、多元的、情境的主体实践隐匿起来，呈现出的是居高临下的、全知全能的、对于一般情况的总体描述（大叙事），这一研究弱点使研究结果的针对性和解释力欠佳。

另一方面，针对安置帮教人员的研究大都聚焦于这一群体的"缺陷"展开。由于安置帮教人员兼具社会危险性和脆弱性特征，相关帮教工作大都从打击、防范及管控角度进行，相关研究大多聚焦于这一群体的"缺陷"，如重新犯罪问题和社会排斥问题等，缺乏基于"优势"视角对这一群体所做分析与描述。而实际上，安置帮教青少年虽然身处逆境，但他们依然拥有优势与抗逆力，依然具备在逆境中找到新的意义，并利用社会联结克服困境，从而融入主流社会生活的能力，这一点急需深入挖掘与研究。

相较国内研究现状，国外针对刑满释放青少年的研究较为丰富，不仅在理论上颇有建树，在实证研究方面也积累了一定成果。不管是恢复性司法理念，还是积极犯罪学和治疗性法学，其把人性的积极方面和社会关系的积极侧面作为侧重点予以关注，这在青少年犯罪矫正的实施过程中体现在以青少年刑满释放人员为主体，注重他们的发展性和未来性，以推动需求满足和复元为最终目标。出于此思潮的推动，大量以积极视角为依据的干预项目被开发和被实施，且被相关研究证明了其有效性。

安置帮教青少年在被释放后到底经历了什么？他们会面临怎样的困境？他们是否具有内在积极特质？他们在生活情境中的行动策略是怎样的？只有通过深入挖掘他们的主体陈述和实践过程，才能了解他们之所以顺利融入社会生活的内在原因和行动方式。

二 关于社会适应研究的文献总结

社会适应是每个个体人生历程的基本任务，是个体社会化的目标之一。通过文献梳理，笔者发现，由于研究者的研究取向与研究方法的偏好差异，对于社会适应本质的认识与概念界定呈现出纷繁复杂的状态，有学者甚至指出"社会适应是一个未分化的概念，其定义是多样的"[①]。本书以社会适应的

[①] 郭成、杨满云、缪华灵、常涛：《少年儿童社会适应问卷的初步修订及信效度检验》，《西南大学学报》（社会科学版）2018年第3期。

行为取向、状态取向与过程取向对安置帮教青少年的社会适应进行界定，这也是本书一个颇具挑战性的任务。

尽管说社会适应是每个个体都要面临的任务，但是不同人群的适应困境也不同，社会适应的主导内容和特征也会有所差异。针对社会适应的研究大多聚焦在移民、农民工、老年人、大学生、中学生和儿童等群体，针对这些不同群体社会适应的研究，学界所采用的研究策略亦是泾渭分明。针对移民、农民工、老年人等群体的社会适应研究以社会学取向为主，强调社会适应的文化特异性和领域特殊性，研究者通常采用访谈或问卷调查的方法获得关于社会适应的构成类别等方面的信息；而心理学取向的研究主要关注儿童和青少年群体，往往将社会适应抽离出其所依存的场域，关注社会适应内在心理特征及外在行为表现，试图获得有关社会适应的内在影响因素及作用机制的深入认识。社会学取向和心理学取向的社会适应研究都具有其优势，但也各自存在一定的缺憾。

具有犯罪人身份的安置帮教青少年处于生理、心理发生急剧变化，从幼稚走向成熟的重要转折时期，身心发展与犯罪人身份的双重压力使得安置帮教青少年面临其特有的同时又是严峻的挑战。而对于安置帮教人员社会适应的研究却成为此类研究的盲点。安置帮教青少年的社会适应如何界定？他们采取了怎样的社会适应策略？他们采取不同行动策略后的适应结果是怎样的？这些问题亟待我们深入研究探索。

三 本书的研究空间

基于对相关文献的分析结论，本书拟对以下几方面进行研究探索。

第一，研究视角探索。基于目前国内针对安置帮教人员研究的"缺陷"视角，本书在研究视角上将尝试借鉴与参考"优势"视角，立足于安置帮教青少年的强大力量与潜能，关注他们进行资源链接与整合的行动与实践，探明影响安置帮教青少年社会适应的社会生态系统因素和个体行动策略因素的作用机制。鉴于现有研究更多采用横断面类别分析的状况，本书拟采用生命历程视角将安置帮教青少年放置在其真实的生活空间中，从他们与社会的互动关系出发，探索安置帮教青少年社会适应的过程特征，以及在这一纵向过程中他们与社会环境如何互动，进而对他们的主观意义世界、社会适应过程和机制进行深入理解。

第二，研究方法探索。基于对已有研究所采用的研究方法的考察，笔者发现，尽管有关安置帮教人员的研究和社会适应的研究颇多，但是相关研究要么采用思辨性论述方式指出相关问题的特征、产生原因并提出对策建议，要么是以量化或质性研究方法，就具体问题进行横断面研究，获取对研究主题的主要特征的认识。相对而言，采用质性研究方法，以研究者自身为研究工具，在自然情境中采用多种资料收集方法对社会适应进行整体性探究，通过与研究对象互动，聚焦其适应行为和意义建构，而获得解释性理解的研究并不多见。本书拟采用"主位"视角的资料收集过程，对来自安置帮教青少年本人、其家人、社会工作者和司法干部等多元主体进行访谈调研，了解研究对象的主观意识世界和社会适应过程，这样，不但会因为采用"三角互证"的方法而提高研究可信性，而且能够获得更为深入的信息。

第三，对策建议探索。我国针对安置帮教人员的社会政策与工作措施在某种程度上呈现出主流话语体系"自上而下"的决策模式和干预方式，本书通过对安置帮教青少年在回归社会过程中的社会适应状况的分析，对影响社会适应的各种因素，特别是保护性因素的探索，提出促进该群体社会适应能力提升的对策建议，这不仅可以为调动社会各方面积极力量、提升矫正帮教工作效果、提高安置帮教青少年的社会适应服务提供思路，还可以为维护社会和谐稳定、促进社会"善治"做出贡献。

因此，笔者将在本书中运用质性研究方法，探明安置帮教青少年的社会适应策略与主观能动性特征，推动该群体的良好社会适应，这也是笔者采用创新性的研究视角和研究方法对此研究对象的一次尝试与探索。

第三章　场域转换：刑罚与回归

按照上海市司法局对安置帮教人员身份的规定，安置帮教青少年为上海市安置帮教管理系统在册的监所（包括监狱、少年管教所和看守所）释放五年内、社区服刑期满三年内的16—25周岁的刑满释放人员。当犯罪青少年一旦进入羁押系统，其犯罪嫌疑人身份被确认，随后，他们会被处以不同的刑罚执行方式。安置帮教青少年的社会适应进程从他（她）进入司法系统那一刻便已开始，作为处于各个刑罚执行场域中的行动者，在不断变更的场域中持续进行着他们的适应进程。本章主要从安置帮教青少年的主位视角出发，分析他们的服刑及释放后场域中的经历，及对他们的社会适应所造成的影响。

第一节　刑罚执行

根据《中华人民共和国刑事诉讼法》（2018）第264条和第269条规定，被判处有期徒刑的已满18岁的犯罪人一般会在监狱服刑；在被交付执行刑罚前剩余刑期在三个月以下的，由看守所代为执行；判处拘役的罪犯，由公安机关执行；未成年犯由未成年犯管教所执行刑罚，被判处管制、宣告缓刑、假释或者暂予监外执行的罪犯则实行社区矫正。本书样本中有11名受访者被判处有期徒刑、拘役等监禁刑罚方式，这些犯罪青少年会在经历羁押与监所服刑后被释放；另有17名受访者会在短暂羁押后进入社区矫正系统进行社区矫正，之后解除矫正。

一　羁押与监狱服刑

不管是监狱、看守所还是未成年人管教所，封闭和规章制度严格是它们共同的属性与特征。犯罪青少年被看守所羁押或最终在各类监所服刑，不同于社会环境的监所环境,对于犯罪青少年来说是极大挑战。11 位有监所服刑经历的安置帮教青少年都表达了初入监所的不适应感,监所服刑带给他们的震撼与影响是巨大的,甚至是终身难忘的,更是对他们人生轨迹的决定性扭转力量。在监所内,这些青少年们不得不接受监所规定的各项规章制度,他们被限制了人身自由并在监所中发展人际关系,这会对他们的行为习惯、价值观念等产生一定影响,进而推动或削弱被释放后的社会适应程度。

(一)强制性规定:自我约束的强化

通过纪律实现规训权力运行的监狱及相关关押场所,非常强调犯罪人的服从意识、被动接受,重视义务承担多于权利享有。在已经施行的《监狱服刑人员行为规范》《看守所在押人员行为规范》和《未成年犯管教所管理规定》中,"必须""不""严禁""服从""按规定""须"等词汇频繁地出现,这体现了监狱的最核心职能——惩罚与规训。

遵守监狱日程安排是服刑者入狱之初就要面对的巨大挑战。如果无法遵守监狱的日程安排,服刑者会被扣分,不但会遭受惩罚,还会影响加分和减刑。接受访谈的多数有监所经历的青少年受访者都表示入狱之初压力很大,不能跟上监狱快节奏的生活和严格的规定。以某未成年人管教所为例,所有未成年服刑者在入所后的前两个月被要求早晨五点钟起床,七点钟吃早饭,七点半后开始工作,然后十一点半至十一点五十分吃午饭,随后继续工作到下午四点,五点钟开始吃晚餐,七点至七点半看新闻联播,随后洗漱休息,九点熄灯休息。这给入狱前以晚睡晚起、懒散低效为生活方式的犯罪青少年造成了极大压力和精神困扰。在有监所生活经历的 11 位青少年中,有 9 位表示他们在刚刚入住的时候曾经感到压抑与紧张,严格的日程安排带给他们巨大压力。其中有两位这样说道:

> 里面的生活和我原来的生活完全不同,原来我每天晚上都要很晚休息,甚至有时候会玩通宵,在里面要严格按照日程表活动,刚进来时,我特别不习惯。(JYR-X-01)

> 我感觉监狱里的生活节奏很快,刚来的时候很难适应,这需要慢慢

第三章　场域转换：刑罚与回归

去适应。(JYR-X-17)

监狱里除了有日程安排之外，还有其他各种各样的行为规范要求。监狱普遍采取的是军事化管理模式，强调快速、效率、服从和集体性，不提倡任何的个性和隐私。在监所中，遵守行为规范不但意味着服从狱警的安排，更重要的是服从如小组长之类的有职务服刑者的安排，对后者的服从更为重要。一方面，是否被扣分的权力掌握在小组长手中；另一方面，小组长会用各种"侮辱性"方式进行体罚。完不成工作任务、内务卫生不合格、站姿坐姿不标准、随便说话，甚至是组长心情不好等都会成为服刑人员被体罚的理由。曾经做过小组长的受访青少年指出了小组长在服刑人员中的权威性，以及在监狱中组长滥用权力的现象。

> 除了组长，其他人不可以命令别人。组长的命令必须执行，如果不执行，组长会体罚。这不可以跟队长讲，队长也不会管，这就是队长为了给刚进去的犯人立规矩，让你以后不要搞事，所以队长是允许体罚的。规章制度是不允许体罚的，但实际上都会有。(JYR-X-03)

> 我当上组长之后也会体罚人，但是一般都体罚那种比较傻的人，因为他们做事不活络。一件事两个人去做，会罚比较差的人，如果做工没有达到指标，流水线线长就会体罚他们。我主要管纪律，不许说话，那就要一点声音都没有。新收组的人不管站和坐都要保持最好的姿势，坐要坐得笔直，站要手贴裤缝，如果站歪了、腿弯了或者手没伸直变弯了，就要罚，这就是规定，前两个月都是这样，都是苦过来的。(JYR-X-03)

> 我刚进去不到一个月，有一次，组长心情不好，就体罚我推地板，比如在一个房间，弯腰下去推地板，推个几十圈，像擦地一样，但是要一直跑，大家都能看到。因为我推不动，所以他就用脚踩我的手。然后我当时就打了他，把他的眼镜打碎了，然后我的手受伤了，他的眼角有一点伤。这件事被走廊上负责纪律的犯人发现并报告给了队长，队长过来把我们拉开，又体罚了我们，体罚也是推地板。(JYR-X-02)

在监所中，服刑人员生活的所有细节都受到监督与控制，这被福柯看作一种具有权威性和高度理性的规训权力。它的存在不仅会增加服刑者的服从技能、强化征服的结果，更重要的是建立了一种毛细血管式的权力关系。在监所封闭的制度体系中，这一权力关系会被服刑人员以各种方式消化吸收，并逐渐形成个人的应对策略。

青少年服刑人员在面对各种严格规则及监督时，往往会为了给自己少找麻烦，本着"多一事不如少一事"的心态尽力地调整自己，遵守规则及取悦狱警和组长。

> 一个人在里头不能目无法纪，无法无天。里面有一种强制性，这种规则一旦被遵守，会减少很多不必要的麻烦。如果你非要跳开这个规则，去挑战它，麻烦就会出来。不要想着反抗，反抗的话，等待着你的就是更重的惩罚。(JYR-X-06)

一个具有大学学历、被判6年6个月有期徒刑的服刑青少年为了能够避免遭到惩罚，通过自身努力成为所在监狱中管理权限较大的组长，他甚至有给犯人做减刑加分的权力。他说：

> 我也不是说自己想要去做这个东西，只不过是想让自己在里面的生活过得好一点。我因为学历比较高，很快被安排写新闻稿。我一年可以写380篇被刊发的稿件。这些稿件形式多样，有通讯、反思教材、案例，我需要用软件做视频编辑，还要加字幕、加背景音乐，在监狱里有这个能力的人不多。我连续两年被评为Z省优秀报道员和监狱优秀通讯员。整个监狱分为五块视野，那个时候，我一个人管三块视野，可以说，在整个分监狱里，我的职权是最大的，我是有权力给犯人减刑加分的。(JYR-X-05)

还有的青少年服刑人员进入监所后，在各种行为规则的要求下，逐渐意识到自身原有行为模式的问题所在，发现自身的行为冲动性特点，从内心深处接纳监所的严格制度与管教。当被问及体罚这种方式是否恰当这一问题时，有的服刑青少年回应说：

> 我觉得对，因为你不体罚他们，他们就不会害怕，说出来的话就不受控制；现在体罚他们，以后他们说话做事就会经过脑子思考，然后做出来的事就比较有规矩了。因为能进去的人都比较冲动吧，需要一个皮带束缚着，如果不束缚，就会无法无天。(JYR-X-02)

> 我以前蛮冲的，可是进去在里面待了两年，很害怕。我在里面是年龄最小的，但是没人欺负我，也没人打我，可我已经有阴影了，我感觉自己完全变了一个人，就是越长大越害怕，干什么事情都小心翼翼、缩手缩脚。(JYR-P-17)

在监狱中，青少年服刑人员不但会基于压制性权力的驱逼而选择策略性服从，他们也会出于对规则的内化，发自内心地认同监狱中的相关规则与制度，这甚至在他们被释放回归社会后，依然成为约束自身行为的强大力量。

(二) 限制人身自由：自我反思的机会

犯罪青少年被羁押在看守所或各类监所服刑，他们的人身自由权随即被剥夺，处于一种特殊的公民状态。任何在押人员都必须无条件地履行国家强制的羁押与服刑义务，无条件地服从监所依法设定的一切限制人身自由的制度和措施，无条件地服从监狱及其狱警依法实施的合法的管理和控制，这一措施既是为了实现阻止罪犯重新侵害公民、达成刑罚的目的，也是为了对犯罪人进行复归训练、推动服刑人员的再社会化。

本书中的犯罪青少年在被限制了人身自由后，经历了短暂的生活不适应，之后便很快开始对自己的行为进行反思。应该说，或长或短的人身自由限制经历被犯罪青少年看成了思考人生、回顾过去和展望未来的宝贵机会。

> 如果没有在看守所待的那四个月，我真不是现在这样子。我家里条件不错，要是不进去，我可能会再玩儿个一两年。进去后，我没有自由

了，四个月，我亲身体验了，也一下子想通了，悟出来一个道理：我要赚钱。我被关了四个月，觉得自己浪费了四个月的时间，我觉得我老了，我时间不够用了。(JYR–X–11)

我在看守所里一知道自己这个官司吃定了，心态就已经平了，没有任何侥幸，既然逃不掉了就开始想在里面要怎么做。我想了五个月，当一个人从一个社会里面被剥离出来，跑到一个封闭的环境里，而且是限制人身自由后，每天就是坐在一个三十平方米的房子里面，你告诉我你会怎么样？你会想东西吧。我进去的第一个反应是要怎样在这个房子里生存下来，而且达到我想要的生活。一个监室有20个人，他们是因为什么事情进来的？他们的喜好是什么？生活规律是什么？对吧，做人要承上启下的。你要自己分清楚什么人可以接触，什么人不可以接触。然后就是思考在外面要怎么做。出事之前天天在外面瞎玩，天天喝完酒回到家里一觉睡到下午，这种生活状态出去后绝不能再这样了。(JYR–P–21)

在里面三年我变化挺大的，但是其实跟监狱没关系，它只是提供了一个平台、一个场合，让你不受外界干扰，强制你去反思。我的反思分为两个阶段，第一个阶段就是想混，以前怎么混，现在要混得更好，因为我有机会看到其他狱友的判决书，几百张判决书看下来，也就更懂法了。我就知道了哪些事情可以做，哪些事情肯定是犯法的，不能碰。后来我发现我关的地方比较特殊，职务类、经济类犯罪比较多，这些局长、处长一判十几年、几十年，我没事就跟他们聊天，他们教了我很多东西，很开眼界。这就开始了我的第二个阶段，好好学习，多看书、学日语，我想出去后尽量走正路。(JYR–X–06)

我觉得进去就是浪费时间。我情愿在外面老实一点，踏踏实实一点，也不要进去。我现在胆子也大，但是不会去犯罪了。(JYR–X–07)

羁押与服刑经历不但使犯罪青少年反思他们的犯罪行为，对未来的生活进行规划，还有助于缓和家庭关系。一个被判盗窃罪的大学生在被羁押前与父母的关系非常紧张，已经有两年没有见到父母了。在看守所中，他深入思考，在社区矫正期间搬回家里与母亲同住，与母亲的关系也缓和多了。他说：

> 我进去之前，因为和我妈闹矛盾，已经两年没见面了。进去没多久我就想明白了，那也不是什么事儿，只是生活中的一个小波澜、一个挫折。社区矫正算是缓和母子关系的转折点吧。缓刑期间，我又搬回家住了。（JYR-P-26）

> 那段日子蛮难熬的，最难熬的是睡不着的时候，会想很多东西，想家里人，担心我妈有高血压会晕过去。（JYR-X-14）

当前青少年犯罪出现低龄化、突发化和暴力化趋势，与犯罪人缺乏自我监控与反省能力不无关系。年龄小、社会经验少、考虑问题简单、处理问题和解决问题的能力弱往往导致他们采用极端化的方法和手段去处理一些小问题与小矛盾，从而越过法律红线。暂时失去人身自由改变了他们既有生活轨迹，被动的境况转变给了他们将过去与现在做对照的机会，推动了他们的自我反省能力的提升。

（三）监所内交往：个体化的生存策略

青少年犯罪人在监所中接触最多的是与他们身份相同的狱友。在监所中，人际交往具有复杂性。监所是一个封闭且密集的场所。在看守所中，二十多个人生活在同一个房间中，整天除了看电视、看书外，几乎无事可做，聊天成了打发时间的主要内容，但是，一天24个小时待在同一个房间里，一个人说过的话很快就传遍整个房间，这会让人极度缺乏安全感。人际关系的复杂性还取决于密闭环境中的人员多元性。监所中的服刑人员背景差异很大，生活在一起必然会出现各种各样的问题。所以说，尽管每个人都有交往需求，但在监所环境中，虽然犯人之间的接触机会较多，但是，青少年们往往采取一种个体化方式在监所中生活与交往。

通过访谈资料分析后笔者发现，服刑青少年采用个体化生存策略往往出于以下三方面考虑。

有犯罪青少年认为，由于监狱中人员构成复杂，要尽量与他们少接触，或者有策略性地交往，以免给自己带来麻烦。

> 里面鱼龙混杂，什么样的人都有。反正我就跟他们逢场作戏，聊聊有的没的，省得给自己找麻烦。一个房间住了二十多个人，一个人的事情，不出五分钟，全房间的人都知道了。要学会很好地伪装自己，不然被人发现了人品很差的话，很容易被二十多个人挤兑。有时候，还有人会动手打人，几个人一起欺负一个人。(JYR－X－13)

> 在里面的时候，可以有选择地交往，毕竟大家都是被社会剥离出来的人，没有利益关系。但是，你一定要分清楚什么人可以接触，什么人不可以接触。诈骗犯的话就千万不要理。(JYR－X－21)

还有一种观点认为，大家都是暂时在监所内集体生活，一旦出狱，不会也没必要接触，因此也不必要深入交往。

> 里面是里面，外面是外面，我出来就不会再接触里面的那些人，所以，在里面我也会尽量少接触他们。(JYR－X－21)

> 在里面聊聊也就算了，没想过出来再联系。他们是什么样子，我也不关心，我就自己管好自己就得了。(JYR－X－07)

第三种观点认为，在监所内不必要和别人过多接触，凡事都要靠自己。一个犯有抢劫罪被判入狱两年九个月的服刑青少年说，在初入未成年人管教所时非常不适应，他一步步从一个遭受组长体罚的新收组犯人变成新手组的组长，见识了监狱中的各种情况后，非常慨叹：

> 在里面，每个人都是一个个体，没有集体意识，每个人要先管好自己。(JYR－X－02)

一位在监狱服刑六年六个月的服刑青少年通过个人努力,从踩缝纫机到写报道、教书,最后被分配到管理后勤工作。他认为:

> 很多情况下还是只能靠自己,过多接受别人的帮助,也不是什么好事。(JYR-X-05)

在社会上,人们拥有行动自由,在监所中要被迫接受失去自由、被迫行动、遭受体罚,他们还要与和自己生活背景迥异的人生活在一起,被欺负、被嘲讽等,不一而足。可以说,在监所内服刑的青少年会遇到生理、心理及生活上的不适应,而这一经历不会因为离开监所便被擦除,它会对青少年未来的思维逻辑、行为方式等各个方面产生深远影响,这也是笔者尽管以安置帮教青少年的社会适应为主体,却依然给羁押与监禁留有一定篇幅的重要原因。

二 社区矫正

社区矫正是我国的一项重要法律制度,是将管制、缓刑、假释、暂予监外执行的罪犯置于社区内,由专门的国家机关在相关人民团体、社会组织和社会志愿者的协助下,在判决、裁定或决定确定的期限内,矫正其犯罪心理和行为恶习、促进其顺利回归社会的刑罚执行活动。作为一种社会化的行刑方式,社区矫正强调"监督管理与教育帮扶相结合,专门机关与社会力量相结合",突出这一行刑方式的两重职能,一方面,此种行刑方式希望能够使服刑人员得到有效监管,进而预防和减少犯罪;另一方面,通过放宽服刑人员的行动自由度、增加他们与社会的联系,可以促使他们更快、更好地融入社会。

本书样本中有17个青少年受访者被裁定缓刑,他们在被执行缓刑期间依旧生活在原有的社会生态系统中,本部分主要聚焦于社区矫正人员的身份带给这些犯罪青少年的影响。通过对访谈内容的整理,笔者发现社区矫正的执行对犯罪青少年的影响主要表现在监管措施及教育帮扶活动两个方面。

(一)监管措施:求职的绊脚石

在我国,社区矫正制度的一个重要功能是惩罚,甚至被一些学者看作

"居于不可轻视、不可替代的主导地位",如果失去了刑罚本质,社区矫正会"从根本上失去了作为国家非监禁刑罚制度应有的法律地位"。①

在《社区矫正实施办法实施细则》中明确规定了社区矫正人员的权利和义务,他们需要在入矫前三个月每周到司法所或区(县)矫正中心报到一次;每月提交个人书面汇报;每月参加司法所组织的教育学习,累积时间不少于八个小时;具有劳动能力的社区矫正人员,每月参加累积不少于八个小时的社区服务。除了这些必须遵守的规定外,还需要及时报告个人居所、工作、家庭重大变故等情况,不得离开本市及出境,不得从事被禁止的工作,等等。

社区矫正虽然相较于监狱矫正更为轻缓,但是惩罚性依然是其基本属性。社区服刑人员必须服从社区矫正机构的监督管理与教育矫正,这体现了社区矫正机构所拥有的法律制度所赋予的权力。但是我们必须看到的是,在社区矫正机构与社区矫正人员之间这种基于国家强制性权力所建构的管制与被管制、主动与被动、权力与义务不对等的关系结构阻碍了社区矫正作为轻缓化、社会化行刑方式的社会福利职能,因为只有将社会性与参与性、人本性与服务性等特征彰显出来,才能使该群体与社会形成良性的互动关系,促进他们早日回归社会,实现从犯罪人向社会人的转变。

在本书中,社区服刑青少年普遍反映社区矫正的监管措施让他们的行为约束性得到提高。

> 与缓刑前相比,我肯定是有改变的。之前就是比较放肆一点,因为各方面的约束也没那么多。矫正期间,因为工作原因也会喝酒,但是喝酒时会提醒自己,不要喝太多,给自己一种禁锢,要控制好自己。刚开始要带脚环的,每周还要报到,这个约束蛮大的,哪里也不能去。(JYR-X-03)

但是,社区矫正的"监管"功能与社区矫正青少年的"回归"之间出现了一定的紧张情况。社区矫正青少年反映最多的便是为了完成社区矫正规定的各项任务,无法找工作,更无法坚持完成正常的工作安排。

---

① 刘政:《社区矫正的惩罚功能重塑与惩罚机制重构》,《法学论坛》2019年第11期。

第三章 场域转换：刑罚与回归

我刚回来的时候，司法局发过一个小本子，里面提倡我们在假释期内去找工作，靠自己的能力养活自己，但实际上，找工作和假释期要求的培训、义务劳动、上课都有冲突。我不可能刚一上班，每个月都请很多假。这个礼拜有事，下个礼拜还有事。所以，我朋友那边叫我去上班，各方面条件都开得可以，但是我没办法，去不了呀。(JYR-X-06)

因为要参加社区矫正管理部门安排的工作，有的青少年选择先不上班，等待矫正期结束后再说。还有的青少年因为生活所迫，必须要工作，但也不得不顾及监管制度，频繁地更换工作。

在里面待了一个月，然后出来，天天到这里（司法所）报到。特别是国庆节期间，当时要连续报到13天，每天十点钟到这里按指纹，然后每周四下午一定要去社区劳动。那个时候，我有一份工作，可是没办法，工作根本没办法干下去，就不干了。(JYR-P-18)

我接受社区矫正这一年来换过三四份工作了，做过前台、仓管，还做过营销和人事。没办法呀，一周要请假一两次，真的挺不好请假的。我现在只能做一份临时工作。这个对上班的影响比较大，因为社区有的时候临时通知，第二天就要去。像我之前有一份工作，它需要先请示组长，组长之后要请示大组长，然后要请示总监，最后要请示经理。需要提前三天请假。但是这个社区的事情也不好推，必须要来，真的是比较麻烦。(JYR-X-09)

我什么地方都做过，但都做不长久，原来做点心，可是每星期要报到，总要请假，单位就把我开掉了。后来做了一份保安工作，到后来转正需要政审，我就主动提出不干了。(JYR-X-10)

我之前做金融客服的，可是因为矫正期间需要定期报到，没办法就只能离职了。后来又找了设备维修的工作，因为上班时间比较灵活，才一直做到现在。(JYR-P-26)

59

社区矫正这一制度设计希望通过行刑社会化的方式使罪犯与家庭、与社会链接起来，并最终融入社会之中。但是，社区矫正的刑罚执行功能使得社区服刑青少年的职业需求无法得到满足，成为社区服刑青少年求职的绊脚石和顺利回归的阻碍。

（二）教育帮扶活动：专业助人的社会工作者

惩治与服务是社区矫正制度的两大内核，是社区矫正工作常态化运行与健康发展的关键。《中华人民共和国社区矫正法实施办法》（2020）明文规定了针对社区矫正对象需开展职业技能培训、心理辅导、社会关系改善等方面的帮扶工作。2014年公布的《关于组织社会力量参与社区矫正工作的意见》提出，在工作力量上，既要有专职执法队伍，也要广泛动员社会工作者、志愿者以及社会组织等社会力量共同做好社区矫正工作。

作为最早开展社会组织参与社区矫正工作的试点地区，上海于2004年便组建了全国第一家从事社区矫正和安置帮教社会工作的社会组织——上海市C社区服务总站，为上海市辖区内的社区服刑人员提供专业化的帮教服务。作为社区矫正小组的一员，社会工作者在对青少年服刑人员的教育帮扶过程中发挥了一定的作用。

如前文所述，青少年在违法犯罪后，一旦进入司法系统，便启动了他们的反思历程，这其实是一个对他们进行教育和矫正的大好时机。社会工作者作为从事专门性社会服务工作的专业技术人员，能够为社区矫正青少年提供心理疏导和情感支持等方面的帮助。

> 那位社工老师平时会发微信或打电话了解我的情况，在各个方面关心我。他不是很刻意、很强势地讯问，而是像朋友、老师一样。我能感觉到他是真的关心我。……他对我的帮助挺大的，我知道他在引导我走向正确的路。（JYR-X-03）

> 朱老师辅导我比较多，挺好的，聊聊天、扯扯家常，挺开心的。（JYR-X-11）

第三章 场域转换：刑罚与回归

一个因酒驾进入社区矫正的青少年说起他的社工徐老师也是赞不绝口：

> 能走到今天这步，徐老师对我的帮助很大。她经常劝告我要对得起爷爷奶奶，不要让他们失望。……那个事情（酒驾）多多少少总归对我心里还是有影响的，我觉得需要一些疏导，反正听一听总归比不听要强，起码听一听顿悟了好多。(JYR-X-08)

社会工作者提供的心理疏导能够给处于社区矫正中的青少年以走出"迷雾"的指引，陪伴青少年的过渡和成长，防止他们出现心理失调、适应不良等后果。

就业是犯罪青少年回归社会的重要途径与手段，也是他们再社会化的首要任务。社区矫正这一轻缓化行刑方式的目的是推动犯罪青少年的职业能力提升和就业落实。社会工作者一方面对社区矫正青少年进行就业咨询与辅导；另一方面也帮助青少年链接就业信息，介绍就业岗位。

> 平时不太与社工老师联系，但是如果遇到一些工作上觉得不太对的事就会主动去问她。比如之前有个公司是做金融方面的，但是有些事情会遭受一些非议，社工老师就让我尽快退出来，担心出什么差错，我被牵连进去。我听了老师的话，当天就辞职了。(JYR-X-08)

一个缓刑青少年的工作也是由社会工作者介绍的，他因为缺乏职业技能、学历不高，还有犯罪记录，在经过多次求职碰壁后，找到了社会工作者。最后找到了一个训狗师的工作，他非常满意。他接受访谈时表示：

> 社工老师帮我介绍了一个青浦的训狗基地，是可以交社保的正式工作，很稳定，还有宿舍住，人际关系也比较简单，蛮好的。(JYR-X-10)

链接就业资源是社会工作者的重要职责，但从受访对象的表述来看，这一工作还需加大支持力度、扩展支持范围，让更多的犯罪青少年获取支持和帮助，促进其社会适应。

第二节　回归社会

不管是在监所服刑还是在社区接受矫正，被严格管控的犯罪青少年必然要回归社会。笔者通过访谈发现，安置帮教青少年的社会适应是在由家庭、朋友、同事等构成的微观系统、作为中观层面的安置帮教系统和由相关法律法规及社会文化构成的宏观制度系统所构成社会环境中进行的。明晰安置帮教青少年回归社会后所要面对与生活于其中的社会环境，对于深入了解他们社会适应的行动策略与社会适应效果极为必要。

一　家是温馨港湾吗？

家庭是每个人生活的第一环境和终身环境，更是青少年最重要的成长环境。但是，正如托尔斯泰所言："幸福的家庭都是相似的，不幸的家庭各有各的不幸。"可以说，每一个接受访谈的安置帮教青少年的家庭都有其独特生态，在他们触犯法律并进入刑事司法系统后，家人对待他们的态度和采取的行动也大相径庭。

（一）来自家庭的支持与帮助

家庭结构是指民众所形成的不同类型生活单位的构成状态[①]，尽管家庭核心化和小型化是当代主要的家庭结构类型，但是本书中接受访谈的青少年的家庭结构存在一定特点，有半数青少年的父母处于离异状态，他们要么是与父亲或者母亲一方住在一起，要么就是三代甚至四代同堂共同居住；另外一半青少年生活在由父母和自己组成的核心家庭之中。

对于犯罪青少年来说，家庭应该是规避外界风险、提供物质和精神支持的重要安全网。通过对访谈资料的分析，笔者发现安置帮教青少年的家庭主要以加强对青少年的监控、对青少年更加关心、提供各种经济资助和帮助链接工作机会等方式来为他们提供支持与帮助。

1. 对青少年更加关心

在本书所采访的 28 位青少年中，家长管教宽松、宠溺和忽视的比例占到

[①] 王跃生：《中国家庭结构变动与特征》，《人口与计划生育》2017 年第 9 期。

第三章 场域转换：刑罚与回归

三分之二。而青少年违法犯罪就像一个扳机，不但触发了他们自己对自身行为的反思与调整，对于他们的家庭而言，同样起到了很大的警醒作用。自从青少年被羁押开始，大部分家庭会有所调整，原来一直关心青少年的家庭一如既往地支持关心着他们，还有的家庭对他们比以往更为关心。青少年甚至表示"整个家庭（对他来说）是一个非常大的支柱"，家人从未因犯罪一事排斥过他，"家庭关系反而更好了"。

家庭是安置帮教青少年的主要支持来源。从进入刑事司法系统之初，家庭成员便一直发挥着支持和陪伴作用。

> 我刚出来那一两个月心烦，家里就帮我请了假，我天天躺在床上，哪里都不想去，最开始那一个礼拜饭也吃不下，很慌、很害怕。爸爸妈妈就说让我去旅游，但是我连上海也不能出。我妈妈必须去上班，爸爸就请了假在家里陪我。有的时候我会想，如果我没有妈妈怎么办，有的时候想到这里就很害怕，如果真的没有他们我觉得我什么都不是。就像现在一样，我如果真的不想上班，在家里也可以舒舒服服，我觉得如果没有爸妈的话，我的压力会比现在多百倍。我觉得我现在所有安逸的生活、舒适的生活都是他们给我的，所以有的时候我还是很听爸妈话的。（JYR-X-01）

> 从我一进去，他们（父母和妻子）就东奔西跑，找律师什么的，出来后也没什么影响，感情一直很好。特别是我的妻子，是最着急的，到处找律师、找朋友、托关系打听我的消息；出来之后还安慰我，让我不要想太多，好好地把这个矫正期平安度过。……刚出来时候，看到她也蛮心酸的，因为三个月没见面，忽然看到她为了我这个事情瘦了一圈。我家里人告诉我，她在我进去的时候各处询问。通过这个事情，我们的感情也升温了。（JYR-X-03）

> 我父母无条件支持我。我刚出来的那段时间，整天躺在床上，什么也不想干，哪里也不想去，他们每天帮我做饭洗衣服，照顾得无微不至。后来我工作了，做借贷平台的风险管理，工作压力特别大。每个周末，

我妈妈都带我去徒步，帮我减压。(JYR-P-15)

一个即将由父母资助出国读本科的安置帮教青少年对父母充满感激之情：

> 有时候烦啊，累啊，赚钱少呀，都会跟父母讲，他们总是劝我，我妈就说累了的话，大不了不干了，再找找其他工作；我爸爸就会说，现在哪里有活是不累的，赚钱总归累的。我觉得他们两个讲得都有道理，我也都能听得进去的。(JYR-P-20)

除了父母以外，家庭中的其他成员也对安置帮教青少年给予了充分的支持与帮助。

> 我觉得对我支持比较大的还是家里人。爸爸、妈妈，还有舅舅、外公、外婆、姨夫、姨妈其实都对我挺照顾的。刚出来的时候，他们不停地给我鼓励，他们知道我着急，然后我姨夫、姨妈，包括我父母，还有外公外婆就会跟我讲，你慢慢来，一点点学、一点点弄，不用太着急。(JYR-X-05)

> 我遇到困难与困惑都去找舅舅。基本上我把我的事情跟他一说，他就明白了，然后他就会站在我的角度上来想。帮助我去跟我爸爸妈妈沟通。我父母认为我年龄小（20岁），所以钱都是他们管着，怕我乱花。我舅舅跟他们沟通后，他们基本上就会同意我的意见。(JYR-P-17)

> 我现在和老婆孩子住在一起，和爷爷奶奶家离得很近，晚上都是到那边去吃饭。他们对我现在这个状况挺满意的，很开心，觉得我从之前那个样子能改到现在，已经很不容易了。我老婆说她不在乎我之前怎么样，只要以后不再做这种事就可以了。(JYR-X-08)

青少年十分感激家人的关心，同时也为自己的行为感到懊悔。这种愧疚与感激的双重心理，会促进他们与家庭其他成员建立良好关系，也会促进其家庭生活的适应。

2. 提供生活保障与发展资源

由于社会经验不足、知识技能缺乏和犯罪人身份等原因,安置帮教青少年缺乏维系生存与发展的能力,父母及家庭的经济条件、关系网络等家庭资源对于他们回归社会发挥着不同程度的重要作用。家庭通过生活供养、链接就业机会、提供资金、店面等方式提供物质与社会资源,良好的家庭经济基础有效地避免和缓解了他们在回归过程中其他不利因素的消极影响。

一个接受了社区矫正的受访青少年自半年前解矫后一直没有找到正式工作,偶尔在酒吧接夜场(临时工),他一直住在家里,他描述自己在家的状态就是"打游戏,打完睡觉,睡完吃,吃了再打游戏",他表示不急着工作的很大一部分原因是"家里舒服","反正家里吃住嘛,每个月我爸妈再给我两千元的零花钱",并表示"如果没有家里给钱,肯定就不是现在的状态了"。这个青少年的父母是生意人,家中条件不错,解矫后有一年的时间没有找工作,他说:

> 那个时候(矫正期满后)也没有感觉到经济上的压力,可能说没钱了,问家里要都会给,我也不上学,上了十五六年的学,想休息一年。那时候一天至少一两百块钱(消费),之后玩够了就去上班了。(JYR-X-04)

> 我当时玩了一年,没感到经济压力,没钱了,家里都会给我,我就觉得玩玩挺开心的。我现在自己在外面租房子住,主要是不方便,我玩电脑玩得比较晚,他们让我早睡,早上又要求我早起吃饭,我带朋友到家里来也不方便。反正我妈做生意的,租房子也不是什么问题。(JYR-X-01)

一位家庭经济条件较好的受访者在两年缓刑期结束后,找到一份物流公司打印单据的工作,上班路途较远,但从来不乘公交车或地铁,基本上乘出租车上下班,直到家里给买了车才开始开车上下班。目前已经辞职在家,他明确表示:

> 我因为从小上体校,在外面住校,父母一直觉得我受了不少苦,现在就是尽量不管我,让我多放松。我现在辞职了,他们也支持,他们说我做得不开心就别做了,主要还是听我的。结婚的开销都是我爸来负责,日常开销也是他们两个(指的是父母)补贴我的。(JYR – P – 19)

生活供养能够缓解安置帮教青少年回归社会后的经济压力,使他们能够更为从容地度过过渡期,在一定程度上促进了他们的社会适应。

职业发展是安置帮教青少年回归社会的重要途径,它不但能够解决犯罪青少年的经济需求,还可以给他们带来积极的刺激,增加他们与社会的联结,减少他们再次走上犯罪道路的可能性。家庭及其亲属关系网络是安置帮教青少年获得相关行业和岗位就业机会、提供工作条件和创业基金的重要来源。

在受访的安置帮教青少年中,由家人亲戚介绍工作的情况不在少数,这种基于血缘亲情的帮助,对安置帮教青少年来说既关键又重要。

> 我爸其实让我不要着急工作,这份工作是我自己急着要找的。我就是觉得这边结束以后就一直在家,没有工作,挺没意思的。我爸想让我和我姐一起用我家那个门面房做个生意,等我读书回来后就打算干起来了。(JYR – P – 20)

> 我一解除矫正就开始做这份工作,这个工作是我亲戚介绍的,他跟我们老板关系很好,一说就成了。我现在辞职了,一直跟着我爸在外面跑业务。我爸说在我三十岁之前也不指望我赚钱,让我多出去走走,见见世面。(JYR – P – 19)

> 我现在这个工作多亏了我的家里人。我一个叔叔介绍在一家运输公司做物流运输,就是帮医院运输化验用的血液。后来我家里帮我出钱买了一辆车,总归自己的车比公司的车好开。(JYR – P – 23)

> 我现在是个体户,自己开饭店。就头脑一热,我出来后稍微跟我妈

提了提,刚好我舅舅也要开店,我妈就投资了。做得也蛮好的,收入还可以的。(JYR-P-22)

在访谈中可以明显感受到安置帮教青少年对家庭的依赖,家庭不仅可以提供经济支持,也有自身强大的关系网络,在必要时可以帮青少年引荐工作、链接入学机会等,还可以帮助青少年顺利度过初回社会的过渡期,这种资源的提供是一种重要的家庭支持方式。

3. 加强对青少年的行为监控

行为监控是对孩子进行监督和管教,以避免偏差行为再次发生的一种方法。犯罪青少年的家人在经历了家庭成员出现犯罪行为,甚至被羁押、入刑后,会对他们更为关注,对他们的行为的监督会有所加强。

> 我妈从小就惯着我,我有什么要求她都尽量满足。我爸不太管我,他对我的要求真的很少,知道我不爱学习,就说只要我别犯法就行,然后我还是犯法了。我出来后,我爸还是老样子,我妈就会很紧张我,总是来查我。她喜欢翻我东西,反正手机有密码没办法,衣柜、抽屉她都翻。有时候我带个朋友回来,她就会五分钟来敲一次门,问我们在干嘛。有时候我会很反感,有时候我也能理解他们。换位思考,觉得我要是有女儿、有儿子也会这样吧。(JYR-X-01)

> 我父母一般不让我晚上出去。我如果出去就会跟他们讲,如果不讲,他们就会很担心。我以前上晚自习十点半回家他们都不会担心,现在就比较紧张。(JYR-P-17)

> 我刚出来那段时间,我妈很担心我,问她要钱都会给,但是会问我做什么用,毕竟以前出过事情。我上班前两个月她也担心的,后来上班时间久了就好了,因为她看到我的改变,也就放心了。(JYR-X-08)

> 那段时间(释放后)我感觉挺堕落的,每天都在打牌,半个月输了三万多元,但后来就不怎么打了。我女朋友不让我打,我就不打了,想

67

想还是女朋友重要。(JYR-X-02)

显然，家庭成员对安置帮教青少年的监督和管教能有效减少其产生行为偏差的概率，为其适应社会减少障碍。

(二) 来自家庭的压力与负担

1. 经济困难

家庭本应是安置帮教人员的保护伞，但是如果家庭因为应激性事件而导致家庭经济困难，这会对安置帮教青少年释放后的回归造成一定的压力和负担。本书中一名因为打架判处缓刑的青少年在解除社区矫正后本来生活得顺风顺水，家庭关系和谐，经济宽裕，可是因为被朋友骗了二十万元，他的生活发生了变化。他需要四处借钱以填补失去巨款的亏空，这令他倍感精神压力，与妻子的关系也变得更差了。他这样描述自己的状态：

> 去年到现在有两件大事，一件事是吃官司，还有一件事就是被骗钱。被骗钱这件事对我影响更大一些。当时那段时间难受死了，我跟我妈妈借了一万多元，问朋友借钱，还偷偷拿了我老婆的五万元，她一直吵着要跟我离婚。我现在上班很辛苦，就是为了赚钱，没有金钱的刺激，我绝对撑不下去。(JYR-X-03)

因病致贫也是安置帮教青少年需要面对的应激性生活事件。一位因聚众斗殴被判有期徒刑的青少年在接受访谈一开始，便直截了当地讲出了自己的窘迫现状：

> 我和父母住在一起，现在家里条件非常不好，欠了很多钱。父亲和奶奶同时生病，花了几十万元，家里到处欠钱，现在奶奶和爸爸都丧失了劳动能力，妈妈要在家里照顾他们，只能靠我一个人在外面打工。(JYR-P-25)

很遗憾的是，由于这名青少年缺乏必要的学历和职业技能，再加上自身的犯罪人自我污名，他选择了做个体户，以养狗和卖狗为生。

> 我不适合工作，我现在就是卖狗。原来在高桥开店，现在搬到偏一点、便宜一点的地方，一个月赚个几千元补贴家用。可是我每个月要还一万多元，就是到时候借着钱先垫着还，赚到钱了以后再还。我老爸没生病之前，收支平衡，也就是在赚回成本的阶段，可是我老爸生病了，亏了好多钱。我现在迫切需要赚钱，如果说今天让我在马路上扫垃圾我都会去，我现在也是没有办法了，只能低头去做。(JYR-P-25)

很显然，安置帮教青少年在回归过程中，会因学历低、缺乏职业技能和犯罪人身份等原因很难找到工作并在社会立足。家庭中的变故更会使他们的窘迫状况雪上加霜，这进而会成为他们重新实施犯罪的风险性因素。

2. 不当的教养方式

在中国传统的文化观念中，青少年的教育和抚养是由家庭负责，尤其是父母的责任，青少年的违法犯罪行为与家长的不当教养方式有一定关系，同时，在他们刑满释放后，家长的支持与关心也尤为必要。

本书发现，一部分安置帮教青少年的家庭教养方式存在问题。一位受访青少年兼属隔代抚养、父母离异、母亲再婚再育、亲子关系不和等多个家庭关系破裂向度。他从小父母离异，跟着外婆居住，和父母均没有联系，确切地说是"联系了也没有反应"，说起和父母的关系，他略显自嘲地说：

> 他们不管我，我出事的时候管了一下，从看守所离开的时候不是要人来接吗？我爸就来接了我一下。然后就走了，我回到奶奶家，和奶奶住在一起。我从记事开始，就和他们联系不多，也没见什么生活费，反正就是对他们没有什么印象……(JYR-X-10)

这名青少年在访谈中多次强调自己初中时的成绩还不错，但是他的妈妈竟然匪夷所思地让他转学到工读学校：

> 那个时候我跟我妈住，住了没多久，她又生了一个小孩（再婚生

育），但是她要打麻将，有时候就叫我不要去学校了，帮她带孩子，导致学校那边觉得我三天打渔两天晒网，再加上老是拖欠学费，没办法，就把我推荐去了（工读学校），我妈过去一看，觉得还不错，就让我去了。（JYR-X-10）

这名青少年犯有抢劫罪，与他在需要家长给予关爱、教育与监督的阶段，父母放弃了对他的教养职责，使得孩子的行动自控力差，再加上经济上的压力，从而走上了违法犯罪道路有很大关系。

除了对孩子疏于管教和忽视外，还有的家长以严厉的方式对待孩子，此类家长通常有更多强制性，会更多干预孩子的各种决策，处理问题简单粗暴，这会招致进入青春期后的子女的极大反抗，造成亲子关系的疏离与对立。本书的一名访谈对象便属于这类情况，她说：

我出来后，有一天正在上班，我爸让我请一个小时假，要去面试迪士尼的工作。我说在上班不能请假，拒绝了我爸。我就是不要按他的安排去做，不愿意受他的控制，很烦。我小时候他就这样，本来我高中想学画画，但是他没经过我的同意报了个航空，我就退学不上了，我所有的事都由我自己负责，我不要和他扯上任何关系。（JYR-P-28）

这种专断严厉的教养方式会造成安置帮教青少年以忍耐—对抗—逃离的方式与家长交往，这样的交往方式还会形成他们与其他人的消极互动风格，使得安置帮教青少年获取社会支持的能力不良，进而影响其回归后的适应。

二 一个好汉三个帮

同辈群体，即与青少年在年龄、地位、兴趣爱好大体相同的关系亲密的群体，对青少年的成长极为重要，是影响青少年社会化的重要因素。对于安置帮教青少年来说，经历了羁押与服刑后，急需得到来自外界的支持与帮助，朋友与同学等同辈群体资源就显得尤为重要。

为数不少的受访青少年表示，原来的朋友和同学并未因为自己出现了违法犯罪行为而疏远自己，反而是一如既往地关心和支持自己。

第三章 场域转换：刑罚与回归

原来的合作伙伴都知道我这个事，这不但没有让关系变得疏远，他们反倒是为我提供了各种各样的帮助，帮我找人去咨询相关程序和法律，出来后还是老样子，我们该怎么交往还是怎么交往。(JYR - X - 03)

我原来的那些朋友，以前是怎样，现在还是怎样，交往挺多的。(JYR - X - 09)

朋友们都互相抱怨嘛，这个月累死累活拿多少钱，都差不多是这样的。这样发泄一下还是有帮助的。自己闷着一个人，不知道找谁去说的时候，是蛮难受的。(JYR - P - 20)

我现在交往最多的还是以前的高中同学，还有就是那些大学同学，他们都知道我这个事情，还是愿意和我交往，我蛮感动的。(JYR - P - 24)

安置帮教青少年在与同辈群体的交往中获得了友谊和内心的安宁，他们可以倾诉和欢笑，拥有和其他人一样的自尊、自信和尊重，这会给他们充分的勇气和力量去面对充满坎坷却依旧光明的人生。同学和朋友也是这些安置帮教青少年找工作的重要渠道，甚至比家庭的支持力度更大。

其实这份工作还是我的一个大学同学介绍的。我在里面的时候，他就一直给我写信，鼓励我。他还经常去看我的父母，逢年过节也去看他们。我因为是职务犯罪，原来的国际贸易行业也不打算做了。当时他做这一块，刚好有个机会需要人做线下推广，就帮我介绍了这个业务，我就想有个老同学在一个行业，还能在各方面给我些帮助，我至少要对得起我的朋友，人总要有感恩之心，于是就决定尝试做这个新的领域了。(JYR - X - 05)

我现在在我朋友的公司上班，是个租赁公司。我主要就是接打电话，工资不错，事情也蛮轻松的。(JYR - X - 06)

我现在在信用卡中心工作，我朋友在里面做领导，他就直接叫我过

来。因为我以前是做贷款的,算是空降过来。(JYR-P-21)

除了提供就业岗位与求职信息外,那些选择自己做生意的受访青少年,更是得到了朋友们全方位的支持与帮助。

> 我有两个朋友从小就认识,关系特别亲密,我们一起开宠物店,各种事情都是一起商量、一起计划。我们有争议也都会说出来,不会憋着。毕竟我们都没钱,家里条件又不好,跟家里人说,还要让家里人担心。我们三个就互相帮衬,相互扶持着干。(JYR-P-25)

一个在犯罪前从未工作过的年轻人在缓刑期间便开始做服装设计,卖服装,他非常感谢自己的朋友们,他对自己目前的状态非常满意,认为之所以会有现在的成功,与朋友的支持和帮助是分不开的。

> 我刚开始做的时候,没有人支持我,只有他们支持我。他们在我那里买东西,让我赚到了第一桶金。他们完全可以在别人那里买东西,但他们都找我买。我的第一个产品出来都是他们帮我推的,到现在也一直支持着我。我现在已经不靠朋友了,现在要做的就是报答他们,我赚的钱都要和他们一起分享。(JYR-X-11)

无论是提供工作资源还是经济支持,都是一种重要的同辈支持资源,在受访对象成功回归的过程中起到了重要作用。

三 工作单位的接纳与帮助

本书中有一半的受访青少年是有工作单位的。除了那些因为担心曝光自己犯罪与服刑经历会影响到自己发展而隐瞒实情外,工作单位的领导和同事会为安置帮教青少年提供一定的便利和表现出关心,这不但让安置帮教青少年内心感受到温暖与包容,更能推动他们因为感受到社会的支持和接纳,与原有的不良行为划清界限,更好地控制自己。

一位犯有抢劫罪的安置帮教青少年在一家产品检测公司工作,主要是做仓库管理。他在看守所羁押的七个月中就想清楚不再跟以往那些朋友接触，而是主动与单位同事拉近距离。

> 我的事有几个关系好的同事知道，比如带我的主管，是我主动跟他说的。他说我本性是好的，就是交的道不对，我玩的朋友不对，我觉得他说得挺对的。主管一直跟我谈心，我有事情也会跟他们说，他们就会帮助我。我跟同事交往挺多的，跟同事聚个餐、上个网也挺正常的。但是玩起来感觉跟以前不太一样，以前都是一帮鱼龙混杂的人在一起玩，现在都是一帮正规的人一起玩。现在我身边都是在单位认识的朋友，都是比较正规稳定的。（JYR-X-08）

一位犯罪前便在汽车修理厂工作的青少年，服刑结束后依然回到原单位工作，他非常感谢单位对他的接纳和帮助。他这样说道：

> 我一直在原单位工作，快两年了。领导对我蛮信任的，他相信我的为人，在公司里每个人都相信我的为人。领导太好了，对我太好了，所以我没有想过要换工作。（JYR-P-17）

在工作单位中，同事们除了关心与帮助外，他们还不遗余力地对安置帮教青少年进行工作技能指导，特别是带教师傅，耐心解答他们在工作中遇到的各种问题，使青少年尽快掌握与熟练工作技能，更快地适应工作岗位要求。

> 我刚去上班时干了一天就不想干了，因为他们说的话我都听不懂，开始那个师傅嫌我们什么也不懂，干得慢，就让我们看着，什么也不教。后来换了一个师傅，不管忙不忙都让我来打单子，一个礼拜我就学会了。（JYR-P-19）

> 带我的这个师傅挺好的，他是财经大学毕业的，我和他特别聊得来，在工作上遇到一些问题都会找他。有关公司的各个方面，他都会跟我讲，讲得蛮细的。我俩关系也挺好的，现在我已经离职，不在那里干了，但

我跟他联系一直挺多的。(JYR-P-20)

我的师傅是最早一批进来的,那个时候他们要考试,项目手册都要背,细项都背得出来,他们真的是什么都懂。我就背不好,只懂自己接触过的、比较简单一点的。我跟我师傅关系挺好的,我不懂的就问他,他肯定都知道。(JYR-P-23)

不管是同事之间的支持与帮助,还是老师傅们的工作指导都属于人际支持,而如果能够得到来自工作单位的人事管理方面的支持和帮助,安置帮教青少年会更加珍惜现有的工作岗位,努力工作。

我在一家公司做销售,本来是在苏州公司工作的,在上海出差时喝了酒开车被查到,在上海执行缓刑。我们单位对我挺好的,把我调到上海公司工作,还帮我换了岗位,现在是管账目,相当于做后勤工作了。我们这个单位算半国企半私企,一般公司都是要无犯罪证明的,毕竟我这也算犯罪了,我已经很感恩了。再说,单位能把我留下,我肯定要好好干。公司对我挺好的,我要有一颗回报的心。(JYR-X-12)

我们公司老板三十岁不到,我们玩得到一起,我跟他下面几个同事的关系也蛮好的。(JYR-P-19)

在工作单位中,同事能够为其提供经验交流、问题解决、给予建议等,有助于刑释青少年提升自身的职业能力,把握工作思路,保证和促进工作高质高量完成;上级领导则通过教导、认可、照顾等方式,保护其免受或少受因刑罚执行及犯罪人身份带来的不利影响,帮助其培育自我效能感和价值感,推动其价值观调整和对主流社会的接近与融入。

四 安置帮教服务系统

安置帮教,也被称为回归帮教,是指在党委、政府的统一领导下,由司法行政机关牵头组织,依靠各有关部门和社会力量,对国家规定期间内的刑满释放人员进行的一种非强制性的引导、扶助、教育、管理活动。它是新时期创新社会治理的重要工作内容，也是预防重新违法犯罪和建设和谐社会的重要的手段。从其性质上看，它不属于刑罚执行，不具有刑事制裁性和惩罚性，而是具有明显的社会公共福利属性。

安置帮教工作的目标是通过安置帮教工作，力争使大多数刑满释放人员增强改过自新的信念和就业能力，在就业、就学和社会救济方面不受歧视，实现生活有着落、就业有门路，从而达成维护刑满释放人员基本人权保障与维护社会安全的双重目标。刑满释放人员的需求是多样的，涉及基本的生活保障、就业、住房、保险等，在安置帮教服务输送时，整合资源力量尤为必要，由基层司法所、公安派出所、社会救助事务管理所、劳动保障事务所构成的"四位一体"安置帮教工作站，便是为达成这一目标而做的组织设计。

从犯罪青少年角度来看，安置帮教工作的效能如何呢？通过对安置帮教青少年访谈资料进行分析，笔者发现，并非所有访谈对象都会提到安置帮教人员及安置帮教活动。在访谈者问及"在安置帮教过程中，社区老师、警察是否有帮助？"这个问题时，青少年都表达出与工作人员较好的人际关系。

> 关系还挺好的，到现在也有联系，有时候会在微信里聊聊天，有困难也会想到去找他们。有时候法律上的问题，遇到一些经济纠纷，就去找他们咨询。工作上举棋不定时，也会找他们。心情不好时候也会联系。说实话，我挺感激他们的，隔了那么久还能记起我。(JYR - X - 01)

尽管在犯罪青少年看来，安置帮教部门不能帮助他们解决一些比较重要的问题，但是在有些方面还是能够帮上一些忙，比如政策与信息咨询、工作岗位介绍等。

> 他们能给我提供一些帮助，比如法律咨询，有不懂的就可以问他们。在外面，主要也是靠自己，他给我介绍过工作，什么保安之类的，我觉得不适合我，我也不喜欢。(JYR - X - 01)

> 老师们真的很好，有求必应，那个司法救助，我一头雾水，不知道怎么弄，胡老师就跑了好几个地方帮我办。那个司法救助是六个月，每个刑事案件出来的人都有，还蛮有用的，这段时间的生活开支就有了。(JYR-X-07)

> 徐老师是我刚出来去街道报到时认识的，他对我辅导了很多，我的工作也是他帮忙的。他那时一直劝我，还帮我打招呼，我过去面试就过了。我很感谢徐老师，我能走到今天这步一定要感谢他。(JYR-X-08)

但是，还应看到的是，尽管犯罪青少年与相关工作人员建立起较好关系，安置帮教工作能够为他们提供一定的支持与帮助，但这与他们的多元化需求之间存在落差。这一方面体现在安置帮教部门对犯罪青少年主体性认识不足，很少考虑到这些青少年所具备的优势和服务之间的合适度。参与安置帮教工作的社会工作者在谈到这个问题时说：

> 很多过渡性就业基地提供的工作是保安、保洁等，这种工作对于四五十岁的人来说，随便混个十五年左右，就可以等着拿退休工资了，这只是一个钱多钱少的问题，但是对于年纪轻的人来说，这样的工作不适合他们。(SW-5)

另一方面，安置帮教部门所拥有的资源不充分。在社区中，资源是面向全体社区居民的，较为突出的如儿童、老人、残疾人等，资源本身在社区中是有限的，这些资源要供给不同的群体，刑满释放人员在这方面并不是一个能够受到关注的人群，所能得到的支持也较少。一位父亲因心梗失去劳动能力、家里因为治疗负债累累的安置帮教青少年，对于经济帮扶和职业服务有很迫切的需求，但是很遗憾的是，他并没有得到他所需要的帮助。

> 我回来后，听说街道支持自主创业，我打算开店，求助街道找店面，没有人理我。司法所这边我联系得比较少。社工老师我也没有去问过。派出所的人看到我都是比较恨的那种，所以讲句实话，你恨我，我脾气

也不大好，那我就自己来，就在别的街道借了个店。(JYR-P-25)

原来有一个对象刚出狱，想开店做生意，需要贷款，但是在创业贷款这方面，因为他是刑满释放人员，所以就把他拦在了门外。他很生气地打电话和我吵闹，但是没有相关的资源支持，我们也是心有余而力不足。两三个月之后，他去偷窃了，又重犯了。(SW-03)

作为安置帮教青少年的正式支持系统，安置帮教部门应该为他们的需求满足提供必要条件，拥有较大的就业机会、生活上得到保障是决定他们顺利回归社会的关键因素。安置帮教工作人员的专业工作能力要和充分且适当的资源抓取与输送相结合，才能在与安置帮教青少年建立专业关系后真正给予他们帮助。

五　社会政策与制度

安置帮教青少年是一个兼具犯罪风险性和生存弱势性的群体，在社会政策与制度层面便体现了群体特征所带来的张力。一方面，如前文所言，安置帮教的各项制度安排为对安置帮教青少年获得帮助与支持提供了政策框架和制度保证。但从本书受访者的访谈情况看，安置帮教青少年依然经历和体验到社会政策与制度层面的排斥性。应培礼（2014）通过对北大法律信息网检索后发现，对刑满释放人员的制度排斥范围较广，涉及的法律法规及规范性文件有362部，且这些法律法规牵涉刑满释放人员的就业、就学、社会保障及其他社会权益方面。

安置帮教青少年对于职业选择限制方面的政策最敏感，反响也最强烈。无犯罪记录是安置帮教青少年很关注的一个身份证明，因为绝大多数工作岗位都需要这个证明。

我之前学的是空警，学校分配了工作，什么都过了，就是政审过不了。我不可能去政审的嘛，结果出来大家都知道了，那我就跟学校说我不想做了。(JYR-X-01)

我比较大的烦恼就是工作难找，政审时会麻烦一些。(JYR‑X‑10)

案底的话我现在也比较担心，怕到时候转正或者升职受到影响。(JYR‑X‑14)

我现在想进外企就进不了，类似这种公司挺多的，我想进国企也进不了。(JYR‑P‑18)

吃官司这个事情对我的影响很大，我那一年去当兵，而且是直接中专考上了军校，后来学校分配好了，常服都发了，出了这个事情，当兵就再见啦，想都不要想了。(JYR‑P‑21)

当时也想过去考公务员什么的，然后现在就全部停下来了，当兵也想过，就是那种军队里面招收工程师的，这种福利待遇真的很好，当时就想过去考这个，但是出了这个事情，就算了。(JYR‑P‑24)

我的证书也很多，文化水平也不低，很多工作我都能去做。但是一般好一点的公司都需要开无犯罪记录证明，像我们这种人开不出，很多行业我也做不了。就算我做了，等时间长了还是不要我。就像去年我已经升到监听了，但是员工升职的时候都需要一个无犯罪记录证明，我拿不出。错失这份工作我也很可惜，然后我去派出所问了，能不能给我弄一张无犯罪记录证明，说是不可能的，我也不是第一次犯事，案底太多了没办法。(JYR‑P‑25)

安置帮教青少年的违法犯罪与服刑经历使他们的权利义务因为社会身份的变化而变化。就业政审便是他们就业的突出障碍，而这一问题的来源是社会政策与制度上的排斥性。某些职业需要从业者具备超出一定职业的职业伦理，相应的立法就是对从业人员的条件进行限制。如《中华人民共和国公务员法》(2017年修正)第24条规定，曾因犯罪受过刑事处罚的，不得录用为公务员。《中华人民共和国刑法》(2020)第100条规定，依法受过刑事处罚的人，在入伍、就业的时候，应当如实向有关单位报告自己受过刑事处罚，不得隐瞒等。安置帮教青少年在回归社会后受到歧视性待遇被合理化，致使大部分安置帮教青少年回归社会时面临就学、就业困难或其他社会歧视，这也使其在职业适应和发展过程中的一些基本权益难以保障，极大地影响了安置帮教青少年的就业积极性和就业稳定性，更加强化其弱势性和不稳定性的特征。

第三节　小结

在法国著名社会学家布迪厄（Pierre Bourdieu）看来，世界是由一个个有着特殊逻辑的社会小世界，也即场域所构成的，行动者在场域中通过与环境不断交互作用而产生一定的行为"倾向系统"，即惯习，它是"深刻的存在于性情倾向系统中的，作为一种技艺存在的生成性能力"[1]。本章聚焦安置帮教青少年在进入刑事司法系统后的行动场域特征，试图为解析他们刑满释放后的社会适应行动策略与行动过程勾画出场域特征。

笔者总结受访者回归过程中所生活的社会空间和社会关系后发现，刑罚执行系统和回归后的社会场域是安置帮教青少年所生活的主要场域。

被羁押和监禁服刑这种具有相当长时间的人身自由限制处遇，要求青少年遵守必要的行为规范，这使原本家庭教育宽松、家庭教育缺乏规则的青少年通过外在规范的约束，调整他们的行为，并进一步使他们将这一约束转变为内在自我约束，推动青少年提升自控力。对他们的人身自由的长时间限制打破了原有宽松生活环境所形成的已有惯习，促使他们开始进行自我反思，对原有不良行为方式、不良价值观念进行重新思考，并为未来的发展方向和行动策略做进一步规划。这一经历不会因为离开监所便被擦除，它会对青少年未来的思维逻辑、行为方式等各个方面产生深远影响。

本书访谈对象中有17人为接受社区矫正的犯罪青少年，在这种非监禁型的犯罪矫正方式中，他们感受到了"监管"与"回归"之间的紧张关系。当前的社区矫正制度既延续了原本的监狱管理模式，又融入了新的社会治理框

---

[1] Bourdieu P., "Social Space and Symbolic Powder", *Social Theory*, 1989, 7: 14-25.

架，这使得社区矫正机构既要肩负着对社区服刑人员的监督管理，还要兼具教育矫正和帮困扶助的重任。一方面，本书的受访者必须服从社区矫正机构的监督管理。他们为了完成社区矫正规定的各项任务，无法找工作，更无法坚持完成正常工作安排；有的青少年为了参加社区矫正管理部门安排的任务，选择先不上班，等待矫正期结束后再找工作；还有的青少年因为生活所迫，必须要工作，但也不得不顾及监管制度，频繁地更换工作。另一方面，青少年们也得到了来自社会工作者所提供的各种帮扶——心理咨询、就业咨询与辅导、就业信息与就业岗位链接等，这对于推动犯罪青少年的社会联结、促进他们融入正常的社会生活发挥了一定作用。在"监管"与"回归"之间所出现的紧张关系反映的是社区矫正制度逻辑的内在张力，如何实现社区矫正对象在教育矫正基础之上的主体性重建与社会功能恢复是一个需要解决的问题。

每一个犯罪青少年在刑事司法系统中接受矫正后都要回归社会系统，笔者发现受访青少年的社会系统，由家庭构成的微观系统、作为中观层面的同辈群体、工作单位及安置帮教系统和相关法律法规构成的宏观制度系统组成。家庭是最为重要的社会支持系统，绝大多数受访青少年得到了来自家庭的支持与帮助，家庭中的其他成员会对他们更加关心，会为他们提供生活保障和发展资源，并会加强对青少年的行为监控。但也不能忽视的是，少数家庭存在经济困难和教养方式不当的问题。同学和朋友是安置帮教青少年的又一重要非正式社会支持资源，能够为青少年提供工作资源和经济支持。工作单位的接纳与帮助同样重要，同事们的关心帮助和工作技能指点对安置帮教青少年的工作适应提供了较大帮助；而上级领导的照顾则会成为重要的回归推动力量。安置帮教系统作为回归社会的青少年的正式支持系统，在受访青少年看来，支持力度略显薄弱，对安置帮教青少年主体性认识不足，以及拥有资源匮乏是阻碍其发挥更大作用的掣肘。从宏观制度层面看，针对刑释人员的社会制度性排斥广泛存在，本书受访青少年突出反映了他们所遭受的职业选择限制方面的社会政策排斥，无犯罪记录证明成为他们求职就业的最大障碍。

安置帮教青少年这一"特殊行动者"经历着从社会系统到矫正系统，再从矫正系统到社会系统的二次适应过程，这是一个进入单一规训文化场域和重回多元社会选择文化场域的过程。通过调研笔者发现，安置帮教青少年得到了诸如家庭、同辈群体、工作单位、刑罚执行部门和安置帮教部门的帮助，但我们要意识到，作为一个能动行动者，安置帮教青少年只有通过主动性的有策略行动，才能通过不断努力，实现融入社会的目标。

第四章 社会适应策略

安置帮教青少年经历着从社会系统到矫正系统，再从矫正系统到社会系统的二次适应过程，这是一个进入单一规训文化场域和重回多元社会选择文化场域的过程。在此过程中，安置帮教青少年作为行动主体，会在已有行为逻辑的基础上，通过对自身所处状况的感知来确定自己的行动抉择，进而去实践它。安置帮教青少年会采取一定的策略来应对他们所处环境的变化，通过对访谈资料的分析，笔者归纳出安置帮教青少年在回归社会过程中所采用的社会适应策略——促进性聚焦策略、防御性聚焦策略和外部疏导聚焦策略。

第一节 促进性聚焦策略

安置帮教青少年一旦进入矫正系统，面对环境改变，便会启动他们自我反思和自我约束的历程。他们通过一系列积极性的行动策略，进行着自我调适，其中包括深入思考并为自己做人生规划、更严格地约束自己、乐观积极地看待刑罚、更为客观准确地看待自己、感恩家人的付出，等等。

一 设定个人目标

目标具有激励作用，能够使人的行为朝着一定方向努力。青少年阶段是设定人生发展目标的关键阶段，而安置帮教青少年会因为犯罪人以及服刑人的身份变化，导致原本设定的人生目标和职业目标做出相应调整。通过对访谈资料的分析发现，绝大部分受访青少年对自身状况进行深入分析，并努力做着个人目标的调整与设定。

（一）清晰的自我认知

自我认知是对自己的洞察和理解，它不但包括对自己的观察，同时更要包括对自己的想法、期望、行为及人格特征的判断与评价。安置帮教青少年往往具备较为适当的自我认知，他们不但清楚自己的长处与优势，而且能意识到自己的不足与障碍。

> 我感觉自己没什么能力，除了蛮能讲，蛮能讲也是能力。相对而言，我个人比较大的优势就是这个，除此之外，我没有别的优势了。(JYR-X-02)

> 我以后打算开店，所以我去门店做过组长、做过管理层，我现在在做供应商。我觉得工作挺简单的，我比较善于与人沟通，现在已经积累了一些人脉，时机成熟了就自己干。(JYR-P-18)

> 我之前学涉外文秘专业，但是我发现我很粗心，不适合做这种很细致、烦琐的工作。(JYR-X-09)

> 我没有学历，也没有文化，职校毕业，我以前应聘过，只能做那种出力气的工作，比如卸货。(JYR-P-22)

> 我们三个（一起开宠物店的朋友）都没有钱，也没什么文凭。好在我本身喜欢狗，也有些资源。原来不开宠物店，我一个月卖狗也能赚到两三千，好一点时候四五千也有。我们三个就想，既然我们有这个资源，为啥不去开宠物店呢？就去开了。(JYR-P-25)

> 有些单位必须拿犯罪记录证明，我就直接不在考虑内了；那些中大型企业虽然不要犯罪证明，但是要学历。以前不好好读书，学历不达标也不行；小型公司的工资又不理想，所以想找到一份理想的工作很难。现在就算随随便便混了一个工作，但是这个工作可能你不喜欢，时间长了也不做了，又停一段时间，这样不就不稳定了嘛。(JYR-P-16)

> 污点肯定在了。以后要找工作万一人家要政审的话，肯定是不方便

的,所以说,要自己做。(JYR-P-20)

尽管这些青少年曾经有过违法犯罪行为,但是从与他们的交流可以看出,他们对自己的身份、能力、性格、家庭条件等各方面状况都具有比较清晰和客观的认识,这是他们进行个人生活目标设定的必要前提与基础。

(二) 适当的目标设定

个体的行动总是具有目标指向性的,安置帮教青少年也不例外,而职业发展方面的目标设定是他们最关注的目标。从进入刑事司法系统开始,青少年便开启了目标调整行动。他们会结合自己的犯罪人身份所带来的不利影响以及自身特点进行目标设定。本书中除了一位青少年在服刑前后一直在同一家单位工作外,其余青少年主要有两种职业目标的设定。一类青少年会选择自主择业,开宠物店、开饭馆、做二手车生意、做服装设计师等;另一类青少年则选择从事适合自己的工作岗位。之所以做这样的选择,是他们经过慎重的目标设定后的结果。

自主择业是一部分青少年的最优选择,一方面他们深知自己的学历水平不高,又有犯罪人身份;另一方面,他们期待收入高,省力气的活计。在各方面力量的支持下,他们开始创业,并慢慢在行业内站稳脚跟。

一位曾经中专是学海关专业的青少年因为聚众斗殴而被宣告缓刑,他在看守所里被羁押了四个月,觉得自己"特别穷,得挣钱,不能玩了"(JYR-X-11),服刑结束后,便开始自己设计服装,并委托淘宝店铺帮自己卖衣服。他认为这个工作既能赚到足够多的钱,还不那么辛苦,对此选择他非常满意。他说:

> 找工作有啥用?朝九晚五的企业累吧?其一,说实话,早上9点起,寒风刺骨的大冬天多冷,8点起床还要挤公交、地铁,多累。其二,上海现在一个白领,税后能赚六千块了吧,这样一年才七万多块,十年才七十二万,我一年就能赚他十年的钱,我干嘛要去找工作。我现在每天舒舒服服,很自由,设计设计服装,蛮好的。(JYR-X-11)

一位因非法拘禁而被判 6 个月有期徒刑的青少年在刑满释放后,主动与母亲提出要开店,便开始与舅舅一起经营餐馆,此前他没有工作过,他对自己设定的目标很切合自己的情况。在被问及为何这么辛苦,还坚持做餐厅的原因时,他说:

  假如我不做了,我干什么去呢?上班不可能,太辛苦了,我又没有文化,没有学历。我有个叔叔是开钢铁厂的,我在里面干苦力,每天是真得累,我干了十天,工资没拿就走了。不行,太累了,每天早上 6 点起床,中间没有休息,一直干到晚上。现在开这个饭店,我就买买菜、收收款,收入也不错,还很轻松,蛮好的。(JYR-P-22)

除了来自家庭的支持外,还有一些青少年是在朋友的支持下,互相扶持开始创业。一位青少年的父亲与奶奶同时患病,家里债台高筑,他选择"自己做,卖狗"。他说自己"证书很多,文化水平也不低,在流水线上可以做得很好",他也很喜欢轻松的工作,但是一方面,"一般公司都要开无犯罪记录证明,像我们这种人开不出,很多行业就做不了";另一方面,"一些行业每个月只能赚两三千元,完全不够家里用,平时水电费都要交五六百元,更何况,一家四口要吃饭,就算公司开 4500 元,我都不愿意去做"。在残酷现实的逼迫下,他已经失去了"信心",表示不想去找工作了,要自己想办法。于是,他开始与朋友合伙开宠物店,他说:

  我是有打算的,首先还债是肯定的,我想让家里人先过得好一点,而不是自己过得好一点。然后把欠款还上,再存点钱。我还是希望把我的宠物店经营好,我对养狗蛮在行的,如果能在家门口开一家店,以后稳稳当当做生意,就太好了。(JYR-P-25)

在相关单位谋到一份工作岗位是安置帮教青少年的另一种工作选择,也是他们很重要的生活目标。此类受访青少年最主要的目标是"钱多、活少、离家近,没有业绩考核压力的工作"。

> 我就想找一个稳定的工作,比较有安全感的那种,不会因为工作不好就被随时辞退。(JYR-P-15)

> 我想找个稳定的工作。最起码它不会一下子就倒闭了,比较正规,不会出现什么太大的问题。上海生活成本很高,公司包不包饭、年假多少、有没有福利待遇都要考虑的。(JYR-P-16)

> 现在要是不多赚点钱,怎么活呀,工资高最好了,这个很现实的。(JYR-P-21)

除了这些为了能够有一份谋生途径的青少年外,还有一部分青少年明显思考得更深入,在思考未来生活目标时,考虑更为全面和系统,也更为积极主动。一位重点大学毕业的青少年在回归社会后,选择抛开之前工作的外贸行业,选择进入电信行业做代理商。他义无反顾地投入进来,事实证明他的选择是正确的。他说:

> 抛开之前所有的奋斗经验,重新走上另一条路肯定有损失,但是综合来看,不管从人脉还是利润空间都比较好。原来的工作因为脱离了大概4年多时间,很多东西都发生了变化,我不如重新做一块新的。现在我做经理,管理的区域蛮大,业务量很多,收入也是蛮可观的。(JYR-X-05)

能够开始一条新的职业道路源于此青少年对于外部环境现状及他所拥有的资源与能力的综合考虑,这也意味着他具有对于过更好生活的信念。这种对未来生活充满希望,并不断进取努力的情况在受访青少年中不在少数。这种以提高与抱负实现来驱动的动机更为关注自身的成长、发展和培养。

> 找工作是有目的的,人不能停止学习,因为一旦不上进就会被淘汰。人还是要有目标的,我现在反正不赌了,我要好好学习,有份正经工作,让父母和女朋友有安全感。(JYR-X-06)

第四章　社会适应策略

我出来后就开始工作，开过烧烤店、做过物业，一个工作结束后就会换另一个工作。我不太喜欢原地踏步地工作，最起码应该有上升空间。我现在的条件不允许我原地踏步了，我还是想自主创业，总归比什么正规单位有上升空间，还自由一点。(JYR-X-07)

以前我找工作就是看离家近、挣钱多，现在我觉得要找喜欢一些的、比较安全的（这个青少年是因为公司共同金融诈骗犯罪服刑）、要能长久做下去的，总换工作也不是个事呀。(JYR-X-09)

在外面工作的话，你每天都是做同样的事情，每天都是循环，这样干没意思。我是每天能学不同的东西，能遇到不同的问题，还能学到东西，挺开心的。(JYR-P-17)

我现在做的是食品原材料的销售与贸易，这个工作与我的专业算挂钩，也能学到点东西，但是没前途呀，升不了。我打算以后自己开店，我之前在门店做过店长，现在做供应商，所有这些都是跟我开店的目标挂钩的。这只是我的打算，我现在找的工作都是与开店相关的，但到底能不能开店我也不知道，我就尽力准备着。(JYR-P-18)

我一直有出国的想法，自己在上海工作过了，也没有找到一份非常满意的工作，还是想学些什么，回来自己创业。我不会去开公司，我就开个门店，做餐饮之类的，因为我父母就是做这些的，我出去读书也会读相关专业。(JYR-P-20)

我从小就喜欢做头头，好胜心比较强，做什么事情一定要有目的，一定要做到最好，不然你做这件事情没有任何意义。我现在做项目工程师，有建造工程师资格证，这个很难考。我要好好干，给自己孩子好的学习条件和生活环境，让我的另一半就算跟我吃点苦，也有好一点的生活。我的目标是30岁左右年薪三四十万元，那才有资本，养得起自己和家里人。(JYR-P-24)

还有青少年因为犯罪行为的发生，打乱了自己原来的目标设定，他们积极、灵活地应对情况的改变，重新审视现实状况并做出新的规划设计。一位因酒驾获刑的青少年原本打算专升本的本科毕业后，便回老家考公务员，结果不得不调整自己的计划。他说：

> 因为这个事情（酒驾）确实不好考公务员了，事业单位也不能考。我是北方人，不可能总是在上海生活，但是如果不能考老家的公务员和事业编制的话，还没想好怎么办。现在就先在这个单位好好干着，再做其他打算吧。（JYR – X – 12）

犯罪与服刑经历对于安置帮教青少年来说是一个反思的机会和重新开始的起点。他们不但努力面对与克服犯罪人身份所带给他们的不利影响，也不断通过努力承担作为正常社会成员、家庭成员所应承担的责任与义务，在对个人现状的审慎思考的基础上，寻找着生存与发展道路。

二 自律

在古希腊语中，"自律"由 autos（自己）和 nomcos（规则）拼合而成，主要是指道德主体自主地为自己的意志"立法"，设定道德原则。我国学者李红梅（2006）认为"自律"是道德主体的一种自我立法、自我约束。在访谈中，安置帮教青少年普遍反映，在进入刑事司法系统之后，他们在情绪与行为控制方面取得了一定进步。

（一）不再暴躁

有研究指出，脾气暴躁、情绪冲动、对行为后果缺乏预见性是青少年之所以犯罪的重要风险性因素[1]，这一点也被本书所证实，受访青少年在谈到自己现在的状况时，提到最多的词汇是"变胆小""能忍""怕了""学乖了"，而他们形容原来的自己，用的最多的词汇是"脾气冲""放肆""暴躁"等。

---

[1] 常淑敏、汪姣、张文新：《青少年犯罪的个体与背景危险因素的质性研究》，《中国特殊教育》2014 年第 7 期。

第四章　社会适应策略

我以前也是个脾气很冲的人，谁冲我一句话，我就会上去，就像小流氓一样。但是这个事情后，有时候人家惹我，忍忍就算了，也不跟别人去多说什么。我觉得我变成熟了，也变胆小了。(JYR－X－01)

在看守所那段时间对我还是有影响的，而且比较大。从监狱里出来的人都怕吃官司，不是怕失去自由，也不是怕被管教，主要是怕那两个月。我反正是懂法了，不敢再去犯法，然后做事的胆子更小了。这两年浪费我蛮多青春，但是我觉得学到了蛮多东西，比如说约束，更多是学会了用脑子思考问题。(JYR－X－02)

以前肯定就是比较放肆一点，和人家发生一点小摩擦或语言上的矛盾，可能会比较暴躁，各方面也没有那么多约束。判了缓刑后，就对自己的约束感大一些，遇到有些事情就会自己提醒自己，给自己一种禁锢、控制自己。(JYR－X－03)

我这几年的变化主要是有钱了，成熟了，脾气变好了。人大了，总归脾气不像以前那样，以前年轻嘛。经历得多了，也就那样，你再去经历一遍，会觉得其实已经没什么了，没必要那么暴躁。(JYR－X－11)

我上学的时候天不怕地不怕，现在感觉完全变了一个人，越大就越害怕，就是一种做什么事情都是小心翼翼、缩手缩脚的感觉。就那件事情（因盗窃判处缓刑的经历）之后，我整个人害怕到不行。(JYR－P－17)

这件事情对我影响挺大的，以前不知道这种事情的严重性，现在知道了，如果万一再碰到这种事，我可能会多考虑考虑，不会那么盲目、冲动。这次真的是一个教训，以后自己一定要注意，犯错总归会犯，但犯一次就够了，这种错误不会再去犯第二次。(JYR－P－20)

我之前脾气蛮暴的，那次喝了酒，我看我朋友被推了一下，我就上去了，我就想打得他站不起来。我把那个家伙打得蛮重的，颅内出血。

现在嘛，肯定不会了，能忍就忍了，也没有必要动手。(JYR-P-22)

我喜欢骑摩托车，以前我都是无证驾驶，不管的。现在不敢骑了，等有证了再说吧，能玩就玩，不能玩就算了。(JYR-P-17)

我老爸脾气很冲，我都不愿意跟他说话。我虽然知道我老爸心疼我，但是我讲一句话，他就要冲我一下。我平时不爱跟他说话，这是生病了吧，想想他有时候骂我，我也不说话，我脾气不好，一般经不起人家说我。我下手没有轻重，一动手就动出事情，老给人家打出事，反正我现在是尽量控制自己，我不想让自己发作。(JYR-P-23)

从对受访青少年访谈资料的分析中，笔者发现，安置帮教青少年在服刑前处于法盲状态，再加上不良同辈群体的影响和自身行为的冲动性，这些因素叠加在一起，造成了青少年不计后果的暴力行为。而羁押与服刑的经历给了犯罪青少年反思自己犯罪行为的机会，法律宣传教育为他们的为人处世提供了参照标准，这使得他们能够意识到自己原来行为的错误，并能够使他们对相似情境作出不同反应，不再暴躁冲动行事，而是选择理性思考，并以法律许可的方式来处理。这种采用社会规范所认可的方式来解决问题，对于安置帮教青少年应对回归社会后的人际交往具有极大促进作用。

（二）好学肯干

安置帮教青少年的自律不仅体现在对自己的冲动行为具有更大的控制性，还体现在他们会主动发出社会主流价值观所认可与接纳的意向与行为。他们会在生活上对自己进行约束，能够受得了以前根本无法忍受的艰苦条件，还能够承受工作与学习上的努力与付出。

我以前周末没有一天是在家的，总想着去外面玩，一玩一个通宵，然后找个宾馆睡一觉，第二天中午了，才去想下午干什么，上哪里吃东西，有什么活动。周末结束了，就再去上学。现在的话，周末会早早起床，自己弄好早饭，然后晚上去爷爷奶奶家。这一年里我每个月只有一

千块工资，我就想，别人都能熬，我凭什么熬不下去。(JYR-P-24)

我现在送外卖，送到每天没有力气了，眼睛快要睁不开了，我才回家。这样已经一个多月、快两个月了，我现在一个月也能赚一万多元，以前，这样的事我才不干呢。(JYR-P-23)

我碰到什么东西就去学，如果我觉得这个东西我必须得学，肯定是对我有用的，我肯定会去学它。(JYR-X-05)

我以前学物流的，现在开饭店，都要重新学起来。开始的时候，跟着舅舅去买菜，学如何选菜、了解价格；在后厨跟着厨师学烧菜。其他工作也不好找，这个饭馆要好好经营。(JYR-P-22)

自律的形成和发展是一个过程，青少年正处于由他律向自律的转换时期，也是由"别人监督"向"自我监督"的转换时期。由于家庭监管缺失和社会不良因素的影响，受访青少年在接受刑罚前普遍具有缺乏自律性的特点，而令人欣喜的是，服刑监管给他们提供了一个外在约束机制，他们逐步实现了从他律到自律的转变，这一转变为推动他们未来的继续社会化打下了坚实的基础。

三 积极面对

每个人在面对相同的压力或挑战时会有不同的应对方式。安置帮教青少年在面对犯罪人身份、求职困境、朋友的疏远等诸多的不利因素时表现出强大的自我调节能力，他们能够积极面对因为犯罪及服刑所带来的消极影响。

（一）认同接纳

"罪犯"标签对安置帮教青少年的影响不仅仅表现为外部环境的排斥，标签的负强化作用使他们产生自我污名，直接影响其自我认同和自我接纳水平，从而影响其社会适应。安置帮教青少年对自我的认同和接纳有助于其正确看待和坦然接受刑罚，是激发他们社会适应的重要起点。

一位因工作原因被牵连共同犯罪的青少年虽然觉得自己很无辜，但是他依然接受了违法犯罪的事实。在问及是否有心理困惑时，他说：

我其实还好，自己调节得比较好，主要是知道有的事情犯了错，总该认吧。(JYR-X-09)

还有青少年这样表达：

我是和朋友一起打架，这个又不丢人，谁还没犯过错，也没啥好藏的。以后好朋友之间聊天还多了个事讲，老了还多了个回忆。(JYR-X-11)

发生这个事情，对生活，对我，不管是人际交往、跟父母，还是各个方面，其实也都没有什么大的影响，因为我这个事情发生了，罪也犯了。但是也不是说犯了打砸抢偷什么乱七八糟的不好的事情，而是酒驾，这也算是一次教训，我吸取教训。其他的话，也没有什么太大的改变。(JYR-X-12)

其实我觉得没有什么太大的变故，主要是我进去的第一天，正好有个死刑犯跟我一起进去，看到他，我想他都那样了，我这算什么呀，我担心什么呢？(JYR-P-26)

通过对实证研究资料的编码分析，笔者发现安置帮教青少年对自我的认同和接纳，能够帮助他们正确认识和看待自己所犯的错误，及时调适自己的身心状态以适应当前变化的环境，从错误的经历中学习正向经验，并将其转化成对抗新的压力情境的"抗体"，也是其回归社会，重新开始新生活而踏出的第一步，这有助于提升自我效能感和对外在环境的掌控感，促进个体的社会适应。

(二) 乐观解释

本书中的受访青少年能够以积极的方式来解释自己的经历，总是看到事物好的一面，并相信事态会有积极的发展和走向，有效缓解焦虑、紧张等消极负面情绪的影响，积极调动自身认知能力或信念系统，激发和强化其自主发展驱动力，促进态度和行为转变，进行自我赋能，并赋予当前行为以积极意义，促进个体在社会适应过程中充分发挥主观能动性，提升个体的自我认同感、自我效能感和工作积极性。

在新入看守所时由于不懂规矩，青少年常常会被体罚。而当笔者询问受访青少年对体罚的看法时，他们如此回答：

> 那两个月的看守所生活对我影响很大，我觉得体罚是对的。规矩做好了，我才不会乱说话、乱做事，才知道怎么做才能做得好，所以那两个月给我养成了习惯，它会让我保持得很久。做事有条理，有时间概念，主要是效率。(JYR-X-02)

对于在看守所羁押的经历，安置帮教青少年并未心生怨念，而是觉得暂时失去自由，这对自己的规范行为有一定促进作用。

> 我觉得在看守所被关四个月很浪费时间。本来我在外面也没工作过，整天玩。但是进去四个月，我觉得我的时间被浪费了，我甚至认为我原来在外面整天玩、在家待着、啥也不干也很浪费时间。这么想想，进去还有点正向的作用。我现在觉得我的命比以前值钱了，我不能随便打架，要赚钱，还要帮助更多的人。(JYR-X-11)

> 这个事情（服刑）正面的影响挺多吧，毕竟懂了很多法律知识。性格的话，也没什么改变；其他也没有什么负面影响。(JYR-X-13)

> 这个事情对我的影响还是挺大的，因为人要往好处想，不能尽往坏处想，我觉得这会让你时时刻刻记住一条红线，千万不能逾越，然后像我现在做的金融行业，可能涉及经济方面比较多，所以一定要守法、懂法。(JYR-X-14)

当时还是蛮后悔的，但是总要往开想吧，不能因为这点事情消极嘛。毕竟自己还这么年轻，公务员虽然不能考了，但还有那么多事情能做。当时刚发生的时候，会有那么一段时间不开心，但是事情总归发生了，还是要往前看。(JYR – X – 12)

我现在每天都高高兴兴的。在公司里说说笑笑干活，很开心，还能学到东西。(JYR – P – 17)

我本来就是比较积极的性格，监狱里这一年失去了自由，出来就更积极一点，也让生活更充实一点。(JYR – X – 08)

乐观是一种态度，更是一种人格特质。著名心理学家马丁·塞利格曼（Martin Seligman）指出，一个人具有良好的人格并不意味着没有心理疾病或任何人格问题，而是能够在生活中不断主动寻求幸福并时时体验到这种幸福。"乐观型解释风格"便是他提出来的一个核心概念。乐观型解释风格者总能使解释的结果对自己的情绪起到积极作用，因此他们会努力改变现状，争取成功。安置帮教青少年将服刑及随后生活中的困难与挫折看成是一种经历和考验，并从中找到对自己有价值的部分，这是他们克服各种困难并不断努力前行的原动力。

（三）期待未来

如果说乐观是一个人对于世界的信念的话，对未来的期待则是有关自我的信念。在积极心理学中，期待未来也被称为希望，其核心是以目标为中心的动力思维和路径思维。对于未来的积极预期直接指向目标实现，能够很好地预测生活满意度，并通过维持目的性来增进主观幸福感。

受访青少年在结束刑罚后表示对未来充满期待，这涉及的范围很广，不但包括生活、工作，还包括对家庭的责任感。

看我以后发展嘛，要是我真的脑子开窍了，我往演艺圈发展，反正哪个老师看我有才华，还是有点希望的。(JYR – X – 04)

我期待有一份好的工作，希望能找到稍微称心一点的。现在不是我一个人的生活需要保障，以前是一个人吃，现在有三个人了。不过，孩子长得也很快的，我一眨眼就30多岁了。(JYR-X-07)

希望一家开开心心的。想得太多、太复杂也没有必要，还是要一步一步踏踏实实。工资再多一点就好了。(JYR-X-08)

感觉这世界变化好大呀，比如地铁，我走的时候上海只有10条地铁线，现在应该有20条了。城市这种变化还是挺大的，我很期待能多走走看看。对未来的生活也很期待，比如拥有一个完美的家庭。(JYR-X-05)

我希望自己赚钱有能力了，能让朋友跟我一起好，我要把我的朋友拉到跟我一样的身份，然后我自己再去下一个身份，就是下一个高度。比如说我现在比你有钱，你跟我关系很好，那我会先教你，我会带你，让你跟我一样有钱，然后我自己再拼命赚钱，我再比你更有钱。没朋友，我赚那么多钱干嘛，没人跟我分享。(JYR-X-11)

对未来充满希望与期待建立在安置帮教青少年对自己实现目标能力的清晰认知的基础上，他们的目标一般具体而清晰，也有很明确的实现目标的路径与规划。对未来充满希望与期待不但提供了他们实现这种努力的行动计划（动力思维），也提供了实施这一计划的动机（路径思维），这使得他们在积极思维的基础之上，产生更大的动机和更多的积极情绪，因而更可能实现目标。

四 自立

在与受访青少年接触的过程中，笔者发现，安置帮教青少年在面对困难与问题时，敢于从自己过去依赖的事物中独立出来，自己行动、自己做主、自己判断、对自己的承诺和行为负起责任，这是中国文化中所推崇的自立人格。安置帮教青少年的自立主要包括了基于自信的自立、基于关心家人的自立和基于家庭关系松散与紧张的自立三种类型。

基于自信的自立主要是指安置帮教青少年在对自身能力和资源等方面的深入评价后,所做出的依靠个人来解决问题的决策过程。在受访者中,不乏条件优越、能够为他们提供充分支持与帮助的家庭,但是青少年选择通过自己的努力来解决自己的问题,甚至是困难。

一位父亲经商、家境殷实的受访青少年自从服刑结束后便开始设计服装在淘宝上销售,经过前期创业的艰苦努力,现在也算是小有成就,他在提到创业之初的困境时表示:

> 我爸是老板,但是我不跟着他干,靠山山会倒,靠人人会跑,靠自己最踏实。我的钱都是我自己赚的。当初创业时,我最穷的时候亏到卡里只有一万元,朋友都说要给我钱,我不要。资金周转不过来,我也会自己想办法。(JYR-X-11)

还有青少年提道:

> 在我适应的过程中主要还是靠自己,没有谁能帮你适应。(JYR-X-02)

> 有什么事情我都是自己调节。(你不是一个善于倾诉的人?)那倒不是,我觉得我已经这么大了,也有自己的资源和经验,自己想想办法,克服克服就解决了。(JYR-X-13)

基于关心家人的自立主要是指安置帮教青少年认为依附家人会为家人制造负担,从而选择依靠自己处理问题的一种状况。这一自立类型是一种家庭取向的自立,是强调人伦关系与相互依赖的文化基础上的关系型自立。

> 毕竟我之前进去已经给家里添过负担了,所以现在要更懂事一点。本来父母也离婚了,虽然他们两个都比较在乎我,毕竟是自己的小孩,但是你也不能一直麻烦他们。找工作什么的我都是自己想办法,找朋友帮忙留意求职信息,自己到××上去找求职信息。(JYR-P-16)

第四章　社会适应策略

　　我理财赔了 24 万元，我家里没给我还过一分钱，全是自己想办法，该贷款的贷款，该问朋友借问朋友借。虽然利滚利越来越多，没关系，我能解决，只是时间问题。我根本没跟家里人说，20 万元又不是 100 万元，还在我能力范围之内。我不想给家里人造成负担，压力在我身上，不在他们身上。再说，我是男的，我爸妈年纪又大，也没脸去要。本来是一件很小的事情，在你能力范围之内的、能解决的，也没必要怎么样；你跟家里说，就算不需要他们解决，他们也要跟着你担心。而且通过这件事情，你知道了自己犯错的点在哪里，已经尽自己最大的努力，付出了代价，那再有一个人在耳边天天讲天天念，你会烦的。(JYR–P–21)

　　基于家庭关系松散与紧张的自立，则是指青少年由于缺乏求助资源或者不愿意麻烦别人而选择自己处理与解决问题，不去求助别人的一种自立类型。这种类型的青少年存在求助需求，但是，由于担心受到消极对待而决定自己解决。个人能力不足及自信心较低的青少年会有一定的心理困扰。

　　就算我坐牢的时候，也从没流过一滴眼泪，我也从来不会认罪，直到后面了我才认罪。我一直都是一个人坚持下来的，小时候父母也不管我，不管是什么事情，只要我做了就不会随便放弃。(JYR–P–25)

　　我跟他（指父亲）说让他帮我找工作的话，他肯定就会用他的方式来拒绝我，根本不听我说的，也不在意我的想法。那我还有什么好跟他讲呢？我出来以后我就自己找，不会靠他了。(JYR–P–28)

　　就怕自己单干了，然后自己不会，每次都要求助于别人，感觉心里不舒服嘛。(JYR–P–17)

　　无论哪一种自立类型，都具有同一个特征，那就是安置帮教青少年的自立是建立在对与重要他人的关系特性同自身能力属性的评估基础之上所做的理性抉择。这一方面体现出安置帮教青少年对自己行为的约束与控制，为自己的言行负责；另一方面，他们的自立有更多的人伦特征，即在对与重要他人的相互关系的评估基础上进行行动的决策与控制。

五 让家人安心

对于安置帮教青少年来说，家庭是他们获得支持的首要来源，也是他们最牵挂的所在。通过调研，笔者发现，安置帮教青少年回归社会，成为一个合格的社会人，甚至是努力进取与奋斗的动力主要源于对家人的愧疚与感激。在28名受访青少年中，有18位提到了让家人放心、不让家人担心这样的话语。青少年时期是寻求自立的阶段，他们努力通过个人力量实现自己的目标，而这很大一部分动力来自向父母、祖父母以及配偶等证明自己的决心与行动力。

> 我之所以想走正道，不再做那些事，主要是想在他们面前维持好孩子的形象。我总归要变得乖一点，让爸爸妈妈放心一点。(JYR-X-01)

> 我在里面身体吃官司，家人在心里吃官司。家人的心思全在我身上，我进去，家里人难过伤心。为了父母、女朋友，还有想到未来，我还是稳一点吧。我包袱太多了，我家人什么的都在我肩膀上，这个责任挺大，承受得多，亲戚之间还是能帮就帮，有亲情在。(JYR-X-06)

> 他们（爷爷奶奶）也老了，把我带大，我要多跟对的人出去玩，不能让他们再伤心了。以前挺让他们操心的，现在想改变一下自己。以前出去玩，晚上不回去，他们就看电视，一定要等到我回去才睡，不然他们不放心。现在想想，真是心疼。我现在每个月给他们买点吃的，买点衣服，他们很开心，我也很开心。(JYR-X-08)

> 虽然说事情总要往好处想，但是面对父母，我还是感觉挺愧疚的。他们养育我这么多年，发生这样的事，真的是觉得无法面对他们。(JYR-X-12)

> 我在里面时候很难熬，晚上睡不着，最想家里人。担心我妈有高血

压,着急起来会晕过去那种。(JYR-X-14)

我开店也没跟家里人说过,完全是我们(朋友)自己一鼓作气,我不想跟家里人说,也不想再让家里人为我担心。(JYR-P-25)

这一结果证明了安置帮教青少年作为子女角色感念父母的生育与养育之恩,在情感上及精神上表达出对父母的敬爱与关心,并以此化为自己归于正途的决心和行动力。同时,我们也应看到,在青少年眼中,家的表征并非如西方那样以核心家庭成员作为情感联结的对象,而是将扩展家庭中的相关家庭成员纳入情感联结对象,成为他们行动动力的来源。

第二节 防御性聚焦策略

安置帮教青少年在回归社会的过程中会面对各种挫折与压力,他们除了会采用积极性的行动策略进行自我调适以外,还会采用一些较为消极性的适应策略,在这里,我们把它们称为防御性聚焦策略。相对于促进性聚焦策略,安置帮教青少年所采用的防御性聚焦策略主要是为了避免失败或损失、消除不良情绪体验所采用的消极应对策略,主要包括喝酒、吸烟和玩游戏等。

一 喝酒

在我国,喝酒是一种被普遍接纳的社会行为,它不但是社交的重要渠道,更是人们排遣苦闷常常依赖的方法,古语有云"今朝有酒今朝醉,明日愁来明日愁"便是明证。本书的受访青少年会采用喝酒的方式来化解烦恼。

我难受的时候,想喝酒,每个人的解决方式不一样,总有一种是那个人独有的发泄方式。去年年底那笔亏得真惨,现在想想都痛。我那段时间喝了一个礼拜的酒,才缓过来。别人根本看不出来,看我跟没事人一样,其实我那个时候天天喝酒,喝着喝着就想通了,亏了就亏了。(JYR-X-11)

我没什么烦心事，我心很大。有烦心事就喝点酒，我也不会说，醒过来我就过去了。我觉得有些事情没必要跟别人说，让他们去扰乱我的心思，喝点酒，轻松一下就好。（JYR－P－22）

　　有时候晚上我回到家里很累了，心里很烦，总是睡不着，就会去外面买一瓶黄酒喝两杯，头有点晕了，就马上睡觉，睡完早上起来继续上班。早上起来就不会去想了，只想着去送外卖、去赚钱，我就想着今天哪里有单子，哪里有人点外卖，哪里要送，不让自己多想。（JYR－P－25）

青少年处于不断成长的过程中，也会面临各种各样的压力。本书中的青少年会遇到工作上的难题、资金周转不灵、失恋等烦恼，喝酒是一部分青少年所采用的消除紧张或减弱压力的主要方式。通过喝酒可以暂时忘记烦恼和压力，甚至是通过喝酒逐渐接纳烦恼及不利后果，暂时性地对青少年起到一定的保护性作用。

二　吸烟

尽管大家都知道吸烟有害健康，但是，由于烟草中尼古丁的欣慰效应，很多人把吸烟看作化解紧张与压力的方式。影响吸烟行为的主要因素有生理依赖、压力、社会交往等，其中压力与吸烟行为密切相关。博莫劳（Pomerau）等（1978）的研究显示，大多数的吸烟者报告，当他们因压力事件导致紧张与焦虑时，吸烟可以减轻他们的心理压力，也可以控制情绪，使他们保持相对冷静，甚至感到轻松与自在。在本书的青少年中，吸烟也是他们提到的压力应对方法。

特别需要指出的是一位女性安置帮教青少年（JYR－P－28），由于父母离异，她与父亲及继母和同父异母的妹妹共同生活，她的父亲极为严厉专断，这导致她形成了暴躁、易怒的性格特点，行为具有较强冲动性，同时，她的人际关系极为脆弱，在面对压力时选择一个人承担，但是又无法有效化解，吸烟成为她主要的烦恼化解方式。她是这样描述自己为什么会吸烟和吸烟的感受的：

我一想到要去打字、要开口跟他们（指朋友）说这个就觉得太累了，我不如抽根烟自己冷静一下。我每天都处在崩溃和自我消化中。我自我消化的方式就是抽烟。当你5分钟抽掉半包的时候还好，当5分钟抽掉一包烟的时候，脑子里只会觉得好晕。那没办法，就是很烦很烦的时候，你胸口的那一口气上又上不来，下也下不去，就很闷、很难受，你只能抽烟。抽完这一根就会忘记，然后再抽第二根。有的时候边刷抖音边抽烟，这时候谁也别理我，别人来找我，我随时随地可能跟他们发脾气。(JYR-P-28)

有研究表明，承受更高的压力、面对更多的应激性生活事件的青少年更可能会成为吸烟者（夏扉、叶宝娟，2014）。本书中吸烟的受访青少年的经历也证实了这一点，家庭关系不良、高强度的应激性事件使青少年更倾向于采用吸烟这种不良的应对方式缓解压力，这进一步抑制了他们采用积极应对方式去处理压力的能力与效能感。

三　打游戏

随着互联网技术的发展，网络游戏逐渐成为青少年休闲娱乐的重要方式。本书的受访者大多喜欢玩游戏。在刚刚从看守所或监狱里放出来时，他们纷纷表示会靠打游戏打发时间、平复心情。

我刚出来那段时间，整天不出门，就在家里打游戏。(JYR-X-01)

我一个人在家无聊，出去又要花钱，还不如在家打打游戏，打完游戏睡觉，睡醒起来吃、打游戏，就蛮好的。(JYR-X-04)

我平时下班后都玩游戏，在宿舍里玩，反正一个人也习惯了，有个手机就行了。(JYR-X-10)

出来的时候，在家打游戏打了一个月。(JYR-P-21)

我第一份工作结束以后，就在家里躺了一段时间，每天好无聊，吃吃东西，刷刷朋友圈，玩玩游戏。（JYR-P-28）

根据压力—应对理论，青少年投入网络游戏的时间与程度与他们所承受的应激性生活事件的强度有关，但是，这是在他们积极应对机制失灵的情况下，也就是说，当一个人无法通过积极行动缓解压力，他便会选择类似成瘾性的问题行为来作为摆脱压力的方式，而网络游戏便是继抽烟和喝酒之外，另一个成瘾性摆脱压力的方式。当被问及遇到烦心事时怎么解决时，会有青少年表示采用玩电子游戏的方式来应对：

我有烦心事的时候会打游戏，我玩的是电脑版，我家电脑配置好，效果很好的。我主要是发泄自己，从小就这样，有烦恼就打游戏。我不跟父母说，他们有些不理解我。我也不太会跟朋友说，因为我觉得我的困难别人也解决不了。（JYR-P-17）

四 忍耐

忍耐是中国人常用的一种应对方式，李敏龙与杨国枢将忍耐界定为"一种策略性的自抑机制或历程"，本书中的青少年也会将忍耐作为应对压力的方式。

我不是一个会倾诉的人，一般就自己看看小说。我是那种什么事情都憋着的人，没有什么可去倾诉的。因为可能我的事情跟你讲了，在别人的眼里就是一场笑话，比如说我跟你讲我很伤心、很难过，可能在别人眼里，这也不是什么大事，这么矫情干嘛。所以说有些事情不见得一定要和朋友说，我一般都是自己把它消化掉，我是一个不会去主动给别人找麻烦的人。而且很多事情我都可以自己去做，也不会依赖谁。（JYR-X-09）

我一般有烦恼不跟别人说，都是自己憋着、自己消化，睡一觉就忘

了。(也不和朋友讲?)不会去讲,因为没必要。我觉得讲也是那样,不讲也是那样,还不如自己消化掉。(JYR－X－10)

有苦恼的事情我从来不说,都是放在自己心里。从小我就是这样的,慢慢也就过去了。自己的事情不喜欢说出来,时间长了也就消化掉了。(JYR－P－19)

我情绪不好的时候,忍一会儿就好了,我习惯这样了。自己冷静一会儿,想点别的事情,这件事情就过去了。(JYR－P－20)

我一般有什么烦恼,回家不讲的,会自己消化。我也不会吐槽,觉得没必要,吐槽就显得你个人素质比较差,然后抗击打能力也比较差,我跟朋友和父母都不会说的。(JYR－P－24)

青少年们通过"憋着""自己消化""忍着"等方式让烦恼和麻烦随着时间的推移被稀释和自我化解。利翠珊(2004)曾指出,忍耐是华人传统的处世之道,是在逆境中以自抑式的忍耐来达到自我要求与锻炼的情绪调控策略。采用忍耐方式处理问题与青少年想要通过保持人际和谐而忽视个体内在和谐有关,可这种方式却会对他们造成更大的心理困扰,可能会因为一味地委屈自己而对自己产生不利影响。

第三节 外部疏导聚焦策略

社会融入是安置帮教青少年社会适应的重要任务,他们除了进行内在自我调整以适应在回归社会过程中的各种状况外,他们还会通过主动远离亲犯罪交际圈、隐瞒犯罪及服刑经历和寻求外部帮助等方式使自己尽快融入社会。

一 远离亲犯罪交际圈

不良交往是青少年犯罪的外在拉力。有研究显示,有55.6%的青少年犯罪是因为结交不良同伴、"朋友义气"或者被教唆而走上犯罪道路。也就是说，不良同伴在犯罪中起到很重要的作用。① 本书中的受访青少年的经历也印证了这一点。他们在服刑及回归社会过程中，经过相关教育矫正与宣教工作，对自己的经历进行反思，对于人际交往对象的选择有了新的认识。

> 以前赌博的朋友就没必要联系了，我要彻底离开那个圈子，他们对我有诱惑。我出来之后，很多人跟我说你以前做得这么好，现在赚钱很难，有兴趣再跟着他们一起做吧，很多人都这样说。你找我，你看得起我，我很开心，说明你认可我。但是，如果你给我找正规生意，我们可以一起做，但如果是开场子、赌博，就算了，没有必要。(JYR-X-06)

> 自从发生那件事情以后，大家就不怎么联系了。因为我想改变一下自己，毕竟二十几岁就已经在看守所七个月了，不太好。进去以后懂了很多事，这些朋友不太能帮助我吧，尽量少接触。现在跟同事聚餐我感觉很正常，因为同事之间也需要出去玩。现在这个时代，不出去玩是不现实的，但是玩起来感觉跟以前不一样了，以前都是一帮鱼龙混杂的人在一起玩，现在都是一帮正规的人一起玩。(JYR-X-08)

> 服刑经历对我的心态有些影响，我觉得主要是得长个心眼吧。交朋友要先看看人。说我抢劫，其实我就是跟朋友一起，都不知道发生了什么，结果就被牵连进去。我出来后就不再跟他们联系了。(JYR-X-10)

> 在里面（看守所）也交到朋友了，但是出来后都不联系了。我爸说里面的人不好，不用联系。之前一起犯事的那个人，其实他算是把我出卖进去的。这种关键时刻出卖朋友的人，我肯定也是不会再交往了。(JYR-X-13)

---

① 王瑞山：《城市本地籍未成年人犯罪生成及遏制实证分析》，《华东师范大学学报》（哲学社会科学版）2019年第4期。

之前的那个朋友已经没有联系了，他还在里面。如果以后再结交新朋友，我要结交一些靠谱的、工作稳定的、家庭有些成就的人吧。(JYR-X-14)

现在就很少出去玩了。我出了这个事情以后，基本上整个人生都看清了。把以前所有朋友都断了，就是重新创造一个属于有利于自己将来发展的交际圈。这世界人以群分嘛，比如说你相处的朋友，别人可以透过你朋友来了解你是什么样的人。再比如说你这个人就是老老实实努力上进的，那我跟你说我的朋友是什么样子，你也基本上会相信，觉得对方不会差到哪里去。(JYR-P-24)

应该说，安置帮教青少年已经建立起一定的个人身份认知并将自己与原有社交圈子进行了区隔，在他们看来，以往那些诸如赌博、开场子、打群架的行为是违法犯罪行为，是"不靠谱""不正规"的，自己不能再和这类人交往接触。社会角色的自我认同转变是安置帮教青少年所做出的社会适应努力。

二 隐瞒犯罪及服刑经历

受重刑主义及注重人伦道德教化等文化传统的影响，犯罪人常常被建构为社会中的他者、异类，被贴上"坏人"标签。为了避免这些负性标签对自我发展的影响，安置帮教青少年选择隐瞒自己的犯罪及服刑经历，这既来自他们想要重新回归与融入社会的迫切愿望，也是他们迫于社会公众污名的反抗。

我打架这个事没有人知道，就我自己知道。我也没跟我现在的女朋友说，我觉得没必要告诉她。第一怕她担心，第二怕她知道我这些事情，觉得我幼稚。(JYR-X-01)

我待在看守所里四个月，我爸爸就跟别人说我出国旅游去了。就连他的亲戚、朋友和同学也都不知道。他说怕别人知道了嫌弃我进过看守

所。(JYR-X-13)

家里对我这个事很重视，一出事很快就联系律师，取保候审。大多数亲戚朋友都是不知道我这事的。出了这个事情我就辞职了，因为很多同事都知道了，我觉得不太好，就没再做了。(JYR-X-14)

工作日报到请假太烦了，明天又要开口去矫正了，但我谁都没说，只有家里人知道，学校不知道，公司也不知道。(JYR-P-24)

选择隐瞒自己的犯罪及服刑经历，是安置帮教青少年及其家人为重新建构他们的主流社会群体身份所做的努力，重新建构普通社会群体身份是他们回归社会所要面对的第一件大事，所以不管是不与亲犯罪人员交往还是隐瞒自己的犯罪事实都是源于这一动机所做出的努力。

三 寻求支持与帮助

寻求支持与帮助是安置帮教青少年的重要社会适应方式，也是一种重要的自我管理能力。面对支持网络断裂和技能不足等压力时，还能够主动寻求外部的支援与帮助是他们尽快融入主流社会的关键性保护因素。与西方社会不同，在中国，人们往往按照费孝通先生所提出的"差序格局"来发出求助行为，其中朋友和同事是他们的主要求助对象。

朋友是安置帮教青少年的客观社会支持来源，而青少年是否愿意寻求来自朋友的支持则取决于他们是否感受到以及愿意向朋友求助。[1] 本书发现，受访青少年在遇到各种困难与困扰时，更倾向于向朋友寻求帮助。与朋友一起出去玩、一起喝酒、一起聊天成为他们常用的化解烦恼的方式。

一般有压力都是找朋友出去玩一玩，互相吐槽一下，舒缓一下压力。(JYR-P-14)

---

[1] 井世洁：《社区矫正青少年的社会支持及其与精神健康的关系——基于上海市J区的实证分析》，《华东理工大学学报》(社会科学版) 2010年第2期。

> 朋友的帮助最主要，有事没事大家就聚一聚，互相沟通吧，大家一起聊一聊，喝喝酒也是可以的。但是喝酒喝得少，不是大事不喝。(JYR-P-16)

> 心情不好的时候，就约朋友出来吃个饭，聊聊天，问问对方最近干什么之类的。还是怀念以前在一起玩的时候，现在都工作了，没有时间出来玩了。(JYR-P-17)

> 自己闷着一个人，不知道找谁去说也蛮难受的。发泄一下还是有帮助的，我会找朋友一起互相吐槽吐槽。(JYR-P-20)

能够有朋友可以倾诉心声和获得支持是缓冲压力对自身不利影响的重要力量，一方面，朋友为安置帮教青少年提供了社会身份参照，在认同参照群体的过程中，也能习得一定的社会规范，从而使安置帮教青少年逐步实现再社会化。另一方面，在这样一个小群体里，安置帮教青少年获得了友谊和内心安宁，在那里他们可以倾诉和欢笑，拥有和其他人一样的自尊、自信和尊重，这会给他们充分的勇气和力量去面对充满坎坷却依旧光明的人生。

朋友还是安置帮教青少年获得各种机会和找工作的重要求助来源。一位在入监狱服刑前赌博成性并"带小弟"的青少年刚刚假释出狱，便调适自己尽快适应新的生活。他认为以前自己是在"捞偏门"，赚钱容易，但是现在不捞偏门了，赚钱困难，必须要多和朋友聊聊，多认识新朋友，才能找到新的机会。他这样说道：

> 我以前做正规生意和捞偏门的朋友都有，但是我现在只跟感觉有前途的朋友、人不错的、做正规生意的人交往。我出来后通过朋友带朋友，结交一些做正规生意的朋友，这样能找到更多赚钱的机会。(JYR-X-06)

同事对于在相关单位就业的安置帮教青少年的社会适应较为重要，能够极大地缩短他们适应新环境、建立新关系的时间，增强其对陌生环境中人和事的掌控感，促进其社会适应进程。

也没什么困难，同事之间关系也蛮好，他们都挺热情，有什么不懂的，也都会教我。(JYR-P-16)

第一个公司就很热情，会请我们喝东西、吃饭什么的；但是后一个老板就是不管我们的，什么都不管，没事就过来看一下，也不跟我们接触……所以我就走了，做下去也没意思。(JYR-P-19)

刚开始工作的时候，自己也没有经验，吃饭的时候就随口问一句同事，他们都会给我一些建议。伸手不打笑脸人，你只要客气一点，别人就会愿意帮助你。刚刚给我打电话的那个，他就是做了五年了，跟我关系很好，他什么都懂，我正好跟他关系好，所以我问他，他肯定都告诉我的。(JYR-P-23)

这里所说的同事可以是工作的推荐人，某个重要的上级，抑或某一个或几个同事，来自同事的帮助则体现为帮助其建立更加广泛和强有力的工作支持关系、重要上级的照顾帮助和信任支持、资深同事对其工作问题的解答或其他社会帮助、客户的理解和信任等，他们在安置帮教青少年社会适应的不同阶段和不同方面发挥着不同程度的作用。

社会工作者也是安置帮教青少年的求助来源之一。在本书第三章中笔者已经对此作了介绍，这里便不再赘述。

第四节 小结

安置帮教青少年通过服刑矫正，进而回归社会的过程中的核心问题便是社会适应。他们在此过程中表现出了强大的行动主体性特征，努力地适应着充满挑战与变数的社会环境。这充分说明安置帮教青少年所拥有的积极态度与主观能动性对于社会适应的重要作用。

安置帮教青少年一旦进入矫正系统，面对环境改变，便启动了自我反思和自我约束的历程。他们通过一系列积极性的行动策略进行着自我调适，他们在对自身情况的适当自我认知的基础上，积极地对自身发展目标进行设计，并努力做着实现它的努力。服刑经历给予了他们难得的反思机会，他们变得不再暴躁、愿意努力学习并付出辛苦，他们能够通过认同接纳自己的犯罪事实与经历并以积极的态度来看待自己过去的人生经历，对未来充满希望。他们愿意对自己的行为进行约束与控制，并感恩家人对他们的关爱。除了通过内在自我调整以适应环境外，他们还通过努力建立新的个人身份认同并与原来的亲犯罪交际圈进行切割，在人际交往过程中尽量隐瞒自己的犯罪与服刑经历，主动寻求外部的支持与帮助。这些努力都体现了安置帮教青少年试图尽快融入主流社会的决心和行动力。但是，必须看到的是，安置帮教青少年还会采取一些较为消极性的适应策略，即防御性聚焦策略，喝酒、抽烟、打游戏和自己承受忍耐是他们常用的应对策略。

安置帮教青少年的回归社会之路是艰辛而曲折的，不管是积极性的还是消极性的行动策略，都是他们作为一个行动者在与社会环境互动的过程中不断调整和努力的结果。而对于他们在历时性的人环互动过程中到底经历了什么，有些怎样的心路历程的深入探索，会对我们更为深入地了解他们社会适应的全貌提供更为宝贵的机会。

第五章　社会适应历程

安置帮教青少年的社会适应是他们与生活环境进行交互作用的过程，旨在追求与社会环境达成并维持和谐平衡关系的过程。这一过程从他们进入刑事案件流程那一刻便宣告启动，因此，针对安置帮教青少年的社会适应历程应该以这个时间节点作为起始点，只有这样，才能从更为系统的脉络中了解他们如何看待自己的犯罪人身份、与新身份共处，并在此基础上进行动态调整，克服各种适应困境，进而顺利融入社会。本书通过对受访安置帮教青少年的访谈资料所做分析发现，他们从被逮捕到回归社会经历了动荡震惊、反思调适、缓冲休整和融入社会这四个不同阶段。

第一节　动荡震惊阶段

不论安置帮教青少年以往生活在怎样的环境中，曾经以何种状态生活，对他而言，都可以被看作一种相对稳定的生活状态。正如费梅苹和张晓灿（2020）所言，他们遭遇到普遍社会压力、生活困境事件风险，但也能调动社会资源能动地做出反应，维持生活平衡。而进入刑事案件流程是他们原有生活状态被打破的时间节点，他们的正常生活发生了急剧变动。此后的审前羁押及审判后进入监狱服刑被这些青少年形容成"进去"，是另一种生活状态的开始，他们面对诸多天翻地覆的变化，始料未及又惊魂未定，甚至有的青少年认为"这一辈子就这么结束了"（JYR-P-24）。可以说，初入刑事案件流程对他们造成了多方面冲击。

在此阶段中，安置帮教青少年经历着诸多方面的生活不适应。饮食不习惯是这些初入看守所的青少年最不能适应，也是提到最多的印象深刻的问题。

第五章　社会适应历程

> 一开始进去饮食各方面肯定不习惯，原来在家里，被父母照顾得很好，我自己也经常买零食、喝饮料。在看守所里，吃得太差，受不了。(JYR-X-03)

> 饮食肯定是不习惯的，周一到周五基本上没有肉吃，还有喝水上也有限制，当时一天只有两杯水。(JYR-X-05)

> 在里面（看守所）挺难受的，四个多月晒不到太阳，抽不到烟，吃不到东西。现在想起来都觉得可怕。(JYR-X-11)

除此之外，他们还要面对复杂的人际关系。通常，看守所中的房间较小，但每个房间中却安排二十人同住，犯罪青少年对此感到极大的不适应。

> 在里面（看守所）那四个月很累，特别是刚开始那一个月挺难熬的，一天24小时待在房间里，那么多人，说话聊天也没意思。(JYR-X-13)

刚刚进入刑事案件流程的犯罪青少年脱离开以多元化、高选择性为特征的社会而进入具有封闭性、强制监控性的羁押场所，对陌生环境的不适应会引发犯罪青少年的防御心理，严格的约束与管教会让他们产生较为严重的不适应感。

与饮食的不习惯和人际关系复杂相比，"犯罪人"身份意识的忽然出现使青少年了解到原有身份的丧失，他们对未来要面对的困境及可能带来的后果充满了不确定感，到底是否会被判刑？会判什么样的刑罚？会不会进监狱？等等，不一而足。对于年龄尚轻、生活经验也不甚丰富的青少年来说，他们的困扰主要聚焦在较为近端的、具体的事件上，但这使他们产生了较多负性情绪，为他们造成极大精神困扰。

> 大概第一个月，我心里很害怕、很担心，一直在想，我完蛋了。那个时候我年纪小（未成年），不懂呀，就担心进去就没自由了，再加上这种关进去的电影也看多了，感觉挺害怕的。我爸妈帮我办了取保候审，

我就天天在床上躺着，哪里都不想去，最开始那个礼拜饭也吃不下，很慌、很害怕。(JYR-X-01)

刚进去的时候有些焦虑，不确定自己会被判多久，不知道还要在那个地方待多久。(JYR-X-03)

当时在看守所里挺消极的，特定的环境给人的压力很大，更重要的是特别迷茫。平时我的工作挺忙的，结果我进了看守所后，也没人来提审我，没人来问我，很莫名就这样在里面待着，取保候审也不让我办，我是到第37天的时候才办的取保候审。一个多月时间里，20多个人关在一个很小的房间，更加给人一种压迫感。当时我就更迷茫了，不知道能给我判多久。(JYR-X-05)

刚开始第一个月挺难熬的，晚上9点钟睡觉，我大概凌晨三四点就醒了，睡不着，真的睡不着。我就在里面坐着，看着管教走来走去。一次巡警是20分钟，我就在那边数时间。后来也就差不多习惯了。(JYR-X-13)

可以说，此时的安置帮教青少年处于"应激"状态。所谓应激是指个体内部稳态受到威胁时的一种状态，是个体面对新异的、不可预测的、不可控制的刺激时，或者当前情境超出个体承受能力，可能会对个体产生潜在伤害时所产生的一种特异性反应。[①] 迪克森（Dickerson）和克曼尼（Kemeny）（2004）对208个与应激相关的实验室研究进行元分析后发现，不可控感和社会评价威胁是诱发个体社会心理应激反应的重要情境因素，而这两个因素恰好是犯罪青少年进入刑事案件流程时所要面对的两个最大改变。

社会评价威胁是个体在个性、能力和社会技能等重要方面受到或者将要受到负性反馈，从而威胁到个体自我认识的负面感受。"犯罪人"身份在中国

[①] Blascovich J. & Tomaka J., "The Biopsychosocial Model of Arousal Regulation", *Advances in Experimental Social Psychology*, 1996, 28 (3): 1-51.

文化中从来都是被人轻视的,是一种负性标签,犯罪人不但会遭受到来自社会大众的歧视与排斥,他们自身也会产生极大的自我污名化。在进入刑事案件程序之初的受访青少年将新获得的犯罪人身份与基于这一身份带来的社会评价威胁内化后,出现了一定的身心症状。

不可控感被看作个体竭尽全力也无法改变事件的结果时所产生的一种负面感受。在本书中,受访青少年的"担心""害怕""心慌""痛苦"等均指向对自己被立案调查和关押所带来的对未来不可预期的恐惧。

本书的调研显示,此阶段基本持续一个星期到两个月,主要集中在受访青少年被羁押在看守所等待宣判的时期,基于此阶段受访青少年所面对的生活环境的急剧变动和各种消极情绪频出的典型特征,笔者将此阶段命名为动荡震惊期。尽管此阶段的犯罪青少年大多出现消极情绪反应,以及拒绝性和封闭性行动反应,但是,这是应激反应的第一个阶段,随着刑事案件流程的进一步发展,犯罪青少年会逐渐调整自己去适应新的环境,并强化自我调整和自我反思,做认知调整并付诸行动,能动性地适应着这一巨大变动。

第二节 反思调适阶段

在初入看守所时,犯罪青少年处于"逆境""危机"之中,他们会彷徨无助、胡思乱想,消极情绪和生理症状成为他们的主要应对结果。随着对新环境的逐渐熟悉和适应,他们开始以积极方式来调整和适应与社会完全不同的封闭监管环境,接受自己的犯罪人及服刑者身份并对未来生活做计划,这是因为当环境变化趋于稳定时,个人系统相对有更大的能动性与环境进行互动。当青少年开始理智思考并能控制自己的行动开始,反思调适阶段便正式启动。通过对访谈资料的分析,笔者总结出此阶段犯罪青少年主要通过进行认知调整与形成行动意向的方式来与环境互动,并努力达成对新环境与新身份的适应。

一 认知调整

进入看守所对于犯罪青少年来说是一个被动遭遇到的、突如其来的压力情境,在对看守所环境逐渐熟悉后,犯罪青少年新的心理需要被激发出来。

一位受访青少年在刚进看守所时不太能够接受犯罪的现实,一直不吃东西,很消极。直到一个星期后,他对着一碗西红柿蛋汤饭下定决心,把它当成肉吃下去,活着出去。他说:"吃完这顿饭,从此开始,才一点点恢复过来。"(JYR-X-05)当青少年开始理智思考并能控制自己的行动开始,反思调适阶段便正式启动。

> 出事前,我天天在外面瞎玩,喝完酒回到家一觉睡到下午。当我知道吃定这个官司、逃不掉的时候,我的心态就平了,没有任何侥幸了,心态就好了。我就开始想在里面怎么做,在外面怎么做。五个月的时间就一直在思考这些。(JYR-P-21)

对于此时的犯罪青少年来说,身份建构是他们需要面临与解决的最为重要的心理需要。

(一) 对犯罪人和服刑者身份的拒斥

"我是谁"这样的"安身立命的大问题"是犯罪青少年在进入刑事案件程序过程中首先要面对的问题,这其实是由于犯罪及服刑而引发的身份困境及身份重构。斯特劳斯(Strauss)在其《镜子与面具:关于认同的研究》一书中指出,身份构建是一个由自我评价(来自自我和他人的)、个人的位置和评价、个人的各种名称、经历和对生活过程有影响的各种变化等部分组成的互动过程。犯罪青少年在看守所中等待宣判的过程中,需要面对狭小的居住空间、复杂的监所人际关系、简陋的饮食和严格的管教,这些变动让他们警醒自己已经不是原来那个生活自由宽松、无忧无虑的小青年,虽然他们涉世未深,但也意识到犯罪人和服刑者的身份将是他们未来发展的障碍。在看守所里,他们将自己以往的犯罪行为评价为"幼稚""自作聪明""很傻",以后不想做"坏人",要做"好人"。而这与他们所接触到的非同以往的社会交往对象有关。

进入刑事案件流程后,犯罪青少年接触较多的是警察、管教和其他在押人员,而以往经常接触的家人、朋友、同事缺席退场。他们通过与司法系统工作人员的交往,不断强化着他们当下的犯罪人和未来的服刑人身份,这与原来正常社会人的身份之间出现了较高水平的冲突。

一位受访青少年对缉拿他归案时办案民警所说的话记忆尤新：

> 那天抓我的警察也说了，你们这些小孩子打来打去的把戏有什么好玩的，你以后就夹着尾巴做人，老实一点吧。我就只记得这句话，印象最深的就是这句话。我忽然就觉得自己很幼稚，可是以前都觉得自己很聪明。其实在大人眼里，就是像小把戏一样，一看就破了。(JYR-X-01)

以往优越宽松的家庭环境和溺爱放任型的教养方式使犯罪青少年的行为自我控制性不高，对于相关规则与法律的遵从性不高。但是看守所里的严格规章制度和苛刻的制裁方法开始让他们明白了世界上原来还有另一个大墙内的世界和另一种人——"犯罪分子"或者说"服刑人员"的存在，而他们便是这类人的一分子。这个身份意识一旦出现，便会与他们头脑中被污名化的"犯罪分子"和"服刑人员"的社会身份进行匹配，他们不愿意面对与接受这样的现实，便会通过各种思考来拒斥犯罪人与服刑者身份。

> 坏人是没有前途的，我要有前途。我没进来以前完全没想过这种问题，可是现在进来了，没有人跟你说话，一个人思考的时间很多，我就开始思考将来该怎么样。在三年半的时间里，监狱提供了一个平台、一个场合，让你不受外界干扰，强制你去反思，这也是自我改造。(JYR-X-06)

> 我以前喝酒也会开车，我在里面就发誓绝对不会再这么干，我去找代驾、打车什么都无所谓，出去喝酒就去约车。因为这种事进去很傻，我情愿在外面老实一点，踏踏实实，也不要再进去。(JYR-X-07)

> 我想改变一下自己，毕竟二十几岁就已经在看守所待了七个月不太好。进来后懂了很多，原来那些朋友不太能帮助我，尽量少接触。在里面每天有时间就会想家，就想当初自己为什么不懂事，和这些人交往，让我变成这样。(JYR-X-08)

自己闯祸造成这个污点,之后只能自己努力了,每个人自己的发展方向不同,人家上班,我自己做,我不一定会比别人差。(JYR-P-20)

即使是犯罪青少年也同样具有"道德是上,不道德是下"的观念。[①]"好人"与"坏人"的划分其实是犯罪青少年朴素地对违法犯罪人员与普通社会人员的身份标定,是中国人常用的二元道德评价的思维方式。犯罪青少年通过这种方式,希望在认识上将自己与犯罪人和服刑人进行切割,体现的是他们对于"坏人"身份的拒斥。应该说,犯罪青少年出现犯罪人与服刑人身份拒斥是他们对社会环境因素与个人身份状况进行评估比较后的结果。当他们得知自己获得了犯罪人和服刑人的社会身份后,便同时获知了他们未来会在劳动力市场、社会保障以及人际关系网络等多个领域中可能遭受的排斥和污名,他们便试图尽力与这些新获致的身份划清界限,而这也是司法系统工作者、犯罪青少年的家人及社会公众所乐意看到的结果。

(二)敬畏法律与规则

规则是制定出来供大家共同遵守的制度和章程,而法律则是客观存在的规则系统,主要由法律概念、法律规则和法律原则组成。对于大多数依规守法的社会成员来说,道德规则与法律规则的习得与遵守是社会化的重要任务,基本上是在日常生活过程中通过家庭养育与学校教育等方式来实现。但是,各种各样的原因导致犯罪青少年的规则内化与遵守水平较低。父母监控程度是青少年违法犯罪的重要预测因素。已有研究发现,父母的监控程度越高,青少年犯罪的风险会越低;[②] 父母监控弱的青少年,物质滥用和不良交往的可能性更大,被逮捕的记录也更多。[③] 本书中的受访青少年绝大部分存在亲子关系不良问题,其中以疏于管教尤为多见,这强化了犯罪青少年的脾气暴躁、

[①] 张雅慧、鲁忠义:《青少年犯罪者道德概念垂直空间隐喻的心理表征及其原因》,《心理发展与教育》2019年第6期。

[②] Unnever J. D., Cullen F. T. & Travis P. C., "Parental Management, ADHD, and Delinquent Involvement: Reassessing Gottfredson and Hirschi's General Theory", *Justice Quarterly*, 2003, 20 (3): 471 – 500.

[③] Diclemente R. J., Wingood G. M. & Crosby R., "Parental Monitoring: Association with Adolescents' Risk Behaviors", *Pediatrics*, 2001, (6): 1363 – 1368.

情绪冲动和对行为后果缺乏预见性等风险性特征的出现。而他们一旦进入刑事司法系统，便会被全方位地包裹进各种法律和纪律之中。在看守所和监狱中，一方面，服刑人员需要根据相关规定学习法律法规和各种规定；另一方面，他们也会从其他的服刑人员那里获得多元化的法律法规信息和鲜活的经验与案例。对于进入社区矫正系统中的社区服刑人员来说，集中教育和周报到过程中的谈话都会使他们进一步增长相关法律法规知识。可以说，他们越来越意识到遵守法律与相关规则的重要性。

> 以前觉得这种事（指的是抢劫）没什么，我现在知道了，这种涉及法律的事情要想清楚。小时候我很喜欢看古惑仔，觉得进去了好像更有魅力。我现在知道了，根本不是那么一回事。法律是要遵守的，要用脑子思考问题，要自我约束。（JYR-X-02）

> 我是不知道这是触犯法律的，要知道还去干，那不是傻子吗？我被关了一年，条理性好了一点。我做事没有那种拘束的感觉，喜欢自由。我现在胆子也大，但是现在肯定不会再去触犯法律了。（JYR-X-07）

对于从小缺乏法律常识和行为自控力的犯罪青少年来说，看守所的羁押和各种服刑经历给了他们了解和遵守法律法规的机会，而这种再社会化的方式有效弥补了早期社会化失败对他们造成的不利影响。服刑阶段是犯罪青少年习得外部规则与法律规定，并将其不断内化为个人内在行为标准的过程。一位被判处缓刑的青少年说：

> 缓刑时候各种规定很烦，但是也没办法，必须要遵守，不然抓进去更不划算。比如每周都要去报到，开始时要戴脚环，约束力蛮大的。不是说自己想改变，而是只能这样做，不能再犯事了。一开始是被强迫的，后来因为习惯了，自己感觉这样做也比较好。以前对法律各方面不太关注，也不太会想要了解，这段时间在矫正中心都有集中教育，给我们讲了很多法律知识。现在我自己看到手机、电视上的新闻，讲法律的事情也会去听一听，了解一下。（JYR-X-03）

青少年阶段是人生观、价值观形成的关键期,具有较强可塑性的青少年在注重规则与规范的环境中可以逐渐养成与社会主流价值观相一致的价值观,通过相当长时间的行为塑造,将相应行为模式习得并固定下来,成为他们自身习惯化的行为方式的一部分。当外在规范通过集中教育、个别谈话等方式传授给他们,相关狱警与司法干部根据相关规定对他们进行监督,相关的守法行为与守法意识能够变成犯罪青少年的内在行为标准,或者内化道德的话,我们也可以认为矫正的目标初见成效。

(三)实干劳动是正途

不管是几个月的看守所经历,还是几年的监狱生活,对于犯罪青少年来说,都是和以往宽松懒散的生活状态完全不同的生活经历。需要严格遵守的规章制度和各种从未接触过的劳动内容对他们来说都是极大的挑战,也是他们悟出新的人生真谛的土壤。

一个因抢劫进入未成年人管教所服刑的青少年,之前懒散、赌博,不务正业;在刚刚入所之时不服管教,甚至被组长和管教体罚,但是一年后,通过努力,还能够承担一些管理类工作,他这样看待他能够被任命为组长的原因:

> 我一开始不是组长,一年后当了组长。你只要太平一点,态度好一点,会处理一些事,机会就会来,他(管教)会把你叫过去,教你管教一个组。组长就是负责一个组的纪律、内务安排等。我是新收组组长,刚进去两个月的犯人都会进新收组,我带七个人。他们和我一起住,两个月后他们换了新的房间,我就继续带下一届的新收组。我已经带了好几批。(JYR-X-02)

一个家庭条件优越、服刑前从来没有工作过的青少年说自己不喜欢上班,不喜欢看别人脸色。而他刚刚中专毕业便因打群架而被宣告缓刑,他这样说道:

> 没有它(指犯罪)我会再玩一两年。可是我进去了四个月,没有自

由了。我出来以后就觉得自己特别穷,不行,得挣钱,不玩了。穷玩不如富玩,我要赚了钱再玩,能玩得好一点。那四个月是我自己亲身经历的,那不一样,别人说的跟你自己悟的,是不一样的。我想通了,我要挣钱。(JYR-X-11)

在这些青少年看来,"进去"对他们有着不同寻常的意义,大相径庭的生活环境和全面性挑战不但让他们体会到犯罪带给他们的是什么,更给了他们去探索自身潜能的机会。他们为了避免这种情况的发生,甚至是远离这样的经历,不仅仅要敬畏法律与规则,更要尽自己的最大努力做到更好。

监狱里是饿不死人的。不过说实在的,人最好不要进去,进去不好受。里面跟外面一样,是看能力的。首先是交际能力,其次是实干,不需要你话多。在里面也需要工作,不工作就没有报酬,就没有东西吃,那个时候就是在逼你。我不需要别人指导,我自己想干的就去干,多劳多得。(JYR-X-07)

我以前很怕疼,进去的时候,体检验血还哭。在里面完全改变了我,什么事情都是要自己做,我还踩过缝纫机呢。我出来后这些事情其实也就不会做了,但是我就想,连这样的事情我都做过了,都是从头学起的,那还有什么别的事情不能做?从里面出来后,有一种莫名其妙的感觉就是我什么都不怕了。(JYR-P-28)

二 行动意向生成

(一)做个"老实"的"好人"

社会适应是个体社会行为的自我调节过程,离不开以心理活动为基础的内化过程。对于犯罪青少年来说,不管是出于对犯罪人和服刑者身份的排斥,还是通过犯罪矫正让青少年们敬畏法律与规范,这种对自身全新身份的感知及对外部环境因素的判断,使得他们在未来行动意向上发生了变化,这实际上是以认知调整为基础的对原有行为方式的调整与改变。这一改变让他们能够与主流社会规范更趋于一致，使他们能更好地适应外在环境。

> 我后来在里面想的最多的就是重新做人，好好做人。直到现在我都是这么想的，好好做人，做好自己。(JYR-X-01)

还有位青少年明确表示自己变成熟了，变胆小了，遇事不再冲动，能忍就忍。在刑罚执行结束后，他积极尝试各种工作，现在是一名模特。还有不少青少年都以各种方式表达要管好自己，不能再犯罪的决心，如"一定不要再犯罪了，不要再冲动了"(JYR-X-03)。

（二）换种活法过人生

如果说做个老实的好人是犯罪青少年为了使自己实现社会适应的初级动机的话，换种活法过人生则可以被称为犯罪青少年社会适应的升级版动机，是更为积极的社会适应，它建立在更为强大的改变动机基础之上。

> 吃官司挺难忘的，那四个月我一下子就产生了要奋进、上进的愿望。它让我觉得我一定要赚钱。我觉得我浪费了四个月时间，时间不够用了。一关就是四个月，好浪费时间。(JYR-X-11)

> 我以前都是混日子，我进去后就不想再这样了。需要有个目标，慢慢去实现它。我出去后要找工作，但是要找个适合的工作，没有工作就是混日子。(JYR-X-02)

> 在里面混得再好也是在里面吃官司，没有自由，像狗关在笼子里一样，吃得再好又怎么样，笼子再大也是笼子。我要出来好好干，要有目标。我的目标就是让我爸妈还有女朋友过得更好。(JYR-X-06)

从以上受访青少年的回应我们可以看出，暂时性的自由剥夺给了犯罪青少年审视自己的过去、萌生新的行为动机的难得机会。在封闭环境中，犯罪青少年接受着来自矫正系统的规训、得到其他在押人员的帮助，与此环境系统做着充分的交流与沟通，更为重要的是，他们通过自我调节系统的调适逐渐进行着自我反思和新行动意向的生成。一位受访青少年的评价非常到位，他说："好像这五个月之后（指的是在看守所被羁押的五个月），我完全醒过来了。"（JYR-P-21）"醒过来"形象地点出了犯罪青少年此阶段的主要成果。

综合来看，此阶段大致开始于进入看守所一到两个月后，结束于看守所羁押结束（针对社区矫正对象中被宣告缓刑、判处管制、被暂予监外执行的犯罪青少年）和从监狱释放（包括刑满释放、假释的犯罪青少年）。犯罪青少年通过理性思考、多方收集信息，逐渐聚焦到对未来生活进行设计和打算。由于此阶段犯罪青少年主要完成的任务是认知调整和行为倾向形成，因此笔者将此阶段命名为反思调适期。这是犯罪青少年进行社会适应的第二个阶段。随着他们的监禁生涯的结束，进入刑事案件流程的下一个环节，他们又将迎接新的挑战。

第三节　缓冲休整阶段

暂时失去自由给了犯罪青少年以反思调整和为未来做规划的难得机会，而后他们回到他们只是短暂离开一段时间的社会环境。但由于社会身份的变动和暂时性的社会隔离让他们感受颇多，更需要他们花时间来进行自我调整。

一　外面的世界很新奇

矫正机构与外部环境相隔绝，犯罪青少年在其中的生活是规律的、相对稳定的。而社会生活则是随着时代车轮飞速旋转而不停变动着的，新技术、新思想和新事物层出不穷。在适应了相对稳定且规训文化盛行的监禁生活后，再回到日新月异变化的社会生活中，犯罪青少年会觉察到各种新变化。

在里面待了两年，出来后发现外面很不一样，两年前大家还都是用现金，没人用微信、支付宝，也没有小黄车，更没有VR虚拟技术。世界变化太快了，我家那边门面都被封了，一直在外面的人没觉得有变化，

因为一直在变,但我两年出来后就是另一个世界了,刚出来的人就会觉得变化大。(JYR-X-02)

我走的时候,地铁只有十条线路,现在应该有二十条了。我原来也不怎么坐地铁,但是城市里的这种变化,我觉得还是挺大的,很多记忆中的地方都改变了。(JYR-X-05)

这两位青少年的体会具有一定普遍性。城市日新月异的变化让犯罪青少年感到新鲜、兴奋、激动和愉悦。他们迫切想融入这个新的世界,这不仅是对回归社会生活的向往,更体现了他们急于与犯罪人身份决裂的迫切心情。在问及面对高墙外的世界,他们是什么心情时,犯罪青少年们表达道:

我倒是不害怕,我觉得新鲜。我巴不得变化越多越好。我是比较好奇的,我愿意去学,学得也快。因为这些也不是往坏的方向发展,而是越来越发达。适应起来也很快吧,刚出来第一天我比较好奇,后面习惯了,我妈和我朋友跟我一说,我就理解了。(JYR-X-02)

我刚刚出来的时候特别兴奋,因为多年没有这种走出高墙的感觉。当看到马路上的车水马龙,我特别愉悦,很激动、很兴奋。我甚至沿着广灵二路走了一圈。我就觉得我记忆深处最熟悉的那个地方,在自己家旁边的马路上走一圈挺有意思。当时的感觉就是,走在路上,怎么走都不怕,想走到哪里就走到哪里,任何地方都是风景。(JYR-X-05)

当然,长期的封闭生活也让青少年们感受到不习惯,这涉及生活的方方面面。有的青少年一个星期就适应了,还有的青少年需要更长时间。

在监狱里是没有人民币的,我们都没有现金去支付,出来之后去理发,又去买了点东西,隔了大概4年多感觉有点压抑,花钱的时候好像有点不太习惯。(JYR-X-05)

第五章 社会适应历程

  刚出来时我记得很清楚,家里人带我去逛街,给我买新衣服,我以前喜欢喝奶茶,他们问我喝不喝奶茶,我看到奶茶就头晕;问我吃不吃肯德基,看到肯德基我也头晕。在里面七个月没有吃什么油水,一下子看到那个东西就很油。感觉自己与社会脱节了,我虽然在里面只待了七个月,但是我觉得一个月就会脱节。我出来后大概适应了三个月左右吧,才慢慢习惯了。(JYR-X-08)

  我刚出来时候就是觉得肠胃不能适应,不能吃太油腻的。里面吃得太清淡了。现在都不能吃太油腻的东西,会拉肚子。(JYR-X-13)

  爱克兰德-奥尔森等人将出狱人的社会适应分为三个阶段,而刚刚离开监所这一阶段被定义为兴奋期,他们认为,刚刚离开监所环境的出狱人会因为获得自由而兴高采烈,渴望尝试很多因监禁生活而无法完成的事情,具有重新做人、干一番事业的强烈愿望。本书发现此阶段的犯罪青少年具有兴奋性和不适应性共存的特点,一方面,他们面对既陌生又熟悉的环境充满好奇与探索兴趣;而另一方面,监禁生活所养成的各种习惯又使他们体会到格格不入和不方便,这都需要通过一定的时间来慢慢调整和适应。

二 家人,想对你说对不起

  青少年时期是反叛与依赖并存的阶段,失去自由、离开家庭不但让他们思考未来的身份和人生道路,更给了他们思考与家人,特别是父母之间关系的机会,在应对刑事司法程序的过程中,家人的积极付出与支持让他们感动。在离开看守所或监狱时,他们对家人的认识及与家人的关系都发生了一定改观。
  一方面,他们都意识到家人在他们心目中的重要性,很惦念家人,在乎家人的状态与感受。

  现在,在我心里最重要的是家庭,第一个肯定是父母和家庭,第二个是工作,第三个是朋友。家庭肯定是最重要的。(JYR-X-01)

> 我在里面的时候就很惦记家里人。一出来看到他们真是松了一口气。我爷爷年纪大了，有八十几岁了，我担心他的身体。以后我要注意，不能让他们替我担心，要少打架。(JYR-X-03)

> 在里面五个月，老妈肯定心疼我。她见过我一次，哭得不行，我很惦记她，我出来后，先要让家里安心，让她的心先定一定。(JYR-P-21)

另一方面，犯罪青少年会对自己的犯罪行为感到深深的愧疚，开始更多听从家人的建议与忠告。

> 我父母都是做生意的，平时挺忙的。整天在外面赚钱，都是为了我。我要让他们少操点心，以后尽量不再惹事了。(JYR-X-01)

> 我觉得我主要对不起我的父母还有外公外婆。因为我作为家里面第三代，我是最大的一个，下面有一个弟弟、一个妹妹，我弟弟已经结婚了，我是长子，应该早点让我的外公外婆抱上曾外孙，让我的父母抱上孙子孙女。但是因为这种环境因素，没法实现，当时情况下我觉得这点也挺遗憾的。(JYR-X-05)

> 我跟妈妈一起生活的。以前跟她在一起，就是她说她的，我做我的，她说什么都不会影响到我。而且平时我们也不太交流，也没什么事情嘛，就是问问吃得好吗？睡得好吗？身体健康吗？我这一年不在她身边，感觉她是有变化的，好像失去动力一样。现在我跟她就是赤心交流。她现在还是会问，"最近有什么事情吗？""出去好一点哦，不要再犯什么错误啦。"以前我就会说："啊，知道了，知道了！"现在就会心平气和地说："好的，知道。"话还是一样的话，肯定就是懂事一点。(从什么时候开始能接受她这种教导？)出来之后就这样了。以前我的脾气很硬、很冲，有自己想法。现在就懂事一点了。可能是觉得自己大了吧。(JYR-X-07)

>   从我出事开始，都是我爸爸帮我运作的。我妈在浙江，好多年不联系了，我爸也不想让她知道。这次我爸是真的怕了，以前，他对我也不算很强势。他如果强势了，我就知道他真的怕了。他说不让我跟那里（看守所）的人接触，我就尽量少接触。(JYR-X-13)

>   我挺后悔当初没听我爸妈的话。上学的时候从来不听他们的话，这件事后就一直听他们的。(JYR-P-17)

离开家庭，进入监所为犯罪青少年提供了一个难得的审视亲子关系、家庭关系的机会，让他们得以洞见家人对于他们的意义，体会家人对他们的养育恩情与教导的良苦用心，为他们回归社会后遵守各种规范打下坚实基础。

三 "出来"后先缓缓

从监所释放对于犯罪青少年来说的确是一个不小的挑战，正如前文所言，饮食改变、生活节奏加快以及社会环境的发展都需要他们花时间来调整。在本书中，服刑时间最长的青少年在监狱中服刑四年多，他表示出狱后休息了两个月才开始工作，他需要一段时间了解和适应新环境，甚至是服刑时间较短的犯罪青少年和仅仅在看守所短暂羁押的青少年，也有这种情况出现。

>   我以前是晚出早归，白天睡觉，晚上出去玩，一日三餐不正常吃。出事后，在家过了个年，休息了两个月，然后三月份就去上班，之后就开始改了。(JYR-X-08)

>   我刚从看守所出来天天在家里睡觉，我爸也没催我。我跟他说，我在里面，人都呆傻了。我准备休息三四个月，出去旅游一趟再上班。他也没说什么。(JYR-X-13)

>   吃完官司后那一年我一直待在家里，没想要去工作。我吃官司之前本来是在工作的，后来我不做了，也就停掉了。出来的时候也没想过要干什么，就躺在家里吃了睡、睡了吃，几个月不出家门，最多上上网看

看视频之类的。我觉得我需要一个适应过程,我就呆在家里,家里人也理解,也知道我需要一个适应过程。(JYR-P-21)

我出来后歇了歇,主要是调整调整心态,大概调整了一个多月吧,就去上班了,上班是我主动要求的,如果我不上班,我就会闯祸。我不想闯祸了呀。我家以前的房子也卖掉了,就不跟以前认识的人接触了。(JYR-P-25)

在郭星华和任建通看来,刑满释放人员需要经历二次适应,而从监禁系统到社会系统便是这第二次适应。犯罪青少年在离开监所后,会感受到回归社会的新鲜感和不适应,这都需要他们通过一定的时间来调整和适应。放空状态并不是自由散漫和胸无大志,而是他们蓄势待发,迎接挑战的前奏。

此阶段开始于从监所中释放,持续时间因人而异,最短可能仅仅持续几天,长则持续一年之久。此时的犯罪青少年要在生活习惯、心态、家庭关系等方面进行调整和适应,为未来的社会融入做准备。根据此阶段犯罪青少年主要进行的是休息与调整的特点,笔者将此阶段命名为缓冲休整阶段。在他们短暂的调整和缓冲之后,他们要开启回归社会后的实质性阶段。

第四节 融入行动阶段

犯罪青少年离开监所并回归社会是他们必然面对的人生路径,这对于他们来讲既是新的机会,也是巨大的挑战。有研究指出,出狱人回到社会首先要面临就业、人际交往等社会适应问题,而这影响到他们个人及家庭的生活质量,决定他们是否会重新违法犯罪,事关社会的和谐和稳定。[1] 本书通过深度访谈发现安置帮教青少年在离开监所后均做着他们各自的努力,积极行动以适应所处社会环境。在此阶段,他们所做的努力主要包括挣脱犯罪人污名和争取经济独立。

---

[1] 高梅书、张昱:《国外出狱人社会适应研究及对当代中国的启示》,《华东理工大学学报》(社会科学版) 2013 年第 1 期。

一 与犯罪人污名抗争

犯罪人作为偏离社会规范的群体,被人们看成是具有社会不期望的或不名誉的特征的人,他们的社会地位较低,被贴上了贬低性、侮辱性的标签。社会学家将这一降低个人的公信力,赋予他/她不利特征的标签称为污名(Stigma)。应该说,安置帮教青少年在短暂的缓冲休整阶段后要面对重返社会这一不能回避的现实,而对于"刑释人员而言,罪犯的标签经久长存",这甚至可以被视为一种"无形的惩罚",很有可能阻碍他们重返社会。[1]

(一)犯罪人:贬损性社会身份

犯罪常常被看成是一个人的污点,这个词恰恰说明了犯罪人是一个被污名化的身份。由于犯罪人是社会越轨者,他们的行为是对社会规范的违背和冒犯,一旦被他人了解到他们具有这一属性或特征,便会被贬抑为受怀疑、遭漠视、不值得信任和交往的人,这是针对犯罪人的公众污名。如果公众将某一个人归为受污名群体成员,便会出现各种歧视行为。本书中的受访青少年便报告了因为自己具有的犯罪人身份所遭受到的各种不公正对待。

1. 被朋友疏远

青少年时期是自我同一性从混乱到整合的重要阶段,朋友在他们的生活中扮演着十分重要的角色,能够为他们提供情感、信息、经济等多方面的支持与帮助。但是,一旦被以往的朋友发现他们的犯罪人身份,便会被疏远和孤立。一位因容留他人吸毒而在监狱里服刑一年零三个月的青少年曾经有不少朋友,但是这些朋友在得知他有入狱经历后,便有意识地和他保持距离。他这样说道:

> 我发现以前愿意和我合作创业的朋友现在都变了。我以前做电台节目的,也和一些朋友合作做录音棚。我出来后再去找他们,一起吃饭、聊天都没问题,但是以前愿意合作创业的一些人就不太愿意跟我在一起了。现在我就一个人闷在家里面,比如说我要开个店,问人家愿不愿意

---

[1] 崔永康等:《犯罪标签:香港青年男性刑释人员的受歧视感和自我污名》,《青少年犯罪问题》2016年第5期。

过来帮我，或者有没有渠道，那人家都不愿意搭理我，还是算了，就闲着吧。(JYR-X-07)

污名代表着个体或群体所具有的不被社会喜欢和欢迎的特征，犯罪人身份使得安置帮教青少年被朋友们作为异类区隔开来，原来的朋友会对他们有更低的期待，并与他们保持相对较远的社会距离，甚至把他们拒斥在正常交往之外。本书受访者中有这种情况的不在少数，正如上述青少年一样，安置帮教青少年纷纷表示因为遭到朋友的排斥而感到烦恼和伤心。

2. 就业歧视

就业是安置帮教青少年回归社会的重要途径，但刑释人员的就业情况却不容乐观。有研究表明，刑满释放人员第一次出狱后一年内，全年有工作的比例仅为 13.3%，全年失业的比例为 27.8%，工作时有时无的比例为 58.9%。① 这与污名化身份所带来的社会歧视有关。对刑满释放人员就业歧视影响最为深远的是制度歧视，它是一种正式的、主动的限制，涉及面广，影响持久，不易改变，对刑满释放人员回归社会非常不利。据不完全统计，全国层面的法律中有 23 部涉及对刑释人员的就业限制，在国务院颁行的行政法规中，有约 15 部涉及刑释人员。可以说，对刑满释放人员的就业限制十分广泛，不仅仅包括公务员、事业单位及国有企业，甚至连保安、导游等一般从业人员也包括在内。② 本书通过对受访青少年的访谈也证实了这一点：

现在信息都联网，只要把身份证号码输进去，之前在公安局的记录都能查得出来。那种无犯罪证明的验证，只要把身份证输进去，直接就会跳出来是不是有犯罪记录。不管是大公司小公司，招聘网站都是通的，联网后，我的犯罪记录对以后找工作肯定会有障碍。年后我肯定要重新找工作，还是有些担心的。也没办法，只能试一试。(JYR-X-09)

---

① 陈晨：《流动青少年重新犯罪的非制度性因素探析》，《中国人民公安大学学报》（社会科学版）2013 年第 4 期。
② 王瑞山：《论刑释人员回归社会的制度困境》，《河南警察学院学报》2015 年第 4 期。

第五章 社会适应历程

> 比较烦恼的就是现在工作比较难找，政审时候会麻烦一些，会有点问题，稍微正式一点的工作都要政审，临时工可能不要。其他的都还好。(JYR-X-10)

> 案底的话，我现在比较担心，我怕到时候转正，或者升职之类的会有些影响。(JYR-X-14)

> 生活还好，反正污点肯定在了。找工作的话，万一人家要政审，肯定不方便。比如我原来在迪士尼工作，肯定就不可能再有这种机会了。(JYR-P-20)

> 现在我做什么都不行，都轮不上我，因为都要无犯罪记录，所以我就是看能干什么就去干，不能干的就不干。(JYR-P-27)

安置帮教青少年在回归社会后面临的就业困难，使其在职业适应和发展过程中的一些基本权益难以保障，更加强化其弱势性和不稳定性的特征，难以通过合规手段满足自己的物质和精神需求，是其实施二次犯罪的潜在助推器。前科报告制度、就业政审制度等使得用人单位排斥刑释青少年就业的行为"合法化"和"制度化"，极大地影响了安置帮教青少年的就业积极性和就业稳定性。

除了针对就业的制度性歧视外，社会公众的偏见也使安置帮教青少年难以获得上级的信任和支持。

> 我面试的时候，因为身上有文身，大多数总部的人又很古板，加之去的时候正好晚上有生日聚会，妆化得浓了点，还抽了一支烟，然后，总部的人就说我不好之类的。(JYR-P-28)

> 之前做客服的时候，我的一个培训老师说："你打电话不要这么随意好吗？你代表的是公司的形象，你现在讲出来的话跟个流氓一样，那个语调就是一个小混混啊，你要有点感情，要专业一点。"所以这种工作我

做不了啊，我只想做我自己。(JYR-P-21)

长期处于不良成长环境之中的受访青少年，其思维方式和行为方式与普通同龄人存在一定差异，如说话语调、走路方式、文身、（女生）吸烟等。同事与客户因为知晓其犯罪身份，对其行为方式等不能接纳，对他们避而远之，会导致青少年难以融入新的工作环境和同事关系，工作能力不能顺利发挥，影响与同事、领导甚至客户的关系，对其求职与职业发展产生较大不利影响。

（二）"隐匿性污名"的应对之道

犯罪人污名与因残疾、肥胖、族裔等所带来的显在污名不同，是一种可以隐藏，使其不被外人发现，但会带来社会贬损效应的污名身份，被称为隐匿性污名。在它被揭示之前，他人并不知道他们的犯罪人身份。安置帮教青少年为了避免遭到歧视和排斥，获得他人认可并维持自尊，通常会采取一定策略来隐藏自己的污名身份，希望以一个正常人的身份与他人交往接触。

1. 隐瞒犯罪人污名身份

为了避免污名化身份对回归社会的不利影响，安置帮教青少年会通过搬家、换工作来避免自己的违法犯罪经历被更多人知晓。一位青少年因为不想让同事知道太多就选择不再跟原单位签合同，打算开始找新的工作，犯罪的事情只有自己父母和老婆知道，甚至连亲戚朋友也都不会告诉。他说"这个社会都是戴有色眼镜的，自己知道就好。"(JYR-X-14) 还有的青少年也提出了同样的看法：

> 我这个事情，只有我爸妈和少数好朋友知道，尽量不告诉别人。找工作时也绝对不能说，如果说了，谁敢要你。(JYR-X-09)

不仅仅是受访青少年自己会隐瞒，其家人也都一起帮助他们隐藏犯罪人身份：

> 我周围人没有一个人知道我出这个事情，都是我爸要瞒的。从我本人来说，说了就说了，如果人家嫌弃我进过看守所的话，那也就算了，

不联系了。我爸就跟我说,不要跟他们说实话。反正我这个事,只有父母和爷爷奶奶知道,我弟弟都不知道。(JYR-X-13)

与显在污名不同,隐匿性污名不会给犯罪青少年带来直接、确定的影响,但是,在隐匿阶段,青少年会承受更多的心理损耗,这不但会使青少年产生心理痛苦,有更高的抑郁与焦虑水平,还会让他们产生敌意、羞愧、压力感以及绝望等不良情绪。长期来看,隐匿性污名还会使青少年在未来与他人建立关系时更为犹豫、退缩或恐惧。所以,暂时性的隐瞒犯罪经历与事实能够避免别人的不公对待,但是他们会承担更大的内心痛苦。

2. 能干啥就干啥

安置帮教青少年就业选择范围比较狭窄,这与他们较差的受教育程度和技能状况有关,这使他们谋生的道路充满坎坷。在本次调查中,除了一名因酒驾获刑的青少年依旧回原单位工作,一名青少年一直从事家族殡葬服务行业工作外,其他所有受访青少年均面临着工作转换局面。在屡次求职过程中经历各种挫折和打击后,他们形成了自己的职业定位,并越来越现实性地接受其所面临处境。

犯罪人身份是导致安置帮教青少年职业不稳定的重要因素。经过多次求职、实习、主动(被动)离职后,安置帮教青少年已经对获得一个正规的职业机会失去信心,他们往往选择远离有职业准入限制的工作岗位,而这通常是一些规模较小、稳定性较差的单位,甚至是自主创业,目的只有一个,那就是养活自己并尽可能地为家人提供好一点的生活条件。

我就是看能干的就干,不能干的就不干,我就这么想的,反正我也就这样子闲在家里,每个月有时候赚几千块钱,有时候赚几万块钱,都能过得去,我也饿不死。(JYR-P-27)

安置帮教青少年之所以做如此选择,主要是为了对抗这种隐匿性的犯罪人污名,他们深知自己在他人心目中的形象,也很清楚社会对他们的各种排斥。他们要生存、要养家,必然要认清现实,调整自我期待。就像一位受访青少年所说:

> 反正在他们眼里，我不是什么好人，我也不愿意理他们，我自己过自己的，能赚钱就可以了，反正我现在没有过多想法，赚钱把账先还了，还完以后，慢慢来。我也浪费了五年的青春，不想再浪费了，我父母也说现在家里连结婚的钱都没有，所以我为家里分担也是应该的。（JYR-P-25）

3. 对自己的孩子担心

安置帮教青少年大都处于适婚年龄，虽然有婚育经历的情况不多，但是他们竟然都有对未来子女发展规划的担忧。一方面，他们为孩子做规划以规避需要政治审查和提供犯罪记录的工作；另一方面，他们希望通过尽力赚钱为孩子提供更好的受教育环境，来弥补犯罪人身份为孩子带来的不利影响。

> 我想以后小孩子的工作会受到影响。小孩子以后当兵肯定是不可能了。我想自己只能更努力点，赚点钱，小孩子以后稍微好过一点，就这样，没有其他方法了。（JYR-X-07）

> 如果是教育子女的话，肯定不会建议他去考公务员之类的，可能更往他们喜欢的专业方面去引导。（JYR-X-09）

> 我爸妈一直住上海，已经很习惯了，就想留下来。我就怕这个事情可能会有些影响，比如落户积分，还有孩子上学之类的。（JYR-X-14）

> 不知道有了小孩后，这个污点会不会影响下一代，万一我儿子要去当兵、找个好单位，听说现在有的单位好像也要了解父母的情况。（JYR-P-20）

受访青少年对自己下一代前途的担忧实则反映出的是他们对自己犯罪人身份的反思和应对策略，这体现了他们对犯罪人身份的拒斥，更说明他们无法接受对未来生活的不确定性。

二 经济独立是要务

青少年阶段的核心任务之一是进入职业生涯,进而实现经济独立。但是对于安置帮教青少年来说,由于犯罪人身份属性和专业技能限制,他们在求职市场上处于劣势地位。在回归社会后,他们需要克服各种困难来进行职业自我定位,并尽快实现经济独立的目标。

（一）我知道我要的是什么

经过在看守所及监狱中的深思熟虑,已经形成了做个老实的好人和换种活法过人生想法的青少年们,在融入行动期,除了要与犯罪人污名作斗争外,需要进一步聚焦思索未来的谋生方法和生活之路,"我到底要什么？"是他们每个人都必须思考的问题。通过对访谈资料的分析发现,安置帮教青少年主要可以被分成养家糊口型、追求理想型和无欲无求型三类。

养家糊口型安置帮教青少年的家庭经济条件一般比较贫困,文化程度不高,已结婚生子或处于适婚年龄。他们对自身职业规划较为保守,收入是他们的主要目标。

> 我现在内心最真实的想法是靠身边朋友,做一些创业的东西,我觉得它比在正规单位有上升空间,也自由一点。第一,哪怕你创业,就算不是正规公司,而是一些私营小企业,总归也有赚钱的嘛,我觉得干这个比正规上班赚钱一点。我老婆马上就要生了,我要保障家里的生活。(JYR-X-07)

> 我感觉现在的工作已经很不容易了,不用跳槽,就这样子挺好的,以前没有想过这种工作。以前每天工作到九点多才下班,时间上都是八小时,要是工资再高一点就好了。养家啊,就是把钱花在该花的地方,比如给小孩多买点奶粉之类的。把钱用到该用的地方,不该用的地方尽量不用。(JYR-X-08)

> 我没有什么梦想,没有什么目标,我就想有一份工作、有收入就可

以了,我也没有什么伟大的理想、抱负之类的。(JYR-X-13)

对我来说,工作稳定了就没什么烦恼了。我现在都这么大了,不好意思再问父母要钱了,而且我马上要到结婚的年龄,有女生叫你出去玩,你钱都没有也不太好。(JYR-P-16)

如果我不成家,我也不会自己创业,只拿工资养不起家啊。(JYR-P-19)

没有什么最满意的工作,价码高就好。现在跟我谈梦想、谈理想之类的东西,都是在空谈。实话实说,工资高最好,不然怎么活啊。(JYR-P-21)

我现在压力很大,但是我不会像别人一样压力大就去喝个烂醉,我反过来会想晚上去哪里赚钱。我现在也考虑过晚上去跑别的外卖,近一个多月以来,我从来没休息过一天,就连刮台风我都没有休息,都是早上八点上班,晚上十点下班。(JYR-P-25)

追求理想型安置帮教青少年的家庭经济条件较为富裕,个人的学历水平和社会支持度较高。他们对自身职业规划有系统设计,不仅关注工作岗位的收入水平,还对职业的发展空间和内在需求有所要求与期待。

现阶段至少我已经想买的都能买了,再有就是带动朋友致富,之前他们帮了我不少,我有条件了也要帮助他们。(JYR-X-11)

职位无所谓,但是工资和工作内容其实很关键,也就是说晋升空间很重要,我希望慢慢地升上去。磨两年,升上去一点,工资提高一点点;再过两年,再升一点。(JYR-P-18)

我就觉得歇在家里,自己也没什么存款,又一直用钱,只出不进,不能总是向父母要钱。所以就想着自己找个工作做起来,不管好坏、拿多少,至少每个月有进账。想出国留学是想学一技之长,我还是要自己干的。前年闯了祸,所以希望自己能做出点成绩。(JYR-P-20)

我对现在的状况不太满意,我觉得30岁左右年薪必须三四十万元,那才叫有资本,就是说养得起自己和自己的家里。我需要给我的孩子好的学习和生活环境,还要让自己的另一半享受生活,我可以自己苦一点,但是我一定要给对方好一点的生活。(JYR-P-24)

无欲无求型安置帮教青少年主要以缺乏职业规划动机和较高的工作满意度为特征。一位从事运送医院检验血液的青少年物流司机,对自己的职业生涯并无规划,在研究者问及他对未来有何打算时,他说:

现在还没有什么规划,现在就想着先做着看,没什么想法。因为现在也不累,没什么追求。我现在9000元一个月,家里没有压力,不穷,我不需要自己去存钱,我就想吃什么就买什么。反正我也不是那种很浪费的人,觉得现在还挺好。(JYR-P-23)

此类青少年大多家里经济条件较为优越,他们无须为生活担忧,又拥有丰富的资源,性格从容淡定。一位目前做模特的青少年说:

以后的发展大概是跟着我爸妈去做生意。现在自己养活自己没问题,就一个月自己赚多少花多少。在上海我一个月房租还要两千块钱,房子是和朋友合租的两室一厅,一个月加上水电煤差不多两千块钱。(JYR-X-01)

经济上的独立与自由是人格独立的前提,它能够给予青年人面对自我、面对家人及朋友的勇气,更能够给予他们战胜困难的力量。对于有过犯罪经历的安置帮教青少年来说,他们同样需要经济独立来保障生活、提升自尊和与社会相连接。不论是哪一类安置帮教青少年,他们在融入行动阶段都要实现经济独立的任务，满足其基本生存需要，而经济独立与职业选择和工作适应密切相关。

（二）求职中的支持寻求与获得

职业对安置帮教青少年具有重大意义，是他们顺利回归社会的重要途径和手段，也是他们继续社会化的首要任务。职业与经济收入、生活水平和消费能力等生活状况密切联系，并直接影响到他们回归社会后的生活质量。本书中的安置帮教青少年的受教育程度较低（见表5-1），高中及以下学历的青少年约占受访总人数的75%，这会导致他们获得工作的能力受到严重限制。同时，由于犯罪人身份的各种限制，安置帮教青少年求职主要通过社会关系网络中的家人、朋友和社会工作者提供信息和资助，以及通过自己搜集信息等方式来实现。一般来说，个人求职主要通过市场途径、体制途径和关系途径三种方式来实现，安置帮教青少年的求职方式如果采用此分类方式，可以进一步汇总为通过市场方式求职的比例为35.7%，通过关系求职的为46.4%，并无青少年通过体制途径找到工作，另外还有17.9%的青少年尚未就业。

表5-1　受访安置帮教青少年的学历频数统计表

学历	频数	频数百分比（%）
初中	9	32.1
高中、中专及高职	12	42.9
大专及专升本	3	10.7
本科	4	14.3
总计	28	100.0

市场求职方式是指求职者通过招聘广告、职业介绍机构、人才市场、个人直接申请和自雇等方式实现就业的求职方式。以往有关中国人求职途径的研究显示，求职者并非通过市场方式求职或转职，而是主要借助社会关系网络来进行。[1] 本书中有10人通过网站、劳务所等市场求职方式找到工作，占到总人数的三分之一，比常态人群中的市场求职方式比例要低得多。

---

[1] 魏永峰：《中国转型经济中的关系网络与求职方式》，《甘肃行政学院学报》2017年第3期。

我就是在××上找的工作，我不要爸妈介绍，反正他们不满意，还要跟你说两句。亲戚更麻烦，有事情当然找爸妈，干嘛要找他们呀。(JYR-P-18)

我出来后一共做过三份工作，现在做酒店前台，就是自己去直接问的。(有没有想过家里帮忙？)我不要他们帮忙，他们只会控制我，很烦。(JYR-P-28)

通过对访谈资料的分析，笔者发现，安置帮教青少年求职主要依靠非正式社会支持网络，这是由于他们迫于犯罪记录因素，很难在常规就业市场中通过此方式获得工作，但是由于他们的就业社会资本缺乏，这主要体现为家庭支持能力低下和家庭沟通方式不良，很难通过普通人更多采用的社会关系网络获得就业机会，而经济独立迫使他们一定要尽快就业，他们不得不选择此种方式来解决就业问题。

社会网络方式则是指依靠各种社会关系实现就业的情况，包括运用各种人际关系获得信息和人情达到就业目的。本书中有6人通过朋友介绍工作，5人在家人帮助下就业，2人由社会工作者介绍就业，总计11人（约39.3%）通过社会网络找到工作，比通过市场求职方式找到工作的比例还要高。在问及为何通过亲人和朋友介绍方式找工作，青少年们这样说：

我是大学同学帮忙联系的工作。我在里面的时候，他一直跟我联系，我出来后，他就说他做这块业务，让我也加入。做下来之后，发现还可以，所以就一直做到现在。(JYR-X-05)

我现在在信用卡中心里面做。之前做贷款，然后知道我有同学在银行里面做，就跟他联系，帮他做业务，我直接提成。现在这个工作是我同学主动找我的，他知道我做这个东西，做得还行，口碑也还不错，正好有这个机会，他就来问我。今年行情也不是很好，我就答应他了，签了合同，该怎么做就怎么做嘛。(JYR-P-21)

同学或者朋友是生活中有较多互动机会、具有较强情感联系的人际关系，他们是安置帮教青少年获得求职信息与机会的重要来源。相互之间的深入了解不但可以使岗位与安置帮教青少年的能力和需求匹配更为精准，更为重要的是，这能够抵消掉犯罪人污名的不利影响。这一求职渠道的成功率较高，能够给予安置帮教青少年更直接与有针对性的帮助。

家庭也是安置帮教青少年求职时的重要支持来源。有的家庭会出资帮助青少年开餐厅创业，还有的家庭会提供汽车作为工作工具，更多的是通过家庭拥有的资源为青少年链接就业资源。这种基于血缘亲情的帮助对安置帮教青少年来说既关键又重要。

> 我现在这个工作多亏了家里人。我在一家运输公司做物流运输，这个工作就是帮医院运输化验用的血液。这是我一个叔叔介绍的，然后我家里帮我出钱买了一辆车，总归自己的车比公司的车好开。(JYR-P-23)

> 我出来后，稍微跟我妈提了提，我妈就投资开了个店，我和我舅舅一起经营。做得也蛮好的，收入还可以。(JYR-P-22)

> 我现在修车这个工作是我爸妈安排好的。从小我都听他们的安排，走我爸妈安排好的路肯定没错。(JYR-P-17)

研究者还发现社会工作者也已成为安置帮教青少年求职支持的来源，本书中有两位青少年的工作是由社会工作者介绍的。一位目前做仓库管理工作的青少年表示，他的工作是由社会工作者提供的工作信息，现在工作也很顺利：

> 进去几个月，在别人那的第一形象不太好。我找过几次工作，但是不太理想。徐老师帮忙打招呼，然后我去面试，就过了。(JYR-X-08)

很遗憾的是，本书中尚有4名青少年处于无业状态，他们有的是因为矫正报到要求没有办法两头兼顾，有的是因为散漫懒惰不想上班。

总的来讲，通过人际网络和市场方式求职是安置帮教青少年找工作的主要方式，这与现有基于常态人员求职渠道研究的结论不同。魏永峰（2015）针对上海新移民群体的研究发现，人们求职与转职的主要方式是市场方式，而关系网络方式居于第二位，且比例远低于市场方式。但是对于人力资本较弱的安置帮教青少年而言，他们以市场方式求职会受到犯罪人身份的不利影响，因此社会关系网络仍是他们求职的主要方式，同质性较强的"强关系"为青少年的求职提供了强有力的帮助。

值得一提的是，作为正式社会支持重要组成部分的社会工作者在安置帮教青少年的求职过程中开始发挥作用，而这一方式如果能够成为未来安置帮教青少年求职的主要渠道的话，通过社会工作者的资源链接和能力提升服务，可以有针对性地帮助到安置帮教青少年，减少他们面临不利处境的概率，对于避免他们再次犯罪起到更大的作用。

（三）多角度的工作适应

安置帮教青少年的工作适应是他们在认知与实践的基础上，通过不断调整自己，与特定工作环境进行互动以达到和谐的过程。人们在就业之后是否继续从事某项工作，取决于个体与环境的相互作用。只要是个人的愿望能够在工作中获得满足，便是对工作的适应。归纳来看，安置帮教青少年的工作适应主要包括工作关系和工作内容两个方面。

工作关系是指在工作场域中所形成的人际关系，其中既包括同级同事之间关系，也包括上下级关系。在本书的受访青少年中，除了目前无业的青少年以外，工作状况主要有两种情况，一种为在各类企业中工作；另一种为从事个体经营。在各类企业中工作的青少年大多隐匿自己的犯罪经历，和单位同事及领导都能融洽相处。在工作关系适应过程中，他们表示，同事们能够互相帮助，氛围不错。

> 我跟我们公司领导和同事都相处得挺好，领导也不会给我任何压力，平时也都聊得来。（JYR–P–15）

> 同事之间关系也蛮好的，他们都挺热情，我有什么不懂的，他们也

都会教我。(JYR-P-16)

我的师傅脾气比较好，我想多学点东西，就跟着师傅学。只要我主动问，他们都会耐心教我。(JYR-P-17)

我们单位经常搞团建，一起唱歌、喝酒，能放松、缓解压力，感觉蛮开心的，同事关系也很好。(JYR-P-18)

带我的师傅还挺好的，公司的各方面都会和我讲，帮助很大。(JYR-P-20)

在工作单位中，受访青少年能够得到来自同事和领导的尊重与帮助，单位的团队建设活动也让他们非常具有融入感，这为他们更快融入工作和回归社会创造了更好的机会与条件。

除了在企业单位中工作的青少年外，自主创业的青少年也会因为工作关系与他人交往，在交往的过程中，他们通过人际交往，获得了商机、增长了管理知识，甚至提高了自己的管理能力。

一位一直从事二手车买卖的受访对象表示，买卖二手车非常需要人脉关系，他很重视这种人脉关系，也承认自己在人脉中获得了很多机会。

基本上每辆车都有中间介绍人，我的朋友多，帮我介绍了很多线索。一般一个圈子的我都认识，包括上游和下游。(JYR-P-27)

一位自家投资开餐馆的青少年通过与餐厅服务员等接触与交往，学会了管理员工的方法：

员工之间有时候闹矛盾，会跟我打小报告。我其实是那种不拘小节的人，不去理睬他们。但是，后来发现下属有点小矛盾也挺好，他们不是一条心，有人做了坏事，其他人打小报告，互相监督蛮好的。(JYR-P-22)

第五章 社会适应历程

不管是自主择业还是在企业就业，安置帮教青少年都能和因工作发生人际交往的对象友好相处，还能够尊重师傅和领导，顺利融入工作环境，为他们更好地回归社会奠定了一定的基础。

在本书中，除了为数不多的青少年具有大学学历以外，大部分青少年为高中及以下学历，他们缺乏必要的工作技能，往往会有多次更换工作的经验。在接触新工作之时，青少年会因为缺乏工作经验和专业背景，出现一定程度的工作岗位适应困难。

> 我觉得没有手艺是不行的，每个人都要有一个本领。修车这个行业肯定是停不下来的，这个手艺也不会被淘汰，所以我就选择一直学这个东西。我一开始啥也不会，也是蛮苦恼的。(JYR–P–17)

> 最苦恼的是赶场啊，一天要跑四五家客户，从这一家赶那一家再赶下一家，有时候还下雨，我又不喜欢带伞。中间可能还有其他客户跟你联系，然后这个时候你就要去安排第二天的赶场，然后再总结今天的，还得去跟公司领导开会。太忙了，我有点不适应。(JYR–P–18)

> 一开始打单子，没有人帮你看的，就直接带到仓库去，让他们输入，上面的东西不能打错，打错一两次不要紧，打错次数多了就不好了。这还是蛮有压力的，其他倒还没有。(JYR–P–19)

> 刚开店时买菜、下单什么的还是感觉挺麻烦的，我都是跟在舅舅身边慢慢学习，个把月也就适应了。(JYR–P–22)

> 我在一家物流公司做司机，主要运输化验用的血液。因为没有医学方面的知识，一开始什么都不懂，医生们写的各种项目都是简写的，还有英文，我根本看不懂，但是还不能出错。(JYR–P–23)

通过上述青少年的表述，我们发现，在进入工作环境后，使青少年们感到工作不适的原因涉及范围较广，涵盖了工作时间、工作内容、工作程序等多个方面。令人欣喜的是，受访青少年大多能够采用有效策略加以化解。还应注意的是，本书中有10名青少年存在关押结束后更换过多次工作及一直无业的情况。

三 承担家庭赋予的责任

家庭本位思想是中华文化的核心。[①] 即使身处当代，构成社会基本单位的依然不是个人，而是家庭。家庭承载了政治、经济、教化等多重功能。安置帮教青少年在进入刑事程序之后，便开始体谅到家庭对他们的付出与帮助，在离开羁押场所并回归社会后，他们思考并践行着对家庭的责任，这与他们未犯罪之前有着巨大差异。在融入行动阶段，安置帮教青少年基于在家庭中的角色努力做着调适。

（一）为人之子需尽孝

孝道是华人亲子互动的基本准则，叶光辉（2014）提出的双元孝道模型将孝道分为相互性孝道和权威性孝道两种。相互性孝道是双元孝道模型中的核心维度之一，主要是指源于亲子间亲密的关系链接与自发的情感表现，它来自子女与父母日常互动中积累的情感，并形成最根本的人际亲和状态。权威性孝道则通过对角色规范的遵从来寻求社会认同，子女以符合社会规范的形式来满足父母的要求或期待。

笔者发现，安置帮教青少年在回归社会后，比以往更能感受到父母的关心，并以自己的实际行动回馈父母的关心。

> 之前服刑，因为交朋友比较杂，让他们不太放心。我出来后，基本上每天都在工作，主要是想让父母看到我现在的这种工作状态，他们心里能有所安慰。我就是想让他们实实在在地看到我在做事，能够让他们心里安稳下来，打消对我的担心和顾虑，这种唠叨、啰唆也不会在我耳边发生了。（JYR-X-05）

[①] 文贤庆：《儒家家庭本位伦理与代际正义》，《南京社会科学》2014年第11期。

即使在遇到困难的时候，安置帮教青少年也选择隐瞒并自己扛下。前文提到，一个青少年做生意损失20万元，他并没有告诉父母，而是选择自己克服困难和解决。还有的青少年不但遇到经济困难不跟父母讲，反倒更能体谅父母的不易，在繁忙的工作之余抽出时间陪伴父母：

> 我家经济条件不太好，我不想家里人为我操心。就像今天，我感觉没什么单子，大家都出去玩了，我就中午请了个假，带我妈出去散散心，逛一逛，开心一下。（JYR-P-25）

安置帮教青少年在进入司法程序并确认自己的犯罪人身份后，便开始了自我身份反思，其中就包括了作为子女的身份反思。一方面，他们基于家庭角色规范认同自己的子女角色，不希望再给父母添麻烦，让父母感到欣慰；另一方面，他们也会出于亲子间亲密的关系链接，表现出善待、关怀父母的心态与行为。这不但进一步加深了亲子之间的情感链接，又是推动与促进青少年回归的重要保护性因素。

（二）为人之夫需扶持

青少年阶段是与异性建立亲密关系的关键阶段，通过异性亲密关系建立，青少年可以获得信息、情感等各方面支持，推动自我认同的形成并有利于心理健康。本书的受访青少年中有2人自我报告已婚已育，2人的妻子已孕，还有4人已领结婚证并计划办结婚典礼，另有6人正在谈女朋友。通过访谈，笔者发现，夫妻（伴侣）关系使得安置帮教青少年获得了各方面的支持和监督，他们非常渴望拥有夫妻（伴侣）关系。

> 有的时候，如果房间里就我一个人，我会很压抑。有些事情憋在心里想找个人说说。有个女朋友就不一样了，可以一起聊聊，互相做个伴。（JYR-X-01）

夫妻（伴侣）关系还对安置帮教青少年提供了必要的监督与约束，这无疑对青少年养成良好的生活习惯和控制自我冲动性具有一定作用。

她家经济条件不太好，所以很节约，她也让我节约点。我出去玩，她要管，不能去酒吧，我和朋友出去吃个饭，她也要管。(JYR-X-01)

我以前打牌，她就跟我吵，我也骂过她、冷落过她。不过我现在不这样了，现在想想还是女朋友重要。以后我也不会再去赌博了，最起码大的不会了，朋友之间搓搓麻将、打打小牌没什么的。(JYR-X-02)

我女朋友不让我出去呀，怕我出去搞坏事情。(JYR-X-11)

我蛮喜欢玩的，比如明天讲好了去看个车，今天晚上玩到凌晨两三点，第二天车也不看了。但是，我现在跑不掉了，出不去，我老婆管着我。(JYR-P-27)

安置帮教青少年感受到妻子（女朋友）的关心，他们渐渐能够站在以亲密关系为核心的立场去思考并做出决定，对于亲密关系的承诺有了一定提高，愿意改掉原来的不良行为习惯，重新规划，为家庭担当一定责任。

我现在就是要多赚钱，因为很多事情都需要钱。我想为女朋友换台好一点的车子，我想给父母生意投资，都没有钱，我无能为力。赚到钱后，我会给家人更好的生活条件。如果我现在五十几岁，那我也就混混了。可我现在还年轻，还处在上进的年纪。我把这种想法传达给他们，所以他们现在对我也不是很担心，甚至很满意。(JYR-X-06)

我出来后干过很多工作，做过物业，干过前台，开过烧烤店。一个工作结束了，就立刻开始下一个。我现在挺着急赚钱的，不急也不行，我女朋友现在怀孕了，已经七个月了。我每天特别着急，东奔西跑，我要给她一个交代。她不嫌弃我，愿意跟着我，我才能够从零开始奋斗，我觉得现在这样的女孩子很少。我形形色色的人看得多了，就觉得我女朋友挺不错的，不嫌弃我有案底，也不嫌弃我赚钱少，我更要努力赚钱。最近她也要提前买买小孩子东西，我有多少钱就给她多少钱。我真的很期待有份好的工作，现在不是我一个人了，现在是三个人。不过我也没有权利挑挑拣拣，米缸总会空的，所以说现在工作哪怕随便找一个，先干着，然后看有好的，再换，只能这样走一步看一步了。(JYR-X-07)

我跟我老婆坦白了我进去的事，她说不在乎我之前怎么样，只要之后不再做这种事就可以了。现在她在家照顾孩子，我在外面上班，我不能闯祸，要多赚点钱。(JYR-X-08)

我马上要结婚了，责任也变大了。如果我不成家，我也不会自己创业，但是只拿工资真的养不起家。(JYR-P-19)

在访谈中笔者发现，安置帮教青少年多次提到妻子（女朋友）不介意他们的犯罪人身份，并愿意共组家庭，共渡难关，这让他们感受到对方的付出与包容，并产生了感动、感恩或是难以回报的情感。这是萧英玲和利翠珊（2009）所提出的华人夫妻感情的四种情感内涵中最为重要的，也是最符合我国文化特征的维度。这种感恩可以帮助安置帮教青少年忽略环境中的困难，并通过改变自己的想法或行为，产生向上提升的力量并增进正向的心理感受。这无疑有利于他们克服在回归过程中所面临的各种困难与障碍，推动他们更好地适应与回归。

（三）为人之父需尽责

尽管本书中的受访青少年中仅有2人有孩子，有2人的妻子怀孕，但是，多位受访青少年表达了对子女或未来子女的关心与责任，这与中国家庭本位文化强调家长权威与对子女的责任有关。

我希望工资能再高一点，把钱花在孩子身上，让孩子多读点书。我给他报了补习班，从小学就开始报。我读书时碰到老爸老妈离婚，学习成绩不怎么好。后来有种叛逆思想，不想学，现在想想蛮后悔的。所以，我自己的孩子，他要是想学，我就给他报名，多学点是点。(JYR-X-08)

一位尚未结婚生子的受访青少年也为未来的家庭生活进行设计，他说道：

> 我现在没有结婚、没有孩子，可以用这种工作状态去完成工作。一旦我有了家庭，人会分心到那个时候的需求，我肯定会根据家庭的需求来改变工作状态。孩子需要我怎样去关心，然后他的学业、读书、心理等，我到时候肯定会有所侧重，我的工作状态也会发生变化。（JYR－X－05）

还有青少年表示：

> 我需要给我自己的孩子友好优良的学习环境和生活环境，我要努力赚钱。（JYR－P－24）

父亲（包括未来父亲）的角色规范使安置帮教青少年回归后将精力和行动聚焦于养育（或为养育做准备）子女，这无形中增加了安置帮教青少年融入社会的意愿，并推动他们的实际行动。

此阶段是安置帮教青少年社会适应的核心阶段，虽然他们在犯罪之前一直生活在社会之中，但是犯罪人身份的获得为他们带来了意想不到的障碍和挑战。他们要与犯罪人污名进行抗争，维持经济独立，学习谋生的技能，还要承担家庭服务的责任。他们努力地与环境互动以争取更好的家庭、职业和社会融入。笔者将此阶段命名为融入行动阶段，它既是安置帮教青少年回归社会的最核心阶段，也是其最终的归宿所在。

第五节 小结

安置帮教青少年在由看守所、监狱等构成的监禁场所和相对宽松的社会环境之间进行着时空转换，他们的社会适应历程从他们进入刑事程序获得犯罪人身份那一刻起便宣告开始。尽管这与以往针对安置帮教人员社会适应研究的起点标准不同，但是，本书基于访谈资料分析所得结论充分说明，犯罪人身份的获得是犯罪青少年进行社会适应的起点，如果不是从这一节点开始考量，便无法对他们回归社会的心理动因与心理历程，以及主体与外部环境的交互作用获得更为全面的认识。

从动态时间序列的过程视角审视安置帮教青少年的社会适应有其优势，通过对安置帮教青少年社会适应的阶段性考量，可以使我们深入了解他们如何不断调整自己，以面对身份与场域的不停变换，以及他们如何不断发展自己内部资源，去应对各种危机与挑战。安置帮教青少年在回归社会过程中的主观努力和能动性是他们良好社会适应的内在源动力。

安置帮教青少年的社会适应由动荡震惊期、反思调适期、缓冲休整期和融入行动期四个阶段构成。动荡震惊期从犯罪青少年被逮捕开始，一般持续一个星期到两个月，面对环境的急剧变动和身份的突变，犯罪青少年会出现各种消极情绪。随着时间推移，犯罪青少年开始以积极方式调整和适应封闭监管环境，接受自己的犯罪人身份，其中认知调整是他们最先做出的调整，在对犯罪人和服刑者身份进行认知拒斥后，他们开始学着敬畏法律与规则，并意识到实干和吃苦耐劳是适应新环境必须要做的调整。随后他们将未来的行动目标确定为做个老实的好人和换种活法过人生，这是安置帮教青少年社会适应的第二个阶段——反思调适期。动荡震惊期和反思调适期都处于犯罪青少年的羁押与服刑时期。当犯罪青少年的监禁生涯结束后，他们进入了第三个阶段——缓冲休整期，在此阶段，安置帮教青少年要在生活习惯、心态和家庭关系等方面进行调适，为未来融入社会做准备。而后的融入行动阶段是安置帮教青少年社会适应的最终阶段，这也是最重要的阶段，在此阶段中，安置帮教青少年要与犯罪人污名进行抗争，要通过工作技能学习、向相关支持者求助，来努力争取经济独立，更要承担家庭赋予其的责任。

在从矫正系统到社会系统的转换过程中，安置帮教青少年作为一个行动者，主动地采取一定的策略与场域环境互动与自我调整，环境因素与个人行动策略的交互组合的差异化会造成安置帮教青少年的社会适应存在不同的样态，我们不但要关注他们动态的、变化的和发展着的社会适应历程，更要关注这一历时性进程所汇聚出的社会适应结果，或者说社会适应成效。只有对社会适应结果予以关注，我们才能更为全面与深入地把握安置帮教青少年的社会适应的内在核心内涵。

第六章 社会适应类型

安置帮教青少年越是能够更好地适应回归后生活,他们再次犯罪的风险便会越小,这意味着探讨安置帮教青少年社会适应类型尤为重要。由于外部支持程度不同、个人采用的适应策略不同,安置帮教青少年的适应状况也会存在一定差异。根据对以往研究的参考借鉴,从状态取向看,社会适应是安置帮教青少年通过主体行动与外在环境交互作用,进而达成的人环动态关系。通过对访谈资料的分析,笔者归纳出安置帮教青少年的四种社会适应类型,它们分别是积极社会适应型、平稳社会适应型、抗争社会适应型和消极社会适应型。

第一节 积极社会适应型

积极社会适应型的安置帮教青少年约为6人,占受访者总数的21.4%。在回归过程中,安置帮教青少年需要面临的主要任务集中在心理调适、人际关系协调和求职就业这三方面。积极适应型青少年会有更高的生活满意度、更多的社会支持,通常会具备较强的工作能力和获取收入能力。

一 心理调适:高满意度与积极调适

对于安置帮教青少年来说,他们通过进入刑事司法系统而获得了犯罪人身份,进而再次回归社会,这需要他们不断调整自己以顺应环境的变化,并推动自身发展。积极适应型的安置帮教青少年具有较好的心理适应,他们具有较高的主观幸福感和较强的社会融入动机。

主观幸福感主要由生活满意度和快乐感构成,生活满意度是指个体对现实与愿望的主观差异的感觉,是主观幸福感的认知成分;快乐感则是积极情感与消极情感之间的一种情感平衡,是情感成分。① 笔者通过对访谈记录进行整理后发现,积极社会适应型安置帮教青少年在这两方面均处于较高水平。

> 我觉得现在生活有八成满意,我对自己、对周边的人都挺满意。还有两成是物质上的完美,我要多赚钱回报曾经帮我的朋友。(JDR-X-11)

一位入狱近五年的安置帮教青少年通过朋友介绍从入狱前的外贸行业转行到电信行业,尽管跨行谋职和就业较为困难,工作也极为辛苦,但是他非常接受这个工作上的转变,很喜欢这个工作,每天都积极乐观地努力工作。

> 虽然现在的工作挺累,但是我喜欢现在的工作,有很多我不懂的知识,我可以去学,很有挑战性。(JYR-X-05)

另外五位受访者与此名青少年相同,尽管生活中也有困难和艰苦,但他们都能以积极的心态去面对,努力克服困难。

> 如果一天到晚怪别人,觉得别人不好,从来不想想自己有什么不好,那永远没法进步。认识到自己不好,改掉了就好了。我这人的抗压能力蛮强的,有时候,亏个几十万元,也不觉得怎样。(JYR-X-11)

除了较高主观幸福感外,积极社会适应型的安置帮教青少年具有较强的社会融入动机。

> 我整个人感觉越来越能融入这个环境中去,虽然刚回来时什么都不懂,但是很快就适应了。特别是在工作上,我做副总比较辛苦,但是觉得很有奔头。(JYR-X-05)
>
> 我以前赌博来钱快,但是没有安全感。现在我要好好学习,人不能

---

① 曹瑞、李芳、张海霞:《从主观幸福感到心理幸福感、社会幸福感——积极心理学研究的新视角》,《天津市教科院学报》2013年第5期。

停止学东西,因为一旦不上进,就会被淘汰。(JYR-X-06)

我现在是有规划的,设计东西,再把各方面做得完善一点,想开个天猫店,暂时就这样。(JYR-X-11)

在回归社会的过程中,面对各种困难,积极社会适应型的青少年能够积极地看待困难,主动寻找来自朋友、同事等各方面的支持与帮助,调整自身认知和行动以适应环境。这显然体现了个体内在和环境外在保护性因素的共同作用。

二 人际关系协调:积极交往互动

积极社会适应型的安置帮教青少年要么具备较强的人际交往能力,要么具有强大的社会支持系统,而二者互相促进,推动了他们的社会支持系统的巩固与愈发强大,这进而促进了其人际交往能力的发展。

积极社会适应型青少年肯定家人和朋友在其回归过程中所发挥的作用。因家人与朋友的帮助,青少年们有了情感支撑、有了信息来源,更有了工作的岗位。

案例JYR-X-05是一位因票据诈骗入狱的受访者,他在入狱服刑阶段便一直得到家人、大学同学及朋友的探视与关心,一经出狱,便由大学同学介绍工作,成为一个电信行业的副总经理。他的人际交往状况较好,不但与家人、朋友关系密切,而且能够处理好与单位同事的关系。此类青少年人际交往的一个重要特点是远离亲犯罪交际圈,这与家庭的巨大吸引力和经济支持有关,更重要的是亲社会交往对象的存在,后者主要指的是朋友和单位同事。

多和朋友聊聊,认识点不错的、有前途的新朋友。赌博的朋友就没必要联系了,我彻底离开原来的圈子了。(JYR-X-06)

我的成功主要是靠朋友,今年开始盈利,启动资金都是借朋友的,现在我要开始去帮朋友。(JYR-X-11)

我现在交往的主要是同事，还有就是以前大学的同学。我要重新创造一个利于自己将来发展的环境。以前所有朋友都断了，毕竟人以群分，别人会通过你的朋友来了解你。（JYR-P-24）

亲社会交往对象能够推动安置帮教青少年维持正向的人际交往，规避不良交往关系的影响，这会使他们获得正当就业机会和情感支持，促进其回归社会效果的达成。

三 经济适应：稳定充足的收入与支持

经济适应是社会适应很重要的组成部分，主要是指获取经济资源的能力。积极社会适应型的安置帮教青少年往往具有如下特征：第一，此类安置帮教青少年具有较好的家庭经济条件，基本不存在家庭经济负担。第二，他们大多具有较高受教育水平，在6名青少年中，2人为大学本科学历，1人为大专学历，2人为中专学历。第三，此类青少年的经济收入均处在中等偏上水平，电信公司副总、独立服装设计工作室和建筑工程师的经济收入较高，这不但能让他们自己负担生活的成本，还能让他们的家人放心，得到朋友和亲戚等人的认可和羡慕。稳定而充足的经济收入与经济支持让他们将时间与精力更多地放在工作目标设定与实现上。

我可以去我朋友的公司工作，但还没有去，等我想去了再去。这个公司的工资还不错，事情也蛮轻松的。我现在还有自己的打算，想从事他这个行业的延伸产业，所以要到他那边去了解一下。（JYR-X-06）

我以后打算开店，现在选择做的工作都是为自己开店做规划和准备。（JYR-P-18）

积极社会适应型的安置帮教青少年，不管是在经济适应、人际关系适应，还是在心理适应上都处于较好的状态，应该说，以上三个方面相互作用、互为依托，共同构成了积极社会适应型的核心要素。

第二节 平稳社会适应型

平稳社会适应型的安置帮教青少年约为14人，占受访者总数的50%，是所有受访安置帮教青少年中人数最多的一种类型。之所以将他们称作平稳社会适应型，主要是由于在心理适应、人际关系适应和经济适应上，此类青少年都处于相对平稳的状态，生活满意度较高，人际支持充分，工作也相对稳定。

一 心理适应：随遇而安

平稳社会适应型的安置帮教青少年具有较高的生活满意度。在被问及对目前的生活状态作何评价时，他们普遍表示状态不错：

我现在的状态还行，挺满意的。我已经毕业了，还有几个朋友在联系，因为都是同学嘛，但是违反法律的事情我们是不做的，吃过一次教训嘛。工作方面的话，其实没受很大影响，工作还是挺好找的。还有就是其他经济方面，也还可以。（JYR-X-01）

我觉得我的生活改变了很多，出来两年了，宝宝也生了。我对现在的生活挺满意，至少比以前好。每天两点一线——家里和单位，回归安稳了，我感觉挺好的。（JYR-X-08）

现在挺稳定的，有压力时父母也都会帮忙，接下来就是顺其自然吧。（JYR-P-16）

如果用一个词来形容我自己，那就是平平淡淡，以前是风风火火，现在是平平淡淡。（JYR-P-17）

稳定、平平淡淡和满意是这类青少年对生活状态的概括性认识，他们经历过刑事司法程序和释放调整后，逐渐回归常态生活，找到工作，建立起新的人际关系，甚至有的受访者已经成家立业。他们为以往的犯罪行为感到懊悔，更加珍惜当下的生活状态。

与积极社会适应型不同，本类型的青少年尽管有较高的生活满意度，但是他们的社会融入动机和进取性不高，他们满足现状，随遇而安：

对当下挺满意的，做好现在就行了。(JYR-X-12)

我是属于什么都无所谓的，其实我没有什么梦想，也没有什么职业规划，活着就好了，大概就是这个意思吧，然后随遇而安吧。我就想有一份工作、有收入就可以了，我也没有什么伟大的理想、抱负之类的。(JYR-X-13)

我觉得现在这样挺好的啊，先在外面做几年生意，有些钱了呢，就找个单位挂个名，把我的养老金交了，上海不是有交（养老）金的嘛，（养老）金交掉就行了。(JYR-P-27)

这类青少年之所以比较满足现状、随遇而安，主要与他们对犯罪及服刑经历及对自己的能力水平的认识有关。一位安置帮教青少年在回归社会后，结婚生子，他认为他应该对家庭、对孩子负责任，更不能让家人因为他违法犯罪的事情而感到担心，他认为低调踏实、不惹事便是最满意的生活。他这样说道：

希望一家人开开心心的，很简单。想得太多太复杂，不如一步步踏踏实实。工资再多一点就好了。(JYR-X-08)

一位父母在外地，自己独自在苏州做销售工作的安置帮教青少年因在上海出差时酒驾被宣告缓刑，他在缓刑期间，被单位安排在上海的部门做财会工作。他表示很感恩公司还能保留他的职位，他认为公司能够将他留用已经很仁慈了。虽然他现在正在专升本学习中，但由于这次犯罪行为，他打消了未来报考公务员的准备。他现在在国企工作，他在对目前生活状态表示满意的同时，也表达了他对未来的设想：

> 期待的话也没有。以后就看能不能留在这边（上海），能留在这边更好。现在还是有落差的，能做的事情不能做了，想做的事情也不能做了。我对当下挺满意的，也没什么期待。(JYR-X-12)

另一个令安置帮教青少年比较安于现状的原因在于，家庭强大的经济与信息支持。一位安置帮教青少年生活在重组家庭中，尽管与继母关系比较疏远，但是父亲对他的管教和关心都比较多，家庭经济条件比较好，养成了他比较懒散的生活作风。

> 这次进去，我爸和我女朋友都怕了，都让我不要再跟那些人联系，怕我再进去。我一直是那种随遇而安、能怎么过就怎么过的人，我都不想那么多的。(JYR-X-13)

一位回归社会后经由家人介绍找到了修车工作的青少年表示，他的各种决定都是由父母做的。尽管在被判刑前总是不听父母的话，但是自从经历了判刑服刑后，他转变了自己的观念，他表示：

> 我以前不听父母的话，基本一天都出去玩。他们叫我不要去，我根本不理。现在想起来很后悔，我现在觉得他们安排好的路肯定没错，肯定是对的。（憧憬过未来的生活吗？）我的生活就是我家里人平平安安。(JYR-P-17)

稳定社会适应型与积极社会适应型在心理适应上存在相同点，主要体现在两种类型的青少年都具有较高的生活满意度，二者也存在差异性，而这差异性主要为积极投身融入社会的动机水平上的差异。

相较而言，稳定社会适应型安置帮教青少年的进取性不高，缺乏采取积极社会融入行动动机。人的"意图"是理解行为规律的核心，自我决定（自我选择）的程度与自我决定需要、能力需要和社会联系需要相关联。此类青少年由于普遍具有较高的家庭经济支持和情感支持，与他们相对较低的受教育程度和劳动技能相叠加，使他们采取行动的原初驱动力有所减弱，更加安于现状或者听从家人的安排。

二 人际关系适应：亲社会交往互动

平稳社会适应型青少年主要得到来自既有交往关系的支持与帮助，其中最为主要的交往来源为家人、单位同事和朋友。作为强关系的家庭成员是此类型青少年最主要交往对象，并为他们提供住所、就业岗位和情感支持等。

此类青少年的家庭人际交往存在一个共同特点，那就是主要家庭成员对他们给予了积极的接纳与帮助。不管是在案件处理和羁押阶段的找律师和频繁探望，还是在回归社会后帮助链接就业资源和情感支持，都让青少年们感受到家庭的温暖，对家庭的愧疚感油然而生，并进一步转化成为回归社会，并远离犯罪交际圈和违法犯罪行为的动力。案例JYR-X-01的父母在他刚刚出来时专程请假来陪伴他；案例JYR-P-20的家长安慰他不要着急找工作，并积极托自己的朋友给青少年介绍工作。

单位同事和朋友是此类青少年的另一主要交往对象。综合来看，他们得到来自朋友和同事的积极支持与帮助。很幸运的是，他们服刑结束后，其朋友和同事并未歧视与排斥他们，而是提供帮助和参与解决问题。案例JYR-X-12的领导很快得到消息，帮助他调整了工作，同事们安慰帮助他，甚至原来的客户也帮助他想办法；案例JYR-P-17因为单位对他照顾有加而充满感激之情。朋友们也都积极支持和关心着安置帮教青少年，青少年们纷纷表示比较亲密的朋友都是"平时该怎么相处，现在还是怎么相处"（JYR-X-09），朋友间日常的相互吐槽让青少年找到倾诉与参照对象，让他们觉得对自己的情绪缓解很有好处。

此类安置帮教青少年与矫正社会工作者的交往也较多，矫正社会工作者为他们提供情绪疏导和法律知识咨询，还为他们链接工作岗位。应该说，此类青少年的人际交往状况较好，不管是家人还是朋友、同事都会尽力为他们提供支持和帮助，社会工作者也在他们的社会适应过程中发挥了一定作用。

三 经济适应：稳定的收入与经济支持

平稳社会适应型青少年的经济适应可以从家庭经济支持和个人经济收入程度两个角度进行分析。平稳社会适应型青少年的家庭经济条件普遍处于中等偏上水平。在14名此类青少年中，有8位的父母从事工商业或家中置有物业，良好的家庭经济条件不但使青少年不必为生计焦虑，更重要的是还能为他们提供经济支持。在此类青少年中，只有一位青少年因家人不在意他是否找工作，其他13位青少年皆有工作，要么在公司中工作，要么自己从事个体经营，他们都有自食其力的能力，尽管他们的工作大多为体力劳动，这与他们的受教育程度中等偏低有关。

案例JRY-P-19曾在两到三个公司工作过，但是他现在正在筹划创业。由于家里经济条件较好，他基本不存在生活负担。笃定心态的背后是强大的家庭经济支持，他坦言父亲表示根本不指望他赚钱，所以他目前的生活状态就是跟着父亲和叔叔见见客户，没事的时候就四处玩玩。

案例JRY-P-20与JRY-P-22的情况也很相似。JRY-P-20由于家里有门面房，父母一直从事餐饮行业，家境殷实，根本不需要他自己出去找工作。其父母计划家中的门面房租金到期后，让他拿去做餐饮生意，并会资助他出国学习相关专业。而案例JRY-P-22则是由父母出资，由舅舅扶持，合作开餐馆，较为平稳地度过了回归社会后的适应期。

案例JRY-P-23由父母出资购买车辆，并托亲戚找到物流运输工作，他积极努力地适应这个工作，对工作和生活的满意度很高，但是他对未来并没有什么规划与设想。他指出：

> 现在就是想着先做着，没有什么想法。现在也不累，没什么追求，不像以前想赚大钱什么的。赚大钱也不是靠想就能想出来的，只能慢慢地经历，有可能就会遇到一个机会什么的。（JYR-P-23）

平稳社会适应型的安置帮教青少年具有较好的人际关系适应，经济适应处于中等水平，心理适应上具有较高的生活满意度，但是缺乏进取和融入动机，总体来讲，此类型青少年处于相对平静和稳定状态，因此笔者将其命名为平稳社会适应型。

第三节 抗争社会适应型

尽管安置帮教青少年经历了相似的刑事司法程序,但是由于他们被逮捕前及羁押服刑阶段的生活环境与经历不同,特别是释放后的生活状况不同,他们在心理、交往及经济等方面的适应状况存在较大差异。通过对访谈资料的分析,笔者发现有这样一类安置帮教青少年,其社会适应历程与结果同前两类不同,此类青少年为4人,占受访者总数的14.3%。释放后他们经历了更多的消极性生活事件,但是,他们以积极行动去适应充满风险性事件的释放后生活,努力与艰苦的环境做斗争。因此,笔者将此类青少年命名为抗争社会适应型。

一 心理适应：斗志顽强

抗争社会适应型的安置帮教青少年往往生活在比较艰辛的生活环境之中,他们的生活满意度较低,具有较强的社会融入动机并努力抗争以摆脱窘迫的生活境遇。此类型的三位受访青少年具有较高的社会融入意识和明确的生活目标,这建立在他们对当下生活状况的不满意的基础之上。

案例 JYR-X-03 在刑满释放后,因为投资失败而负债,他向笔者表示他在刚刚得知被骗后的感受是"烦死了,难受死了",在这种情况下,他的主要目标便是尽快还清欠款,补足亏空,他在努力还清债务并向着过上"想要的生活"的目标努力。

> 我所期望的肯定不是现在这样的生活,因为我没钱呀。有了足够的钱,就可以过自己想要的生活。现在只能去赚钱,首先是还钱,然后是存钱,之后才能过上自己想要的生活。(JYR-X-03)

案例 JYR-X-07 是一名自小练习体育的中专生,在刑满释放后恋爱并结婚。他具有较强的家庭责任感,在释放之初便开始尝试各种工作,并希望通过发挥自己原来的播音特长来赚钱。他的赚钱动机很强,主要是女朋友目前已经怀孕，需要尽快筹划结婚，并为孩子的降生做准备。他迫切希望赚钱来补贴家用，让家人过上舒适的生活。

> 我女朋友并没有要求我什么，可她越不说，我压力越大。她现在怀孕了，已经七个月了。我每天特别着急，东跑西跑。我最大的期待是有份好的工作，因为不是我一个人需要保障，现在是三个人了。我现在反正没有条件再挑挑拣拣，随便找一个工作先做着。其实我喜欢有上升空间的工作，我在网上投简历，有公司来联系我，我问他们是干什么的，都不称心，因为没有上升空间。（JYR-X-07）

案例 JYR-P-25 年仅 22 岁，刑满释放后，父亲和祖母在同一天相继生重病，家里经济负担陡然加重，这对他产生了很大的经济负担和心理压力。在访谈中，他明确表示他的身心状况非常不好，感觉"快要受不了了，每天胸口都闷得透不过气来，就像一直有块石头压在上面一样"。原本家庭经济条件还不错的他，因为自己经常打架斗殴，家里的房子都已经变卖还债，现在家人生病的经济压力都在他身上。每天他都起早贪黑地送外卖，不敢耽误一点点时间，就为了多做几单，能多赚点钱，还欠下贷款。在这种情况下，他表示：

> 只要一个人坐在那里，我就会想，我下个月的还款怎么办，每天都在算账，各种算计，还要想今天要给我爸买什么吃。我也希望国家能给我一些帮助，比如说街道门面，或者说有没有优惠政策。毕竟我也年轻，才 22 岁，我也很不容易。我还希望国家对我们家能多一点补助，每个月电费水费的补贴之类的。我这个人凡事都是自己扛的，从小就是这样，现在我也不会放弃。我没有准备好不会站起来，就一直躺着。碰到机会，我会主动出击的。不过在没有机会之前，就先求稳，保持每天都有固定的收入。（JYR-P-23）

刑释青少年是一个风险性、弱势性和发展性共存的群体，而此类型的刑释青少年的弱势性尤其突出，具体体现在他们在资源占有方面的匮乏，在发展机会、发展能力和表意渠道等方面均处于弱势地位，但我们应该看到，此类型青少年并未被逆境打倒，不屈不挠的抗争精神成为他们强大的精神支柱，他们具有的积极生活信念并通过积极行动来应对其所遇到的逆境。

二 人际关系适应：重要他人的支持

抗争社会适应型安置帮教青少年的人际交往呈现两极分化特征，从人际交往的数量和质量看，此类青少年处于劣势状态，但是他们每个人家中都有一个或多个关心和帮助他们的亲人。

案例JYR-X-03的父母多年前离异，他主要与爷爷奶奶共同生活，已经结婚，与妻子感情很好。妻子在他被逮捕之后一直为他奔走处理，他非常感动，在出狱后看到妻子清瘦很多，感到很心酸。经过这次服刑，夫妻间感情更好了。除了和妻子感情较好且有较多互动外，他还与奶奶感情深厚。还有老同学和他有所交往，尤其需要提及的是，此青少年也得到来自社会工作者的帮助与关心。

> 我觉得社工老师对我的帮助蛮大的，心理辅导蛮有用的，而且他在生活上也会关心我，平常会发微信或者打电话了解我的情况。我能感觉得到他是真的关心我、引导我走正确的路，我很感谢他。(JYR-X-03)

案例JYR-X-07生活在单亲家庭，父母多年前离异，他虽被判给父亲，但是由于父亲不愿意养他，他便一直跟随母亲生活。目前有未婚妻，正在筹划结婚事宜。分析来看，他的人际交往关系较为脆弱，尽管他表示自己的长处是善于交往，但是他主动远离了原来的亲犯罪交往圈，而以往的工作伙伴和朋友都较为排斥他，不再愿意与他合作与交往，这令他非常困惑。但令人欣慰的是，未婚妻和母亲是他的主要人际交往对象，这一积极的强关系带给他情绪上的支持，并成为他努力工作的积极推动力。

案例JYR-P-25是一个有前科的安置帮教青少年，他的人际交往范围局限在几个关系较好的朋友和家人内。他迫切希望扩大自己的交往圈子，但是很遗憾，并未如愿。朋友是他的重要支持来源，他这样说道：

我的合伙人都是我从小玩到大的朋友。我们是初中同学,有一个朋友明明可以直接读高中,他非和我们一起读中专,学的厨师班。现在我们一起开宠物店,同甘共苦。他们都很心疼我,现在每天到我家里来帮我家烧菜。(JYR-P-25)

抗争社会适应型青少年的人际关系特点是具有明确的重要他人,并且这些重要他人发挥了极大的支持作用。尽管他们曾因各种原因出现犯罪行为,但是他们依然没有减少对未来的向往和努力行动,这与他们良好的人际交往关系密切相关。

三 经济适应:窘迫与困顿

抗争社会适应型安置帮教人员在经济上处于较为不利的处境。之所以为这一类青少年做此命名,主要是基于经济收入及职业状况的弱势性和不屈不挠的进取精神共存这一显著特征。通过对三位安置帮教青少年的生活处境的分析,我们可以看出,他们都处于较为窘迫的生活境遇之中,由于缺乏劳动技能并具有犯罪人身份,求职之路极为艰辛,在屡次求职失败后,三人要么从事个体经营,要么正在打算从事个体经营。

案例 JYR-X-03 是中专体育生,缺乏职业技能,主要从事殡葬行业,日常生活可以维持,但是由于投资失误造成了巨大的经济损失,这使他陷入了经济上的困境:

我跟我妈借了一万块,借了朋友几万块钱,还从老婆那里拿了 5 万元,朋友倒还好,让我有钱时候再还他,老婆就不依不饶了,总是跟我闹,很烦。我现在一个月至少要赚一万多块钱,要还借的钱,有生活开销,还要交经营成本方面的。一个月赚不到这个钱数我会很难受。(JYR-X-03)

案例 JYR-X-07 自从被释放后连缓冲休息都没有,便开始了求职之路,他开过烧烤店,做过物业公司的员工。本想做回老本行,但是出狱后的情况完全变了,没有同行和朋友愿意与他合作,他自己又没有启动资金,无法开展自己设想好的工作。同时，由于未婚妻已怀孕，结婚和生子的压力也摆在他的面前。他基本上是结束一个工作便开始寻找并从事下一个新的工作，可见他的经济压力是很大的。

案例JYR-P-25出狱后和朋友一起开宠物店，主要经营贩狗生意。之所以做此选择，主要是由于他曾经去过多家单位应聘，但是通常试用期结束便不了了之，无犯罪证明是阻碍他谋职的绊脚石。经过多次挫折后，他只能选择从事个体经营。他说他有很多技术证书，也参加过各种技能培训，但是没有单位给他工作机会，犯罪人的身份将他拦在了求职就业的大门之外。贩狗生意本来很顺利，但是突如其来的门面房拆迁，再加上两位亲人的重病，使他的经济状况每况愈下，入不敷出。

> 现在家里没有收入。爸爸和奶奶都躺在床上，妈妈也没办法工作，所有的时间和精力都用在照顾他们身上。我负责在外面想办法赚钱，家里的担子真的挺重的。(JYR-P-25)

抗争社会适应型的安置帮教青少年的家庭经济条件普遍较差，甚至可以说处于贫困水平，他们由于较低的学历水平和犯罪人身份，无法获得必要的社会支持，他们对于谋生和赚钱有更高的需求和压力，很幸运的是，重要他人的帮助成为他们的支持和前行的动力，使他们不断采取行动与命运抗争，为家人和自己的生存尽自己最大的努力。

第四节 消极社会适应型

安置帮教青少年中还有一部分属于消极社会适应类型，在本书中，这一类型为4人，占受访者总数的14.3%。此类型安置帮教青少年不管是在心理适应、人际适应还是经济适应上均处于较低水平。

一 心理适应：得过且过

消极社会适应型安置帮教青少年较为消极，处于得过且过的状态，懒散、无聊、无所事事是他们的主要生活状态。通过访谈资料分析可以看出，此类别青少年对生活无所追求，对未来没有打算，"懒得干""无所谓""混日子"是他们常常挂在嘴边的词汇。

案例 JYR-X-02 因抢劫罪被判两年九个月有期徒刑，因未成年而在未成年人管教所服刑。出狱后在朋友开的宠物店工作了四个月，现为无业状态。尽管他属于未成年犯罪，出于保护未成年人的原则，他的档案被封存，找工作并不受影响，但是他表示并不想找工作，声称自己对找什么工作并没有想法。日常生活以睡懒觉、与闲散青少年一起玩耍为主。父母处于离异状态，他与父亲共同居住。他说：

> 现在天太热，人也比较懒，就没有去找工作。现在的状态就是混日子，我爸和我妈离婚早，我跟着我爸，我要钱他们就会给，我也没缺过钱花。我现在每天就是和朋友们一起玩、吃吃饭。我没有时间观念的，都是睡到自然醒。早上天太热，一般是晚上出去玩，天天憋在家里也难受。（JYR-X-02）

案例 JYR-X-10 因抢劫罪服刑，自小父母离异，父母都未能尽到抚养职责。就连他因犯罪而走司法程序及最后出狱，父母也未去接他。他与外婆共同居住，生活窘迫。出狱后曾尝试很多不同工作，街道社会工作者帮他介绍了工作，这使他深感高兴，因此，他表示对目前的现状满意。但是他也表示自己的心态越来越老，认为自己的生活是一成不变的，他也没有能力改变什么。这种无力感使得他不再去设定生活目标，更不会为了目标努力。在被问及是否有期待时，他表示说没有什么期待。

案例 JYR-P-28 因抢劫罪服刑，父母离异，与父亲、继母和继母的女儿一起生活。她性格极端、暴躁，遇事容易激动，并用吸烟和喝酒等方式来化解困扰。她的烦恼有很多，与家人、朋友关系紧张，对工作待遇不满意。她对未来没什么设想和期待，日常沉浸在各种困扰之中。

此类青少年均为抢劫罪，虽因样本过小而无法得出规律性结论，但是，此类青少年的生活满意度评价较低，且对未来生活的规划与设计不足，这是他们的共性问题。这也提示我们消极心理适应与某些犯罪类型和家庭特征之间存在一定关联性。

二 人际关系适应：人际支持破损

消极社会适应型青少年有一个很显著特征，也是与前三种类型不同的一点是，他们的人际关系质量、数量均处于劣势，且重要他人的支持作用也极为缺乏。

根据赫希的社会控制理论，社会参与是预防和控制青少年犯罪的重要因素，良好的人际交往是预防青少年犯罪的保护性因素，但是令人遗憾的是，该组青少年处于人际支持破损状态。他们除了与为数不多的朋友交往外，缺乏如其他类型青少年所具有的同事、领导、客户、同学等人际交往关系。特别是四位青少年均生活在离异家庭中，父母之间的争吵、冷战以及教养方式上的不恰当使得他们缺乏人际交往能力，处理问题的方式呈现消极化与剧烈化共存特征。

案例JYR-X-02无业，且无就业意愿。由于父母离异，他与父亲共同居住，但是与父母的关系均极为松散，父母对他持放任态度，缺乏沟通是常态。他的主要交往对象是那些与他相同的学历低、无固定职业的闲散青少年，这样的人际交往关系无疑会使他无法获得正向信息和支持。案例JYR-X-10与父母没有过多接触，一直与外婆相依为命，目前由于在郊区的训狗基地工作，再加上他的性格内向，人际交往极为有限。案例JYR-P-28则缺乏正向交往关系，在她的描述中，无论是与父亲还是与朋友之间，都是矛盾重重，冲突不断。

她这样描述其与父亲之间的交往和关系：

> 我爸爸特别强势，凡事都要听他的。我刚出来三四天，因为我爱喝饮料，买了一个蔓越莓红茶，正好他来我房间看到了，就把门关起来跟我讲了一个小时，我最后爆发了，不要他管我，结果他就把我在监狱里的各种事情都拿出来说，把我写的信扔到床上，跟我吵起来。我第二天就出走了，搬到宿舍去住。（JYR-P-28）

她与朋友的关系也充满了矛盾与冲突：

我跟他们认识很久了,所以关系也很好,持续了很多年,前段时间我回来了,就发觉她态度不好了。(JYR-P-28)

人际交往和每个人的生活息息相关,对于维持心理功能、社会功能和决策功能都非常有帮助,但令人遗憾的是,此类青少年的人际交往的质量和数量都不容乐观,特别是积极亲社会交往关系缺乏,这无疑对他们回归社会具有一定阻碍作用。

三 经济适应:低技能与低收入

消极社会适应型安置帮教青少年具有低学历、低技能和低收入特征。由于此类青少年在幼年时生活在家庭矛盾冲突和忽视状态之中,缺乏监管,这也导致他们无法接受系统而连续的教育。

令人惊叹的是案例JYR-X-10曾在初中阶段与母亲共同居住,彼时母亲已经再婚并育有一子,为了自己能出去打麻将,选择让大儿子逃学照看弟弟,导致此青少年不得不到工读学校就读,令原本学习成绩优异的孩子沦落到仅仅初中毕业便无学可上的境地。

其他青少年与案例JYR-X-10一样,受教育年限均较短,中专辍学、中专毕业的较多,再加上缺乏信息与资源,无人帮助链接工作岗位,因此他们要么无业,要么从事无须专业技能的简单工作,如训狗、前台服务等。"工作难找,找到了也做不长"是此类青少年求职的主要特点。案例JYR-X-10在出狱后做过的工作五花八门,做点心、做保安,但是由于需要政审,只能忍痛辞职,目前这份工作是社会工作者介绍的。而案例JYR-P-28先后干过三份工作,工作都是自己通过朋友圈的招聘信息找到的。

消极社会适应型的安置帮教青少年的家庭结构以破损型居多,亲子关系紧张或缺失,再加上此类青少年的受教育程度较低,无法承担需要更高学历及专业技能工作,主要处于无业或低收入就业状态。较为残缺的人际交往关系和以低收入为特征的经济适应,造成他们心灰意冷,没有融入社会及积极进取的精神状态,这无疑也对他们回归与融入社会有较大的不利影响。

第五节 小结

社会适应是个体社会行为的自我调节过程，通过这一过程，个体逐渐通过个体能动性调节以适应环境要求。当然，我们应该看到社会适应作为一个人环互动的过程，会因为个体内在因素与环境因素的共同作用而呈现不同的适应结果。对于安置帮教青少年，进入刑事司法系统之前的生活环境与先天禀赋共同作用，形成了他们既有的内在处理方式，这与进入刑事司法系统、获得犯罪人身份后的环境因素不断相互作用，进而形成一定的适应结果。

在本章中，笔者通过对访谈资料的分析，构建了一个由两个维度构成的安置帮教青少年社会适应类型框架。此框架中的一个维度为社会融入动机（积极性）维度，另一个维度则为社会支持维度。在此框架构造的基础上，笔者将所有受访安置帮教青少年分为四类，它们分别为积极社会适应型、平稳社会适应型、抗争社会适应型和消极社会适应型。

积极社会适应型安置帮教青少年具有更高的受教育程度、更具专业性的职业，人际支持的质量和数量都较高，他们具有内在积极特质，能够积极看待困难，主动寻找外部支持与帮助，努力使自己适应环境。

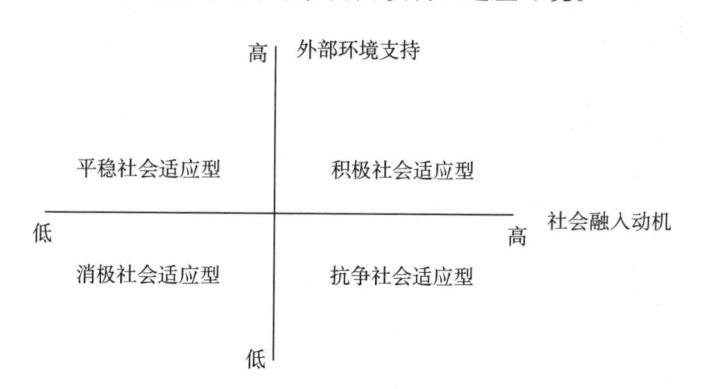

图6-1 安置帮教青少年社会适应类型框架

平稳社会适应型安置帮教青少年具有较好的人际关系适应，经济适应处于中等水平，心理适应上具有较高的生活满意度，但是缺乏进取和融入动机，总体来讲，此类型青少年处于相对平静和稳定状态。

抗争社会适应型安置帮教青少年的家庭经济条件普遍较低，学历水平低，无法获得必要的社会支持，他们对于谋生和赚钱有更高的需求和压力，但很幸运的是来自重要他人的帮助，成为他们的支持和前行的动力，使他们不断采取行动与命运抗争。

消极社会适应型安置帮教青少年的亲子关系紧张或缺失，无法为他们提供必要的情感与工具性支持，较低的受教育程度导致他们无法承担需要更高学历及专业技能的工作，他们主要处于无业或低收入就业状态。较为残缺的人际交往关系和以低收入为特征的经济适应，使得他们心灰意冷，缺乏融入社会及积极进取的精神状态。

我们应该看到，之所以安置帮教青少年会被分为不同的类别，且不同类别之间存在如此巨大的差异和各自鲜明的特征，是由于环境因素与个人行动策略的交互组合的差异化组合。犯罪矫正工作通过一系列专业方法与程序，试图推动犯罪青少年更好地回归社会，对安置帮教青少年社会适应类型特征的深入认识有助于犯罪矫正专业人员设计出有针对性的矫正方案，以最大限度地帮助安置帮教青少年。

第七章　促进对策

安置帮教青少年从被逮捕开始便获得了犯罪人身份,在服刑过程中以及释放回归后,他们既需要应对各种挫折与障碍,又会得到各种支持与帮助。每个安置帮教青少年的处境既有共性,又存在一定的差异性。本章立足于安置帮教青少年社会适应的动态特征,结合上海安置帮教工作开展状况,对针对安置帮教青少年的政策优化、服务输送方式转型、服务内容完善和专业工作人员能力提升等进行探索。

第一节　相关政策与制度的优化

安置帮教青少年急需得到来自国家和社会的支持与帮助,如果能够在政策与制度层面上予以正式安排,安置帮教青少年的回归之路会更顺利,社会适应的效果也会更好。通过对与安置帮教人员相关的政策与制度进行梳理与总结,结合本书访谈调研结果,笔者发现针对安置帮教人员的政策与制度需要在以下方面进行优化。

一　强化再犯预防与福利保障一体化制度设计

强化再犯预防与福利保障并举的路线是基于对安置帮教人员是弱势性与危险性共存这一特征的考量。本书发现,安置帮教青少年可被分为积极社会适应型、平稳社会适应型、抗争社会适应型和消极社会适应型四类,很显然,不同类别的安置帮教青少年由于服刑前的生活背景不同,服刑经历存在差异,回归社会后的主导需求不同,再犯风险会呈现出不同状况。单单提供社会福利服务,关注他们的需求满足或者仅仅聚焦再犯风险,进行监督与管控,都不足以推动安置帮教人员达成有效融入社会这一总体目标。

笔者通过受访青少年的访谈发现，他们会经历从无罪状态到羁押及服刑，再到释放后的多重身份转换，必须要面对不同系统之间主导政策与制度差异对他们带来的影响。一旦进入刑事司法系统并获得犯罪人身份，犯罪青少年便要接受相应的定罪与量刑。基于国家本位的历史传统，刑罚仍然是我国打击犯罪、防卫社会最基本、最主要的手段。这与刑事司法系统对犯罪及刑罚作用的看法密切相关。报应论和威慑论依然大行其道，在我国刑法第一章第二条便明确规定，"中华人民共和国刑法的任务，是用刑罚同一切犯罪行为做斗争。"郭理蓉（2006）指出，我国现行的刑罚结构趋重、刑罚种类偏少、监禁行刑较多。同时，本书通过访谈调研发现，犯罪青少年在服刑期间需要严格遵守法律法规规章，并且在违反时受到严厉责罚管教。可以说，一旦成为犯罪人并接受刑罚惩处，犯罪青少年便进入了与常态社会存在极大差异的监禁规训系统之中，这是刑事政策与理念的具体体现。监狱是一个如法律社会学家福柯所言的"全面规训机构"，服刑意味着不停顿的纪律惩罚与教育。刑罚的本质是一种恶害，它不但会给犯罪者的肉体或精神带来痛苦，还进一步型塑了犯罪人对于规训文化的服从，对于服刑者回归社会带来困难，也就是说，本意为惩罚与威慑犯罪人并借此消除犯罪人犯罪行为的一套理念与操作系统，在实际上，却成为犯罪人回归社会的阻碍性因素。即使是被作为轻刑化改革实践探索的社区矫正，也是以"严肃性""规范性"和"权威性"作为行动指针，以强化社区矫正人员的在刑意识、加强社区矫正机关的监督管理为原则。

本书访谈的一位青少年因抢劫罪而被判处在未成年人管教所服刑，在两年的服刑过程中，从刚开始在新收组不服组长管理，到适应了管教所生活，成为新收组组长。他认为能够做到组长主要是"太平一点，态度好一点，会处理一些事，机会突然就来了"。但是，被释放后，他在未成年人管教所里养成的规律生活节律、服从纪律的行为方式并没有保持下来。他表示说：

> 我进去以前就很懒，因为从小家里就很纵容我，家庭条件也可以，但我现在比以前更懒，因为学会了差使别人，在里面可以差使新收犯，连洗脚擦地都有人帮你，就养成习惯了。现在我女朋友特别烦我，在家里开空调我都要她去开。（JRY-X-02）

案例 JRY-X-02 尽管在监禁期间表现良好，但是在特定规训体系中形成的行为模式不但没有维持，反而在没有规则与管束的氛围中，彻头彻尾地被放弃，更为遗憾的是，监禁过程中习得的恃强凌弱反倒在回归社会后被放大。

接受社区矫正的受访青少年普遍反映，由于矫正期间的集中学习、个别教育和公益劳动均安排在工作日，导致他们要么无法开始找工作，只能专心参加社区矫正，也会因为请假参加社区矫正事宜而影响工作。

如果说对于服刑期间的犯罪人而言，他们的犯罪风险性更多地被关注，刑事政策更偏重于打击、惩罚和监管的话，那么我国针对安置帮教人员的指导方针则发生了根本性扭转。安置帮教是我国针对刑满释放人员的制度安排，目前，强化刑满释放人员的社会保障与人权保护是安置帮教的重要任务，正如吴鹏森（2015）所言，我国当前的刑释政策是由安置、帮教、保障和保护构成的四根支柱。通观当前我国的刑事政策，我们会发现，刑事政策的落脚点并非在于刑满释放人员作为犯罪人的风险性，而是他们作为出狱人员的弱势性，因为一旦刑满释放，"他就成了一个自由人，理当恢复其应有的公民权利"。社会不能为了预防重新犯罪，将其继续作为"罪犯"进行隔离或监管。提供安置帮教和生活保障、权利保护是使刑满释放人员回归社会的关键点。由此可见，针对出狱人的刑事政策具有显而易见的社会政策属性，以社会供给的方式满足公民个人的生活需求及社会需求为其制度设计之根本。

我国针对刑满释放人员的安置帮教制度处于不断建设与完善过程中，"政府指导，社会参与，自谋职业，自主择业"是刑释人员社会政策模式，1994年的《关于进一步加强对刑满释放、解除劳动人员安置与帮教工作的意见》明确了安置帮教的引导、教育属性和非强制性，并进一步确定了安置帮教工作内容涉及技能培训、就业帮扶、生活帮助、思想教育、犯罪预防、安置帮教衔接六个方面。特别是近年来《中央社会治安综合治理委员会关于进一步加强刑满释放解除劳动教养人员安置帮教工作的意见》（2010）《关于社会组织参与帮教刑满释放人员工作的意见》（2016）和《关于进一步做好刑满释放、解除劳教人员促进就业和社会保障工作的意见》（2020）等政策文件出台，各地积极开展相关文件的实施方案及配套文件的制定，在保护刑满释放人员人权、满足刑满释放人员需求等方面具体实施，发挥了积极作用。

很显然，犯罪青少年在服刑阶段与释放后阶段所处的空间场域不同，更重要的是他们需要面对制度场域和行为准则方面的巨大差异，制度环境差异会对他们回归后的适应产生一定程度影响。如何从犯罪青少年主体角度出发，在制度设计理念上关照到个体动态生命历程的连贯性、释放后社会适应促进性，融通重刑主义的刑事政策和福利主义的社会政策尤为必要。

再犯预防与福利保障一体化制度设计应该强调动态延续性。本书中的犯罪青少年大多为初犯，且量刑多为低于五年的有期徒刑或者社区矫正，回归社会生活是他们的必然归宿，但是，犯罪事实和越轨行为客观存在，他们因之而获得的犯罪人身份也将陪伴他们，对犯罪行为的惩罚与矫正在他们服刑期间一直持续进行着，我们还要看到犯罪青少年在被羁押阶段出现了短暂的动荡震惊后，便进入反思调适阶段，对自己的犯罪人身份出现心理排斥，开始懂得敬畏法律与规范，决定和过去不良的生活状态了断并老老实实做人，这实际是对未来遵从法律与道德规范的宣誓，为回归社会后的积极适应埋下伏笔。笔者认为，对于服刑阶段的犯罪青少年而言，除了应严格落实监管、纪律约束和强化服刑意识外，还应将加强促进回归社会的适应性帮扶和将心理矫正工作融入传统犯罪矫正工作中。

上海市C社区服务总站与上海市W监狱联合主办的"爱启新航"回归教育项目便是再犯预防与福利保障一体化制度的有益尝试。该项目通过监狱与提供帮教服务的社会组织合作，将安置帮教的触角延伸到从监狱释放前六个月的罪犯，通过C社区服务总站联系各区县司法所、安帮部门、派出所等不同部门进入社会模拟实训基地对临释罪犯进行模拟实训，对他们存在的问题和困难答疑解惑，力求做到问题化解前移，为他们顺利回归、适应社会提供支持。

上海市C社区服务总站与上海市W监狱联合主办的针对监狱服刑人员的回归教育项目，为犯罪矫正工作提供了新思路。如果此做法能够有条件、有步骤地在各个监狱内推广，将社会适应性帮扶从犯罪人进入刑事司法系统之时便开始，通过对犯罪人的全方位评估并设计有针对性的矫正与帮扶方案，推动犯罪人更早进入回归适应期，这无疑会促进他们更早对未来的社会适应做计划，也能为他们的服刑活动提供思想与行动保证。

再犯预防与福利保障一体化制度设计应该突出制度整体性，这需要建立以再犯风险评估为核心的社会保护制度框架，它是系统而全面地推动刑满释放人员回归社会、维护社会安全稳定的重要制度保证。如通过制定《刑满释放人员重犯风险性平衡量表》，将评估结果和"重点帮教对象帮教标准"结合后，将刑释人员分为重点帮教对象和一般对象，之后对重点帮教对象进行每月一次的评估，对一般帮教对象进行每季度一次的评估。根据服务对象的动态变化更新服务对象的风险等级。家庭发生重大变故、工作发展重大调整、发生动拆迁问题等重大事件，往往是再犯风险等级提高的关键影响因素，将风险评估监控及生活帮扶相结合，这不但控制了重新犯罪，又能够推动安置帮教青少年的顺利回归。

二 推动相关安置帮教政策与制度的法制化进程

刑满释放人员在回归过程中会面临多方面的社会排斥，其中制度排斥是较为重要的一种社会排斥，对刑满释放人员回归的阻碍作用是根源性的，其危害性也是最大的。有研究显示，涉及刑释人员制度排斥的相关法律法规及规范性文件有362部之多，主要涉及就业、户籍与相关权益限制等方面。对于刑满释放人员来说，就业是顺利社会融入的前提和保障，但是犯罪人身份严重阻碍了刑释人员的就业之路，就业政审便是其求职过程中的主要障碍。[①]

《中华人民共和国公务员法》（2018）第24条规定："曾因犯罪受过刑事处罚的，不得录用为公务员。"《中华人民共和国教师法（修定草案）（征求意见稿）》第19条规定："因故意犯罪受到有期徒刑以上刑事处罚的，不能取得教师资格；已经取得教师资格的，丧失教师资格。"除了以上与公职人员相关的法律法规外，各种专业工作岗位也存在对犯罪人的从业限制。《娱乐场所管理条例》（2006）明确规定："曾犯有组织、强迫、引诱、容留、介绍卖淫罪，制作、贩卖、传播淫秽物品罪，走私、贩卖、运输、制造毒品罪，强奸罪，强制猥亵、侮辱妇女罪，赌博罪，洗钱罪，组织、领导、参加黑社会性质组织罪的；因犯罪曾被剥夺政治权利的；因吸食、注射毒品曾被强制戒毒的；因卖淫、嫖娼曾被处以行政拘留的，有上述情形之一的人员，不得开办娱乐场所或在娱乐场所内从业。"《中华人民共和国注册会计师法》（2014年修订版）第13条就有规定："已取得注册会计师证书的人员，受到刑事处罚

[①] 应培礼：《论刑满释放人员回归社会的制度排斥》，《法学》2014年第5期。

的，由准予注册的注册会计师协会撤销注册，收回注册会计师证书。"针对刑满释放人员的排斥性制度还有很多，《中华人民共和国律师法》《中华人民共和国注册建筑师条例》《中华人民共和国执业医师法》《导游人员管理条例》和《保险人代理监管规定》等均有类似规定。

除了就业限制外，触犯刑法还对资格考试、职级晋升等产生影响。如《国家司法考试实施办法》明确规定，因故意犯罪受过刑事处罚的人不得参加司法考试，《海关总署公告》规定，因故意犯罪受过刑事处罚的人不得报名参加考试，已经办理报名手续的，报名无效等。

诸多领域中的针对刑满释放人员的排斥性法律法规，约束与限制了他们专业技能提升及相关岗位获得，这无疑阻碍了他们顺利回归社会；这些排斥性法律法规还会被内化在刑满释放人员的思想中，使他们自我封闭与自我隔离，这不但不利于他们融入社会，更加会形成一种反方向推力，使他们转回到原来的犯罪交际圈中，采用原有的违法犯罪行为来谋生。

安置帮教的制度设计是为了推动具有弱势性的刑满释放人员尽快融入社会。从总体情况看，当前针对刑满释放人员的管理与帮扶的法律法规主要呈现出两个特点：第一，与安置帮教工作有关的法规散见于其他法律政策之中。《中华人民共和国宪法》《中华人民共和国监狱法》及《中华人民共和国未成年人保护法》等法律中有相关条款为刑满释放人员的安置帮教提供法律依据。第二，针对安置帮教工作的专门立法滞后。目前，除了《中华人民共和国监狱法》第三章第五节用了五个条款的篇幅对犯罪人的释放和安置做了原则性规定外，并无更为详细具体的制度安排。与刑满释放人员相关的政策文件主要由部门规章、政策及各个地区的地方性法规、政府规章或文件构成，相关文件涉及社会保险、社会救助、住房保障、就业促进和户籍恢复等多个不同角度，这些业务分属不同主管部门分管，每个部门负责落实所在部门相关工作，而对于其他部门管辖范围内的问题则不会予以关注，各个部门之间缺乏对于管理协调方面的制度设计，这导致不同部门在衔接管理中难免缺乏协调配合。对于那些确实在出狱后遭遇到社会保障困难的刑满释放人员来说，可能会出现为了办事跑断腿，但想办的事还办不成的悲惨境地，他们便只能求助非正式社会支持系统的帮助；如果非正式社会支持力度不足，很有可能使当事人重新走上犯罪道路。

国外关于出狱人的实践探索，最早可以追溯至 1776 年美国费城的出狱人保护组织，它扶持出狱人就业和生活。英国早在 19 世纪中旬就颁布了关于出狱人保护的法律，比利时、意大利、西班牙等国在 19 世纪中后期也相继建立了更生保护制度。在大陆法系国家，日本的更生保护制度较为完整和成熟，其《犯罪人预防更生法》相比于欧美国家来说，在社会和个人参与方面有较为完整和规范的规定。然而我国目前尚无关于刑满释放人员的法律规范，需要制定专门性的法律，明确刑满释放人员权利义务、相关部门职责，将安置帮教纳入法治化轨道。

借鉴国外相关实践，笔者认为，我国针对犯罪青少年矫正与安置帮教法律应包含以下内容：

第一，立法理念。强化以再犯风险评估为基础的保护。长期以来，我国对刑满释放人员以挽救和感化的方式进行帮助，针对刑满释放人员应该以保护为主，因为只有加强保护才能够真正促进刑满释放人员得到平等对待并推动他们回归社会。同时，要树立再犯预防与权利保护相统一的思想，对于犯罪风险较高的刑满释放人员，要对其再犯风险予以关注。

第二，工作内容。刑满释放人员的法律地位、正当权利；食宿、医疗等基本社会生活的救助；安置就业、就学、培训、自主就业等支持；法律援助、社会保险、心理辅导、未成年子女关爱等的保障都应成为安置帮教工作的重点。同时，刑满释放人员的再犯风险和应激性事件也应作为考察的重要内容，并将对具有再犯高风险人员的惩戒措施作为工作重点。

第三，工作主体。规定帮教的领导部门和参与部门，以及社会组织、社会团体等，明确各单位的工作职责。根据我国现行体制的实际情况，明确司法行政部门的主导地位，制定相关部门的参与机制、运作规范、监督评估机制等。

第四，工作程序和时限。根据我国现行针对刑满释放人员的"六必"原则，制定"狱内帮教—出所衔接—社会保护"一体化的帮教程序，使针对刑满释放人员的安置帮教程序具有连续性，明确各阶段的工作任务和责任机构职责；根据刑释人员的具体情况，设计弹性制的帮教时限，而非现行的"一刀切"政策。

第五，经费支持和保障。可采用政府财政投入与社会募集两种形式，具体规定财政投入和社会募集的比例、规范等。

三 加强针对安置帮教青少年的特殊制度建设

青少年时期是人生中重要的社会化阶段,要逐渐掌握独立生存能力,学会人类的交往方式和适应社会分工。这个阶段的青少年由于生理发育而产生自我意识的萌发,但是初步萌发的自我意识尚不成熟,甚至有着致命缺陷,这会成为青少年犯罪的导火索。具体来说,在认知方面,青少年对事物的认识表面化、片面化,对社会的认识停留在感官上,对社会现象不能通过正确的推理得出相应结论;在情感方面,未成年人任性、易冲动、不计后果,感性多于理性;在意志方面,他们自我控制力差,缺乏延迟满足的毅力。可以说,生理发展的超前性与心理发展的相对滞后性的矛盾是青少年越轨的主要动因。

已有研究表明,青少年的发育速度加快,身体、智力的成熟提前,但这只是生理意义上的成熟,作为一个社会人,他们尚未接受必要的教育,也没有积累足够的社会经验,道德训练也不太充分,他们的身心尚未成熟。2005年,美国联邦最高法院在对"洛普诉西蒙斯"一案进行判决之前,曾有8个医学组织向法院递交了一份文件,其中援引了大量神经科学和行为学研究成果,这些研究成果表明大脑的发育要一直持续到25岁左右,因为直到这个年龄段,阻止人们做出轻率、冲动决定的前额叶皮层才会发育完全。本书所访谈的安置帮教青少年大多为寻衅滋事和抢劫等案由,这也印证了青少年的行为冲动性与社会负面因素影响的巨大作用。

但是,我们应该意识到,安置帮教青少年除了弱势性和再犯高风险性外,他们还具有基于年龄的发展性和可塑性特征。首先,他们的自我意识发展尚不成熟。虽然青少年的自我意识敏感而强烈,但是自我认识的水平不高,积极自我体验不足,自我调控能力不强。其次,人格动力表面化。青少年往往容易转移兴趣,需要具有易变性,价值观仍具有极大的可塑性。最后,人格表征不稳定。人格表征系统主要包括性格、气质、能力等,在青少年阶段,他们在气质等各个人格表征维度上会发生巨大变化,且受生活事件的影响较大。

如果青少年是由于生理心理的不成熟性与不良社会影响而产生偏差行为,仅仅依靠法律来处罚青少年,不仅不能达到矫治犯罪行为的目标,反而会使他们获得犯罪人标签,并让他们在不利于社会化的道路上渐行渐远。在国际上，针对青少年的刑事政策及司法实践措施往往选择有助于青少年人格健康发展的措施。一般而言，针对青少年的刑事政策都是基于"青少年犯罪有着深深的社会烙印，是社会发展的结果"[①]这样的立论基础，青少年犯罪不应被看成是一种"恶"，而更应该被看成是一种"错"，对于青少年犯罪也应采取与成年人不同的措施。

当前针对青少年，特别是未成年犯罪人的相关法律法规定主要包括《中华人民共和国刑法》（2020）、《中华人民共和国刑事诉讼法》（2018）、《中华人民共和国未成年人保护法》（2020）、《中华人民共和国预防未成年人犯罪法》（2020）及《中华人民共和国社区矫正法》（2020）等中涉及未成年人犯罪矫正的相关规定。第一，明确有关未成年人犯罪矫正的指导方针和原则。《中华人民共和国刑事诉讼法》和《中华人民共和国社区矫正实施办法》（2020）中规定，对未成年人实施社区矫正时应当遵循教育、感化和挽救的指导方针，同时确立了处理未成年人犯罪的指导原则为"教育为主，惩罚为辅"，明确对未成年人犯罪人和成年人予以区别对待。第二，规定了未成年人的监禁服刑与社区矫正措施及注意事项。有关犯罪未成年人的社区矫正需要考虑到未成年人自身的特殊性。在《中华人民共和国监狱法》第74条明确规定，未成年犯应当在未成年犯管教所执行刑罚。《中华人民共和国社区矫正法》第52条规定，社区矫正机构应当针对每一位未成年社区矫正对象的特点采取相应矫正措施，要求熟悉未成年人身心特点的人员参加未成年社区矫正小组。在《中华人民共和国社区矫正实施办法》中规定，采用未成年人易于接受的方式，开展思想、法制、道德教育和心理辅导；同时需要针对未成年人的年龄、心理特点和身心发育需要等特殊情况，采取有益于其身心健康发展的监督管理措施。《中华人民共和国社区矫正法》第54条还规定，未成年人社区矫正工作的注意事项，社区矫正机构的工作人员和其他人员在履行职能过程中对所获得的未成年人身份信息应当予以保密。第三，强调对罪错未成年人的教育和就业保护。《中华人民共和国监狱法》第75条中规定，针对未成年犯执行的刑罚应该以教育改造为主，劳动要符合未成年人的特点，以学习文化和生产技能为主。《中华人民共和国社区矫正法》第57条规定，未

[①] 林清红：《未成年人刑事责任年龄起点不宜降低》，《青少年犯罪问题》2016年第1期。

成年社区矫正对象依法享有的教育、就业等权利，任何学校、单位和个人不能存在歧视行为，否则将由教育、人力资源和社会保障等部门依法处理。此外，《中华人民共和国社区矫正法》第五章还专门设定一个教育帮扶章节，其中第 37 条规定，社区矫正机构可以协调相关单位和部门，依法对处于就业困难状态的社区矫正对象开展职业技能培训和就业指导活动，帮助社区矫正对象中的在校学生完成学业。

但是，安置帮教相关政策法规中缺乏针对青少年人安置帮教工作的制度设计。在未来针对安置帮教人员的安置帮教政策与制度设计过程中，要充分考虑到安置帮教青少年的特点，将就业和教育帮扶放在更为重要的位置，不但要强化对犯罪青少年的思想道德、法律法规、文化知识等方面教育，更要使他们能够学习到更多的生活技能和谋生技巧；对安置帮教青少年进行心理健康教育，强化有利于青少年回归社会的心理调适，尽早实现他们从"服刑人"到"社会人"的角色转变。

第二节 服务输送方式完善

安置帮教青少年在回归社会过程中会遇到各种阻碍与排斥，除了需要来自家庭和朋友等方面的非正式社会支持外，更需要来自相关部门的正式社会支持。安置帮教作为我国一项专门针对安置帮教人员的非强制性引导、扶助、教育和管理活动，不但是加强和创新社会综合治理工作的重要内容，也是预防违法犯罪的重要措施，更是维护社会和谐稳定的一项必要工作。

自 2004 年开始，上海率先采用政府购买服务方式引入社会工作者，为上海市辖区内的五年以内的监狱释放人员及三年以内的社区矫正人员提供专业化的帮教服务，这使得安置帮教工作体系日趋完善。但是必须看到的是，现有针对安置帮教青少年的安置帮教工作措施存在一定局限性，主要体现在运作方式碎片化、帮教措施可及性低及一致性差等方面。如何提高我国安置帮教工作的服务有效性，推动针对犯罪青少年服务向纵深方向发展，凝练出具有规范性、科学性、有效性和文化适应性的犯罪青少年安置帮教服务输送模式，成为摆在我们面前的一个迫切而严峻的现实问题。

第七章 促进对策

一 加强安置帮教服务的多工作主体合作

安置帮教工作的主旨是促进刑满释放人员顺利融入社会，预防和减少重新违法犯罪，维护社会和谐和稳定。在《上海市安置帮教工作规定实施细则》(2021)中明确规定，安置帮教工作采取属地化管理模式，由乡镇、街道司法行政机关具体承担安置帮教的日常工作，公安、民政、人力资源和社会保障、教育、工商、财政、税务、住房保障房屋管理等部门应当按照各自职责，共同做好安置帮教工作。上海为做好安帮工作下沉落实，探索在街道、乡镇一级建立集司法所、公安派出所、社会救助事务管理所、劳动保障事务所为一体的安置帮教工作站，并设置安置帮教小组来对安置帮教青少年提供帮扶服务。

（一）安置帮教服务的工作主体构成

通过调研，笔者发现安置帮教小组主要由以下几方面工作人员构成。

司法所专职干部。安置帮教服务传输是以街道司法所主导进行的安置帮教衔接服务，负责指导、牵头、组织其他相关部门和社会组织参与安置帮教服务。街道层面负责安置帮教的工作人员为司法所专职干部，其主要的工作职责为：负责组织每月召开安置帮教工作例会；指导社会帮教志愿者参与安置帮教服务工作；牵头化解重大疑难案件；对生活困难的刑满释放人员给予临时补助。

社会工作者。社会工作者在安置帮教小组中主要承担联络员和专业帮扶服务等职责。主要职责包括促进安置帮教小组的正常运作；为各成员单位之间搭建信息交流和共享平台，确保各部门之间信息互通共享；挖掘安置帮教小组各成员单位的优势和资源；提供专业化帮教服务；为问题和需求较突出的刑满释放人员提供精准帮扶和专业评估；为高风险的刑满释放人员提供危机干预服务；协助司法所提供相关的管理服务和衔接服务，如建档、材料整理等工作。

社区民警。社区民警是由所在辖区公安派出所指定的安置帮教服务联络员，社区民警的职责为户口申报、与司法所之间建立常态联系机制和重点帮教对象的管控。

社会救助事务管理所联络员。社会救助事务管理所联络员除负责一般群体的社会救助申请之外,也负责受理其所在辖区的刑满释放人员的社会救助申请,主要的工作职责是协助司法所做好本区域内生活困难的刑满释放人员衔接好低保、"四医联动"等社会救助服务。

就业指导站联络员。就业指导站联络员的主要工作职责为就业援助和就业安置基地建设。就业援助包括对刑满释放人员的就业技能培训、就业政策咨询等。

社区居委会治保主任。社区居委会治保主任以帮教志愿者的身份参与安置帮教工作,他是最能够经常接触到安置帮教青少年及其亲属的人,可以第一时间了解青少年的动态变化,将之纳入安置帮教小组存在必要性。其主要职责是协助司法所和社会工作者做好刑满释放人员的帮教工作。

表7-1 安置帮教工作者的职责属性

职能	专职干部	社会工作者	社区民警	社会救助联络员	就业指导联络员	治保主任
管控	√		√			
服务	√	√	√	√	√	√

刑满释放人员具有生存弱势性和再犯风险性双重属性,为避免刑满释放人员犯罪行为的反弹,应从管理和帮扶两个方面进行,共同使刑满释放人员顺利再社会化。[①] 就上海的工作现状来说,有些部门侧重管控,有些部门则侧重服务(见表7-1),这与刑满释放人员的稳定程度相关(如图7-1)。

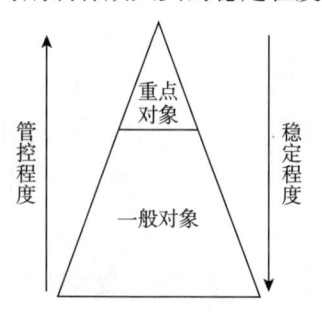

图7-1 安置帮教人员稳定性示意图

---

① 乔子月:《刑释解教人员的再社会化研究》,硕士学位论文,内蒙古大学,2014年。

(二) 安置帮教工作主体的合作困境

建立跨部门合作治理机制是克服传统社会管理体制弊端、应对复杂社会治理形势的必然选择。[①] 安置帮教服务输送主体涉及不同部门、群体，既包含正式系统资源，也包含非正式系统的资源。在安置帮教实践中，各个工作主体之间的合作呈现以下特点。

第一，工作主体的工作职责不明确。明确的权责分配是实现合作治理的前提，也是合作规范化的必备要素。安置帮教工作站是街道层面以非常设形式存在的机构，通过安置帮教小组的形式实现跨部门的合作网络。现实情况却与最初体制设计有一定冲突。权责设置上存在不具体的情况，如各条线工作人员往往身兼数职。以安置帮教小组中的核心成员司法所专职干部为例，名为"专职"，实为"非专职"，或者说是身兼"多个专职"，如一个专职干部既是安置帮教专职干部，也是信访专职干部，还可能是社区矫正专职干部，有的司法所是所长兼任安置帮教专职干部，他们的工作负担非常大，因此"保量不保质"的情况时有发生，不能把安置帮教工作落到实处，"点到为止""不出乱子"成为工作常态。有社会工作者这样评价自己所在安置帮教小组中的专职干部：

> 我们这里专职干部不叫专职，他如果是我们社工的专职干部的话，就不应该再兼反邪教等工作，这严重影响了我们安帮工作的效率。（SW-03）。

社区治保主任是最熟悉社区的人，也是最能够与安帮对象经常接触的人，他们的工作内容多且杂，这也使得他们很难保障为安帮对象提供的适切性服务：

> 平时哪一条线的工作比较急，我们就侧重于哪个方面……安帮比较急的时候就是来新人或者节点的时候，平时是没什么工作重心的，我们也不太清楚具体应该干什么。（CV-01）

[①] 孙涛：《社会治理体制创新中的跨部门合作机制研究》，《云南民族大学学报》（哲学社会科学版）2016年第3期。

第二，考核评估体系不完备。安置帮教工作站中各个部门的工作成员均具有相应工作职责，但是工作职责的设计较为笼统宽泛，工作绩效评估缺乏可操作性，这导致安置帮教小组的成员往往按照工作惯性或者主观工作习惯来开展工作，工作效果难以保证。

> 虽然我们已经有一套考核社工的标准，但是实际操作起来挺难的，工作站也说，用这个考（核）不出来什么。(SW-01)

还必须提到的是，虽然有考核机制，但是由于没有相应的惩处机制，考核机制也形同虚设，影响服务输送效果。

> 这种考核机制是有的，考核之后又能怎样呢？批评的话就谁爱干谁干呗，我干也是批评，不干也是批评，又不扣工资。(OF-01)

第三，街镇层面的安置帮教工作站各个成员部门之间的工作协调机制尚未有效建立。"一站式接待，一条龙服务"实际上应该是管理集中化和机构联合处所两种模式的有机整合，但现实情况是，行政流程的统一未能实现，多部门集中办公也没有落在实处，各个部门之间配合不密切，他们在为安置帮教对象提供服务时，很少能够感知到彼此部门的存在，或者认为自己是在帮其他部门做事情，部门之间就安置帮教工作目前仍未形成合力。

> 针对人户分离，我们专门设立了外区委托制度，将这些人委托给所在区域内的司法所进行异区管理，但是由于每个地区、每个人做到的程度都不一样，很难做好管理和衔接工作。(SW-03)

> 我们做了很多工作，但是司法所却说弄那么多对象给他们添麻烦。我们其实也帮他们理顺了很多东西啊，有很多工作是需要提前梳理的，到后面要花很大精力才能够对接上，但是他们并没有感知到这一点。(SW-01)

都是我们把活干完了,如果还有什么东西需要再深化一下,他们才介入。就像我们烧饭、炒菜,肯定是首先要有菜,等菜快熟了,再加点调料、味精,味道才会更好,效果更佳。但并不是说在菜还没有炒出来的时候,直接加味精就可以做出菜的。(OF-01)

安置帮教系统中的不同工作主体缺乏跨部门合作意识,各自为战地进行工作,这严重影响了安置帮教工作的工作效果,因为要想建构合作机制,良好的制度设计和治理安排才是达到多元行动者自决、主动和自愿地进行优势整合与合作组合的必要前提。

(三)安置帮教工作主体合作策略

安置帮教的核心设计是调动各方面资源,为推动刑满释放人员回归社会提供支持与帮助,各个工作部门密切配合,建立健全配套工作体系和监督机制尤为必要。

首先,加强安置帮教跨部门合作的组织机制建设。安置帮教工作的顺利开展需要以跨部门合作组织机制作为保障,未来应出台各级法律法规,对各个区县,特别是针对街镇司法所及安置帮教工作站的各工作主体相互配合与衔接的跨部门合作机制予以规定,设立常设的跨部门中枢机构或跨部门联合委员会,引导和推进基层各个部门之间的协调配合,杜绝工作职责不清、工作衔接不畅等状况,如此才能使安置帮教工作真正落到实处。

其次,建立强有力的安置帮教工作协调机制。安置帮教工作协调机制有赖于良好的权责分配,它是确保安置帮教工作有序开展的重要前提,也是实现各部门合作规范化的重要内容。一方面,要通过安置帮教工作站,将工作目标集合起来,强化各部门的整体行动力;另一方面,要科学分解任务,赋予各个部门以一定的决策、协调与管理职能,以形成各部门的自助决策机制。更为重要的是,要通过行政问责制度和信息公开制度等形成合作性安置帮教工作机制。

再次,形成有效调动各部门积极性的激励机制。安置帮教工作需要牵扯各种复杂的相互关系和责任序列,某一个部门发挥的作用更容易被湮没。通过各种物质、精神或其他激励手段加强安置帮教各职能部门强化自身工作并推动合作愿望,是实现安置帮教工作效能的前提保证。在绩效评估指标制定过程中,不但要评估各部门是否完成了本部门职能,还要评价跨部门合作中它们所涉及的工作内容,并将其作为奖惩相关部门领导的标准和依据,这样会极大地激发各部门进行跨部门合作的积极性。

最后,构建安置帮教跨部门合作的监督与评估机制。安置帮教工作的不同工作主体既要完成本部门的工作要求,还要达成帮扶与监管安置帮教青少年目标服务的跨部门合作任务要求,这就需要来自各部门内部的自我监督与评估,也需要来自外部的监督与评估。成立专门的评估与督导队伍来进行科学规范的评估管理非常重要,各个工作主体之间的互相监督、互相约束也应发挥一定的作用,各个部门通过自我监督方式来保证职责履行是必要的手段。

二 构建响应安置帮教青少年风险与需求的工作网络

推动安置帮教青少年顺利回归社会是一项极为艰巨的工作任务,青少年犯罪有其复杂多元的内在与外在原因,刑事司法程序也对他们产生一定的影响,如何深入洞悉各类影响因素的作用,为安置帮教青少年提供适切服务对于安置帮教工作人员来说极具挑战性。

(一)安置帮教服务输送困境

通过针对司法所中的社会工作者、专职干部和民警的访谈,我们发现,当前针对安置帮教青少年的安置帮教服务措施存在一定的局限性。主要体现在服务需求评估偏差及服务可及性低两个方面。

首先,针对安置帮教青少年的服务需求评估存在偏差。需求评估是社会服务的出发点,准确的需求评估是有效完成服务的基础。在刑事司法系统中,针对犯罪人的需求评估一直存在着再犯风险与福利需求之间的张力,对于"评估什么"并没有达成共识。犯罪预防与控制是关乎整个社会和谐稳定的一件大事,虽然我国一直以"宽严相济"作为刑事政策的核心理念,但实际上,对于安置帮教人员的态度一直基于公权主义刑罚观,采取重"风险评估"与"风险管控"的思路与工作方法[1],对具有较大社会和自我危害性的刑满释放

---

[1] 如于2016年出台的《全国社会面吸毒人员风险分类评估管控办法》明确规定了5种人被列入高风险类管控对象,6种人被列入中风险类管控对象,但对于如何分类管理和处置并未做出相应规定。

人员采取严管策略，对于低风险人员并未给予应有关注，这与安置帮教服务的设计初衷是以为刑满释放人员提供多方面福利服务背道而驰。具体来说，针对安置帮教青少年的评估缺乏系统性，无论是实施部门还是监督部门，都较为重视安置帮教工作的结果，也即刑满释放人员的重犯率，对服务的过程、刑满释放人员的需求等都存在一定程度忽略，没有形成系统化评估机制。针对刑满释放人员的评估方法缺乏科学性和规范性，以工作人员的主观判断为主。有社会工作者这样说：

> 对服务对象有很好的评估，才能设计出切合的计划和行动。评估是社工很重要的工作，也是很专业的工作，对于有经验的社工来说，可能做对服务对象的风险性评估是容易的，结果也是可信的；而对经验较少的社工来说却是不易的，大多社工还不能从专业角度进行。(SW-06)

其次，针对安置帮教青少年的服务可及性较低。盘禅斯基和托马斯（Penchansky & Thomas）将服务可及性总结为服务提供者和服务需求者之间的"适合度"（degree of fit），主要是指为有需要的人提供正确类型的服务，即现存服务资源的数量和类型与服务对象数量和需求类型之间的关系。从目前上海安置帮教工作的规划设计看，工作内容涉及门类较为齐全，但实际上，现有的服务与安置帮教人员的匹配度低，安置帮教对象在进入服务网络时遭遇到一定的障碍，使得他们未能获得应有服务。

在本书样本中的28名安置帮教青少年中，仅有5人提及得到过司法所中的社会工作者及就业指导站联络员的帮助。但是，抗争社会适应型和消极社会适应型安置帮教青少年的家庭经济条件普遍较差，学历水平低，无法获得必要的社会支持，他们对于谋生和赚钱有着更高的需求和压力；有的青少年还面临着：非正式社会支持无法为他们提供必要的情感与工具性社会支持，较低的受教育程度导致他们无法承担需要更高学历及专业技能的工作，残缺的人际交往关系和以低收入为特征的经济适应，这些使得他们心灰意冷，缺乏融入社会及积极进取的精神状态。当安置帮教青少年急需帮扶而又求助无门时，他们更易采用犯罪作为解决困难的手段，这便提高了这些青少年的再犯罪风险。

由安置帮教工作系统所整合的服务资源是非正式社会支持资源不足的犯罪高风险刑满释放人员的重要支持来源。但令人遗憾的是，安置帮教部门并不能为他们提供充足的满足需求的资源，如就业岗位和经济救助等。这主要是由于社区缺乏针对安置帮教青少年的各方面资源。

> 原来有一个对象刚出狱，想开店做生意，需要贷款，但是在创业贷款这方面，因为他是刑释解教人员，所以就把他拦在了门外。他很生气地打电话和我吵闹，但是没有相关的资源支持，我们也是心有余而力不足。两三个月之后，他又去偷窃，又重犯了。（SW-03）

> 接受改造之后，让他们摒弃之前从事的这些事情，重新走一条正道，那么怎样去引导他，给他们指一条明路很重要。指路简单，但是怎样去引路呢？我们也没资源，而且这些人大多数是没什么技能的，如何把他们引向正道就是我们要考虑的问题了。第一个问题是没有抓手，没有强制力去约束他；第二个问题是我们没有东西去帮助他们，他跟你接触，接受你的帮教，并不能得到实际的实惠，所以他们从内心上讲，这个帮教也是可有可无，不是非常（必须）的。（OF-02）

服务供给不良的另一个原因是在工作开展过程中难以整合必要资源为安置帮教人员提供适合服务。安置帮教工作最重要的一项任务是进行就业安置，但是相关单位之间的沟通不畅，使得能够推荐给安置帮教人员的企业少、岗位具有局限性，从而形成推荐就业的成功率低，安置帮教人员不满意，生活困难状况未能缓解的局面。

（二）安置帮教服务输送路径优化

安置帮教工作的顺利开展，不但需要各个工作主体各司其职，完成好本职工作，更需要它们协调配合，形成合力来提供适切服务，因此，建构一个相对完善的服务输送系统就显得尤为重要。

第一，建立以社区为本的资源网络。我国的社区经历了从"单位制"到"市场化"的转变，从资源整合的角度来看，这既是机会也是挑战。机会在于社区内充满了各种各样的资源,既有社区内的单位资源,也有居民自有的资源;既有经营性的资源,也有非经营性的资源;既有实体性的资源,也有人力、科技等虚拟性的资源;既有现有资源,也存在潜在资源。这意味着需要打破原有的单位体制,同时也要克服市场化资源的限制。[①]

社区对于刑满释放人员来说是一个地方小社会,社区内的所有适切的资源都可以成为帮助刑满释放人员融入社会的助推剂。这需要安置帮教小组运用专业的工作方法,将所有现实资源、潜在资源、正式资源、非正式资源等整合起来,形成一个资源体系,促进建立以社区为本的专属性资源网络,正如一位社会工作者所指出的:"应该将所在辖区的职能部门拉进资源体系,比如妇联、团工办等,这是一个很大的资源,通过拉动这些资源,设计服务计划,开展服务活动,体现我们安帮工作的亮点。"(SW-01)

第二,搭建资源沟通与整合平台。安置帮教青少年常常处于多重困境之中,相关工作可能涉及检察院、法院、司法所、社区、学校等多个部门之间的合作,建立各类服务对象的综合数据平台,需要在"法律与证据"理念的指引下,不但要将传统数据应用的"采、用、享"做实,更要突出大数据时代"碰、推、嵌"等智能应用的方式,建立"信息集中采集、资源多方共享"的共建共享机制,使多部门之间能够在同一网络平台上进行互动和信息共享,提高服务效率。同时,使服务对象也参与到网络平台中,与资源提供者之间产生良好的互动,从这一角度来看,这是信息技术对安帮对象赋权,与资源提供者之间产生良性的监督与制约。[②]

第三,开发针对安置帮教青少年的评估工具。适切服务的输送取决于对青少年状况的准确把握。在国外,关于青少年重新犯罪的研究已经比较成熟。国外研究人员开发出多个具有良好信度和效度的风险测评工具,并根据测评结果对犯罪青少年进行合理干预,以减少青少年重新犯罪的可能性。从早期的临床评估时期、精算评估时代,到现在的动态评估时代,我们发现评估工具的发展逐渐与针对犯罪青少年的个案管理紧密结合。目前在国外较多被采用的

[①] 杨贵华:《社区共同体的资源整合及其能力建设——社区自组织能力建设路径研究》,《社会科学》2010年第1期。

[②] 陈氚:《网络权利变迁中的国家机遇》,《中共中央党校学报》2015年第3期。

是青少年水平评估与个案评估表（YLS/CMI）。这个量表是由加拿大犯罪心理学家豪格和安德鲁（Hoge & Andrews）于2002年编制修订的，是一个由42个条目构成的风险评估量表，它根据犯罪行为的风险-需求-响应模型（Risk-Need-Responsivity Model）发展而来，用于测量青少年的再犯风险。

笔者通过对质性访谈资料的整理与汇总，总结出家庭环境、同伴关系、个性与态度等多个与问题行为及犯罪发生相关的因素，结合YLS/CMI的条目，初步设计出针对安置帮教青少年问题行为风险和服务需求的评价指标体系。在参考和借鉴了国外先进的研究框架基础上，提出由42个题目构成的测评指标，见表7-2。

表7-2 针对安置帮教青少年再犯风险和服务需求的评价指标

先前和当前犯罪情况	1. 三次及三次以上逮捕 2. 两次或更多次的违法 3. 有过缓刑 4. 曾被拘留 5. 三次或更多次被定罪
家庭环境/亲职	1. 监督不足 2. 不能控制自己行为 3. 不恰当的规则 4. 父母的意见不一致 5. 父子关系不良 6. 母子关系不良
教育/职业	1. 班级中有破坏行为 2. 学校财物破坏 3. 低学业成就 4. 同辈关系问题 5. 师生关系问题 6. 逃学 7. 失业/不想找工作
同辈关系	1. 认识一些罪错青少年 2. 有一些罪错朋友 3. 没有/很少有积极的关系 4. 没有/很少有积极的朋友

续表

物质滥用	1. 偶尔使用毒品 2. 慢性毒品使用 3. 慢性酒精使用 4. 物质滥用影响了生活 5. 物质滥用与犯罪相关
休闲/娱乐	1. 缺乏有组织的活动 2. 不能更好地使用时间 3. 没有个人的兴趣爱好
个性/行为	1. 膨胀的自尊 2. 攻击性强 3. 忽然发怒 4. 注意广度狭小 5. 挫折容忍度低 6. 不充分的罪恶感 7. 言语上的攻击性，粗鲁的
态度	1. 反社会/亲犯罪态度 2. 不会求助 3. 拒绝帮助 4. 否定权威 5. 冷酷无情，不考虑他人感受

本评价指标体系共有42个题目，每一个题目被选择，则记1分，所有题目得分加在一起，便是每个安置帮教青少年在这个测评中的得分。其中如果得分在0—19分，则是具有较低的再次出现问题行为和犯罪等级；得分在20—29分，则是具有中度再次出现问题行为和犯罪等级；得分在30—36分，则是具有高度再次出现问题行为和犯罪等级；得分在37—42分，则是具有非常高的再次出现问题行为和犯罪等级。

第四，强化社会工作者的个案管理职能。上海的安置帮教工作系统一直在探索提升工作效果的服务整合机制，创新性地将社会工作者纳入安置帮教小组中，作为个案管理员配合整个安帮小组开展工作。安置帮教对象是风险性与弱势性的有机统一体，个案管理工作对于这类人群来说显得更为迫切。一方面，个案管理员通过采用科学规范的调查方法，同理、尊重的工作态度，秉持人在情境中的原则，能够更为全面、深入地获取刑满释放人员的信息，进而设计出更有针对性的工作方案。另一方面，个案管理员可以发挥协调联络功能，搭建信息交流和共享的平台，促进安置帮教小组中各个成员之间信息的共享与协调，为安置帮教人员提供所需的各种资源，以满足他们的需求，帮助他们再融入社区之中。

社会工作者在进行安置帮教个案管理时，承担的功能主要包括：

1. 制订计划。通过评估，确定安置帮教对象的生活状况和需求，汇集就业、医疗、救助等各方面的资料，策划个案管理在实施阶段要做的事情。

2. 资源整合。这要求社会工作者作为一个个案管理员，尽力为服务对象和所需的各种服务牵线搭桥，满足服务对象的多重需求。一旦清楚服务对象需要什么，社会工作者就应帮助服务对象选择最合适的服务。同时，社会工作者还应考虑到对象所能得到的服务质量，以及对象在获取服务时可能会遇到的困难。

3. 提供专业化帮扶。如前所述，个案管理包括协调和提供服务两种角色。提供专业化帮扶包括对安置帮教人员的管理提供服务，做到"基本情况必知""重点对象必控"，为有问题和需求的安置帮教人员提供针对性的帮教服务，对问题和需求突出的安置帮教人员提供精准化的帮教服务，对具有高风险的安置帮教人员提供危机干预服务等。

4. 协调。安置帮教对象在再融入社会时会面临多种问题，所需要的服务不止一种。个案管理员通过与专业人员和机构员工一道工作，进行协调，确保服务得到整合和落实。这就要求社会工作者必须知道安置帮教对象目前的状况、传输的服务和进展情况。对于个案管理员来说，了解服务对象的进展情况，并与服务提供者进行交涉是一项重要责任。通过这种方式，个案管理员可以帮助服务对象处理服务质量差、服务态度不佳或服务不切合实际需求等方面问题。

5. 联络。社会工作者作为一个个案管理者，他既要服务于安帮对象，同时还要服务于安置帮教小组。在安置帮教小组中，社会工作者应积极发挥联络员的重要作用，参与安帮小组的组建，促进安帮小组的正常运作；为各成员搭建信息交流和共享的平台，确保组内成员之间信息互通共享；充分挖掘各成员的优势和资源，落实各方的优势发挥。

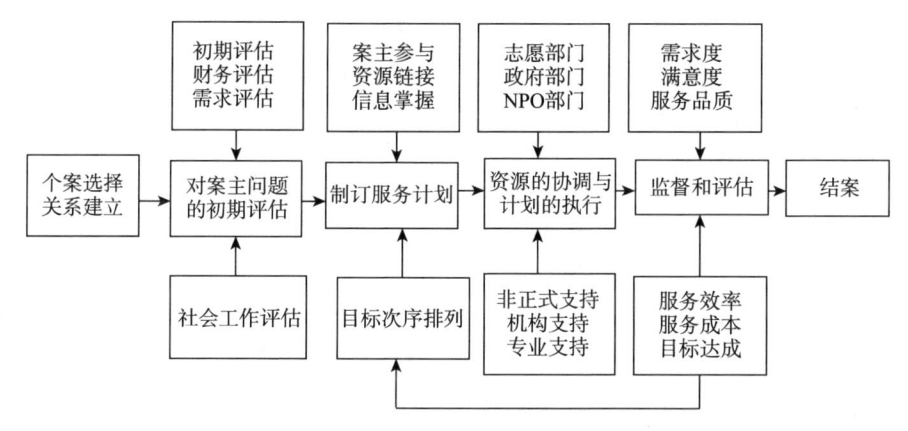

图 7-2 安置帮教个案管理员的工作职责

个案管理模式能够很好地适应安置帮教人员需求广、涉及部门繁杂这一现实问题。社会工作者作为一个安帮工作的个案管理员，应该做好制订服务计划，整合各种资源，提供专业化帮扶，协调各种矛盾和问题，在安帮小组中做好联络工作，促进犯罪青少年的顺利回归社会。

三 聚焦安置帮教青少年社会适应动态性的工作流程再造

针对安置帮教青少年的工作服务流程再造是安置帮教部门根据安置帮教青少年对社会服务的实际需要，结合社区及安置帮教系统的实际特点和信息技术的应用状况，对安置帮教业务流程进行重新设计。这样不但可以更好地满足安置帮教青少年的需要，具有更大的服务灵活性，还能达到更佳的服务效果。

（一）安置帮教工作流程的现实特征

2014 年 C 社区服务总站开始探索建立以个案管理为主的安置帮教服务输送模式。在安置帮教服务中，个案管理是一种服务的协调，以满足刑满释放人员及其家属的住房、就业、医疗等其他需求。美国个案管理协会（CMSA，2018）提出个案管理包括评估、计划、执行、协调、监督和评价六个步骤。经过对上海市新航 C 社区服务总站个案管理服务的调研，我们发现上海市对刑满释放人员的服务主要有以下六个阶段，即接案、初期评估、制订计划、执行计划、监督和评估、结案与跟进。

个案管理服务的第一步是使安置帮教对象成为合适的服务对象。一般而言，接案阶段的主要工作是对服务对象进行初步风险分类、取得服务对象同意、建立专业关系，确定服务对象可以通过此次服务受益是这一阶段的目标。

第二步是初期评估，个案管理员要通过使用标准化评估工具进行数据收集与分析，并在此基础上确定服务对象的需求、问题、优势、目标、所拥有资源等，这既包括现实存在的，也包括潜在的资源；根据收集到的信息确认或更新服务对象的风险类别和等级。

第三步为制订计划，通过对需求或问题的优先性确认，个案管理员与服务对象一起设定目标，设计干预措施，在此阶段还要在安置帮教小组中对干预目标与措施做好沟通，使安置帮教小组成员能够了解服务对象的需求，并提供所具有的服务与资源，推动个案管理员及时修订和完善目标与干预措施，在这一步骤结束之时会形成一个具有针对性的正式个案帮教计划书。

第四步为执行计划，资源链接和获取几乎是这一阶段的所有工作。个案管理员在资源的获取与计划中需承担多种角色，包括服务提供者、链接者、管理者、调节者、经纪人等。个案管理员需要将服务对象与服务联系起来，整合并协调服务对象所需服务和资源，解决资源不当使用等问题，协助服务对象获得相应的资源或服务。

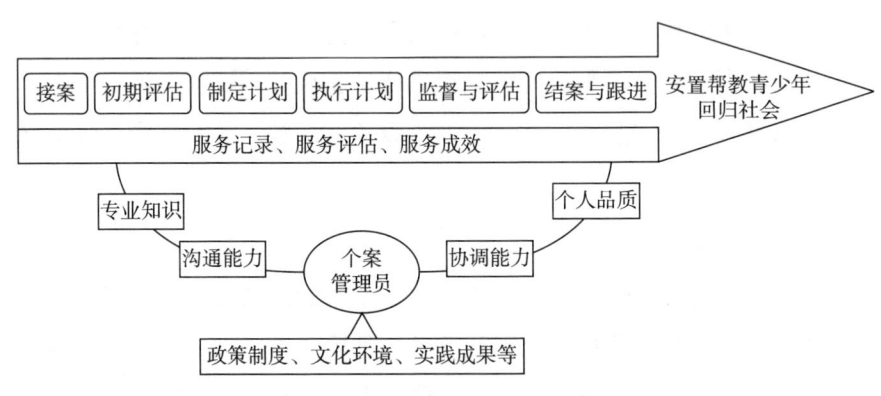

图7-3　安置帮教青少年个案管理流程及要素

第五步为监督与评估，大多安置帮教人员是面临多重问题和需求的，链接的资源也往往具有多元性和长期性，监督服务能够强化服务的持续性和有效性。评估服务的重点在于衡量实施帮教计划的结果，及其对安置帮教人员社会融入情况的影响。评估主要关注服务对象的满意度、目标完成的程度、服务质量、服务效果等,形成评估报告,并将评估报告发送给利益相关者,如司法所专职干部、社区民警等安置帮教小组成员,与之进行讨论交流,进行经验总结。

第六步为结案与跟进,结案即意味着与服务对象结束专业关系。评估服务对象满意度、问题解决程度、目标完成情况等,在服务对象具有获得和使用资源的能力,能够自我解决问题,处理问题,融入社会之后,个案管理者便可以考虑结案。个案管理员与服务对象在结案后,可以保持继续联系,这有利于进一步促进犯罪青少年的社会融入,稳固前期的服务成果。

(二)安置帮教工作流程再造

安置帮教工作的开展需要以社区为核心场域,为安置帮教青少年提供多样化、个性化的支持以及必要的监督管理,这尤其需要强有力的服务资源和监管措施的协调与整合。通过组织结构设计、工作目标设定和工作过程监督实现流程再造,可以避免安置帮教工作碎片化,使安置帮教服务措施得以落实。

第一,"一站式"服务的组织结构设计。

经过多年工作实践,上海的安置帮教工作已经在组织设置、制度建设等方面取得了长足进步,上海自2011年在普陀区长风新村街道挂牌成立安置帮教工作站以来,各个区县均在街道(镇)层面建立由司法所、公安派出所、社会救助事务管理所、劳动保障事务所构成的"四位一体"安置帮教工作站,作为四部门联动平台,它将社会救助、就业援助、管控帮教等帮扶手段融通整合,希望实现对刑满释放人员"管得到、管得住、管得好"。

但是还应看到,现有安置帮教工作站设计虽然倾向于对工作系统进行整合,但是由于人员分工、场地以及部门区隔等原因,服务整合工作的效果并不理想。在被问及安置帮教工作站的工作状况时,司法所的专职干部如此说道:

> 这些东西(指安置帮教工作站)应该说是有的,但它实际上只是一种说法、一种说辞,是精神层面的东西。就是找几家单位过来签一个东西,或者自己拟一份材料,把这些东西罗列上去;但是从现实上来讲,

没有单独的办公地点、一套人。其实就是竖一个牌子，实际工作的人还是该干嘛干嘛的。如果说是要真的开展工作，也不会把这些人招过来一起工作，因为不可能有这样一个常设的物理空间和人员配置。不是说不起作用，该有的职能是有人这样做，但是实际上并没有这样一个纯粹的东西。（OF-01）

之所以会出现这种情况，主要是因为安置帮教工作的各个职能部门是按照横向职能结构建立起来的，但却要按照纵向权利结构来运作，部门更为关注上下协调，且相关工作大多在"条线"内布置和解决，当需要跨部门横向协调时，服务流程就会呈现碎片化状态。为达成更好的安置帮教工作效果，系统梳理安置帮教工作业务流程，以安置帮教青少年整体需求为导向，做跨越职能部门界限的组织结构设计尤为必要。

未来可以通过创建"一站式服务大厅"，建立扁平化、水平式的组织结构，将人员设置、场地安排、制度建设等依托安置帮教服务站这一实体场地来进行，这样做能够促使工作人员服从统一领导和指挥，加强部门之间的沟通、协调，探索"分块管理、以块为主、条块结合"的基层安置帮教管理与服务新模式，只有这样，才能从安置帮教青少年整体服务出发，将多方资源统一整合，为工作对象提供全方位、多角度的"一条龙服务"。

第二，"反馈环路"式工作动态监控机制。

个案管理在安置帮教工作中处于核心位置，从国外社会组织参与安置帮教工作实践可以看出，社会工作者若能够以个案管理者的角色真正嵌入进安置帮教系统，其专业优势可使安帮工作的效果显著提升。已有研究显示个案管理能显著降低出狱人的再犯，能够促进出狱人的社会融入并提升社会公共安全（Richard & Southern, 1996: 2）。它是一个有创意的、协作的过程，涉及运用初始评估、沟通、协调、咨询、教育、示范和倡导等技巧强化所服务的对象，勾连各个提供服务的机构和部门，使服务对象能够获得所需要的服务。

上海在安置帮教工作实践中形成了以社会工作者作为安置帮教青少年的个案管理员的专业做法。在安置帮教小组中，社会工作者除了要提供专业化的帮扶服务外，还要开展社会适应性帮扶和联络职责，这很显然需要整合多方资源，确保信息互通共享，促进安置帮教小组正常运转，进而保证安置帮教青少年更好地适应社会的专业个案管理工作。

根据普罗恰斯卡（Prochaska）的跨理论模型（The Transtheoretical Model），个体的行为变化是一个连续的过程而非单一的事件，人们在真正做到行为改变之前，要经历一系列动态循环变化阶段。与之对应，有效服务输送应该能够对变化进行识别并做出适当反应。从个案管理服务的角度看，在服务过程中应该能够整合社会资源并发展服务对象使用资源的能力，将分散的服务资源发挥应有作用，提高服务质量与效率。

从已有工作情况看，尽管服务工作聚焦某一位安置帮教青少年，但是，个案管理工作从接案到最终结案聚焦目标单一，工作流程单线程设置，这显然不能顺应犯罪青少年回归社会的阶段性特征，更不能很好地解决因环境变化使安置帮教青少年再犯风险等级变动这一现实情况。

在未来的安置帮教工作中，应着力推进"反馈环路"式工作动态监控机制。具体来说，针对犯罪青少年的安置帮教工作应该根据本书所获得结论进行工作流程的阶段设置，结合监禁场所的驻所社会工作服务及社区矫正社会工作服务，在服刑期间进行提前服务评估与介入，在刑满释放后，由社会工作者再次进行服务评估与介入，当然，服务评估还应根据服务对象具体情况进行灵活调整，具体工作流程见图7-4。从个案管理服务的角度来看，在服务过程中，应该能够整合社会资源并发展青少年使用资源的能力，将分散的服务资源发挥应有作用，提高服务质量与效率。通过设定科学规范的工作程序，专业工作者在为服务对象设计出适当的服务方案后，应用大数据技术，打破不同部门之间的"信息孤岛"，将分散在不同部门的碎片化信息汇聚起来，通过构建大数据综合信息服务平台建设，实施数据采集、数据分析、数据挖掘、数据管理、数据运用，建立完备档案资料，并在数据库海量信息基础上进行决策分析，全程追踪动态变化并进行针对性反馈调整。

第三，以"社会适应"为核心的服务方案设计。

本书之所以以回归社会过程中的社会适应作为研究主题，是以国内外已有实证研究结果证明青少年犯罪矫正的关注点和实施策略的演进性为依据的。安置帮教工作人员在对待与成年人不同的，具有基于年龄特征所具有的发展性、可塑性特征的犯罪青少年群体并为他们开展服务时，除了要关注公共安全保障、责任追究外，更要关注犯罪青少年的能力发展及与环境的良好适应上。以积极青少年发展观为基础视角，重视对安置帮教青少年的再犯风险评估，并以此为契机为犯罪青少年及其家庭识别和提高优势与资源，鼓励青少年远离反社会行为，增加遵从社会规范的亲社会行为，可以达到预防犯罪和减少再犯的目的。

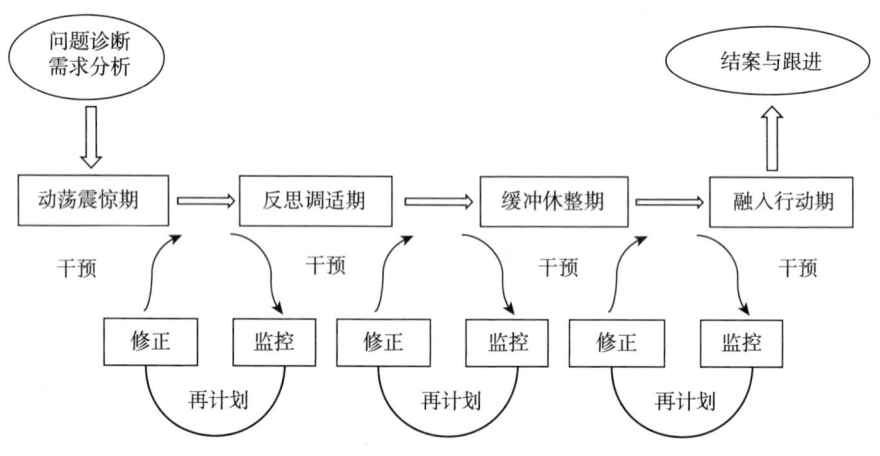

图 7-4 "反馈环路"式安置帮教工作动态监控流程

笔者通过深入调研发现，安置帮教青少年在回归过程中会采用不同的社会适应策略，他们采用设定个人目标、自律、积极面对、自立和使家人安心等促进性聚焦策略，但也有人采用喝酒、吸烟、打游戏和忍耐等防御性聚焦策略；同时，在服刑与回归过程中，获得来自家庭、朋友、安置帮教服务和社会政策与制度的支持和帮助的程度均不同，那些处于消极社会适应状态或抗争社会适应状态的安置帮教青少年应该作为安置帮教工作的重点对象。

现有安置帮教服务更为关注再犯罪高风险群体，但是这种以再犯罪这一社会适应失败的最终后果为评价指标的安置帮教服务目标设定具有显而易见的缺点，再犯罪是由安置帮教青少年的各种内在与外在因素共同聚合而成的产物，以此为干预目标，缺乏工作抓手和精准把握的落脚点。而从国内外再犯风险评估与干预的经验来看，静态性风险性因素包括如首次逮捕的年龄、性别等稳定性的特征，这些静态性风险性因素提示要根据风险性等级对服务对象进行何种程度的干预服务。动态性风险性因素则主要包括反社会人格、亲社会态度、对犯罪的社会支持、物质滥用、学业失败、家庭关系问题等。

在这些因素中,与再次犯罪相关的风险因素被称为犯因性需求,而非犯因性需求则不会导致再犯。一般而言,一个服务项目要聚焦至少4—6个高风险服务对象的犯因性需求。① 笔者认为,未来针对安置帮教青少年的干预服务应该以优势视角展开,具体来说,应以积极青少年发展观作为核心干预参照理论,来加强干预服务方案设计,使青少年建立内在与外在资产发展他们的亲社会行为,并减少问题行为的发生。

第三节 工作者能力素养的提升

安置帮教工作的开展离不开具有高水平的专业工作人员。对于犯罪青少年的安置帮教同样需要来自不同部门工作者的协作配合与服务提供。在本节中,笔者在对安置帮教工作能力的核心要素进行分析的基础上,阐述当前工作人员工作能力的特征,并提出相关工作人员工作能力提升的有效路径。

一 安置帮教工作者的核心素养

工作胜任力是一个人力资源专业术语,最早由哈佛大学的麦克莱兰(Mcclelland)提出。该理论主张工作胜任力是组织成员所具备的可评估与可开发的内在和外在要素的集合,并与特定工作情景中标准参照的有效或优秀表现存在因果联系。② 胜任力的构成就像漂浮在海上的冰山,动机、特质和自我概念隐藏在水面以下,知识和技能暴露于水面以上。本书主要聚焦安置帮教系统各职能部门工作人员的核心素养,以期为提升针对安置帮教青少年的专业服务效果打下坚实基础。

通过对相关文件资料的文本分析,笔者发现,安置帮教工作站中的不同成员的工作职责各有侧重,在所需工作能力上存在差异性和一致性共存的特点,且以一致性为主要特征。结合对工作人员的访谈及文件提炼出来的工作能力分类,笔者进行了一定分类整合,聚合出直接服务能力、间接服务能力、

---

① Gendreau P, French S. & Gionet A., "What Works (What Doesn't Work)—Revised 2002: The Principle of Effective Correctional Treatment", *Journal of Community Corrections*, 2004, 13: 27-30.

② 王建民、杨木春:《胜任力研究的历史演进与总体走向》,《公共管理》2012年第12期。

个案管理能力和监管能力四类安置帮教工作能力。

直接服务能力主要是指通过信息收集、评估、计划和干预等方法来为刑满释放人员提供服务的能力。笔者发现，安置帮教工作的不同岗位都需要具备一定的直接服务能力，司法所专职干部需要参与到"六必"工作中，特别是要在出现紧急情况时进行危机介入工作；司法社会工作者在工作中要进行个案服务、小组工作和开展社区服务，需要具备信息收集、评估、计划制定、咨询与治疗及危机介入等工作能力；社区民警、社会救助事务管理所联络员所做的信息收集与评估工作也是直接服务的重要组成部分；而劳动保障事务所联络员除了信息收集和评估工作外，还需要进行职业教育与培训，这都应该涵盖在直接服务之中。

表7-3 安置帮教工作者的岗位设置、工作职责及工作能力

岗位	工作职责	工作能力
司法所专职干部	帮教衔接服务，社会帮教志愿者指导，重大疑难个案协调	政策倡导、会议组织、协调、联络、危机介入、监管
司法社会工作者	安置帮教小组联络员，专业帮教，社会适应性帮扶	信息收集、评估、计划制定、资源整合、咨询与治疗、协调、联络、倡导、危机介入、档案建立与管理、志愿者管理与培训、监管
社区民警	入户申请，信息比对，重点帮教对象管控	信息收集、评估、联络、事务办理、监管
社会救助事务管理所联络员	社会救助申请，医疗保险申请	信息收集、评估、联络、事务办理
劳动保障事务所联络员	就业援助，就业技能培训，就业政策咨询，就业政策宣传，企业联系与对接，过渡性安置就业基地维护	信息收集、评估、资源整合、协调、教育、倡导、事务办理、安置就业基地维护与发展
居委会治保主任	安置帮教工作协助	资源整合、协调、危机介入、监管

间接服务能力也是安置帮教工作中一项重要的工作能力，主要包括行政管理及政策倡导等方面的综合能力。司法所专职干部需要完成会议组织和政策倡导等工作，司法社会工作者需要承担档案建立与管理、志愿者管理与培

训、政策倡导等工作,劳动保障事务所联络员所要完成的就业基地维护与开发等均为间接服务工作能力的支撑。

个案管理能力是安置帮教工作者必备能力之一。安置帮教需要各个部门的工作人员协调配合、沟通相关信息。司法社会工作者和劳动保障事务所联络员需要具备资源整合、协调和联络的能力,而其他工作者也需要具备联络沟通能力。

监管能力是安置帮教工作中一项较为特殊的工作能力,尽管刑满释放人员已经是合法社会成员,但由于需要对某些具有高犯罪风险人员进行监控以减少再犯及对社会造成的不利影响,监管工作依然是安置帮教工作者需要具备的能力。除了社会救助事务管理所及劳动保障事务所的联络员外,其他各个部门的工作者均需具备监管的能力。

表7-4 安置帮教工作者的核心素养

安置帮教工作素养	构成要素
工作知识素养	法律知识
	心理学知识
	管理学知识
	社会工作知识
	安置帮教规章制度
工作能力素养	直接服务能力
	间接服务能力
	个案管理能力
	监管能力
政治与伦理素养	社会主义核心价值观
	专业伦理与价值观

除了上述工作能力外,受访的安置帮教工作者还提到另外两方面必备工作素养,其中一类为相关专业知识,安置帮教工作是一个专门工作领域,需要掌握法律、安置帮教规章制度、心理学、管理学、社会学等相关专业知识,只有这样,才能更好地胜任安置帮教工作;另一类工作素养为政治与伦理素

养，安置帮教工作者负有帮助安置帮教青少年再社会化的职责，要在工作中贯彻社会主义核心价值观，并且要遵守专业工作所需的专业伦理价值，只有这样才能更好地开展专业工作，推动安置帮教人员顺利回归社会。

二 安置帮教工作者的工作素养现状

安置帮教工作的顺利开展，有赖于工作者较高的专业素养。对安置帮教工作者专业素养结构的解析为深入了解安置帮教工作者目前的工作现状提供了有价值的参考框架。通过对安置帮教工作者的调研，笔者发现目前安置帮教工作者的工作素养存在以下问题。

（一）价值观之间的冲突与博弈

安置帮教青少年群体具有多重身份属性，针对不同身份属性所给予的处遇方式应该有其特点，但如果将这种多重身份属性汇聚到一个工作对象身上，安置帮教工作者会感到困扰。安置帮教人员一旦回归社会，便成为享有正当权利和义务的社会人，安置帮教的主要任务是对他们进行教育和帮扶，安置帮教工作体系的设计初衷是一种支持性福利服务。但是从安置帮教人员的实际情况看，由于他们中存在因各种原因所造成的再犯高风险性，对社会安全稳定有威胁，在实际工作中，对具有类似问题的安置帮教人员会将其设定为重点对象，需要签署重点帮教协议书，建立一对一管理台账，按规定每个月都要对其进行帮教，甚至是管控。在具体工作过程中，工作人员会苦于工作缺乏抓手，既要满足出于维护社会和谐稳定所赋予的重点对象管控职责，同时还要提供支持与帮助，感到无从下手和力不从心。

> 如果说工作对象不配合我们的工作，我们也没有办法，因为在法律上没有强制约束。如果工作对象配合，那自然最好，我们其实在工作当中并不能指望，更不能奢望，所有的人都配合你的工作。我们的工作有点尴尬，既没有抓手，没有强制力去约束他，更没有东西去诱惑他，他跟你接触，得不到实际的实惠，这个帮教也就是可有可无的，从他们的角度看也不是非常必须的。没有大棒，也没有面包，怎么去管理呢？怎么去开展这个工作呢？（OF-01）

第七章 促进对策

不同工作岗位的工作者的基本判断存在差异,社会工作者普遍认同安置帮教是一种社会福利服务的观点,而从有些工作者角度会存在将安置帮教看作一种维护社会稳定的管理工作的情况:

> 我们司法所会提供安帮服务,如果有什么需求,可以过来找我。如果在这个期间重犯了,是要从重处理的,这个情况要跟他讲清楚。接下来如果他需要,就来找我;如果不需要,那我不会一直去骚扰他,我觉得这个没必要。(SW-08)

> 我们的重犯率是比较低的,但是如果有重犯,就是领导最看重的,就全市范围来说,没有一个机构来评价安置帮教工作,也没有设定指标,最终只看重犯率。只要有重犯,帮教就算没起作用。(OF-02)

重犯监管与福利服务输送是安置帮教工作的两大核心任务,这也被列入工作人员工作能力之中,如何在二者之间找到平衡点,使不同部门的工作者能够达成一致意见,并形成一套工作机制尤为重要。而工作者探索出解决这个价值观冲突的办法,既是一个创新性探索,也是今后安置帮教工作必然要面对的核心议题。

(二) 所掌握工作知识的不平衡

安置帮教工作者的从属部门不同,工作职责有差异,他们在所掌握的工作知识上也存在差别。从岗位归属与设定上讲,他们在所掌握知识的侧重上应该具有一定差异性。司法所专职干部需要具备扎实的法学专业知识,社会工作者需要具备良好的社会工作专业知识,民警需要具备公安学专业知识,社区事务受理人员则需要具备行政工作知识与技能。所具备的专业知识的差异性是由工作岗位属性所决定的。

从不同部门的招聘条件上来看岗位知识的要求情况,安置帮教专职干部属于上海市司法局公务员编制,在招聘简章上可以看到,招聘要求为具有两年以上基层法律服务管理相关工作经验的法学类硕士研究生及以上学历人员。社会救助事务管理所和劳动保障事务所的招聘条件为本科以上学历的应届毕业生，所学专业不限。居委会治保主任属于社区工作者，除了对政治素质及道德品行具有一定要求外，各个专业的本专科毕业生均可报考。而司法社会工作者的招聘除了上述条件外，提出了对应聘者社会学、心理学和法学专业的倾向性建议，并没有明确的专业限制条件。由这些招聘条件可以看出，除了司法局对于司法行政人员的所学专业具有一定前置要求外，其他工作岗位均未对高等教育阶段所学专业进行必要规定，各种不同专业背景的工作人员需要经过岗前、在岗培训以及长期工作经验积累等方式学习所需要的工作知识，他们在必要掌握的工作知识方面存在较大差异性，这会对工作开展具有一定不利影响。

（三）工作能力的缺乏

"能力"是"依靠一系列复杂的行为来证明对知识、技巧和态度的拥有，并到达在某一专业有效从业的标准"[①]，它需要配套教育体系和一定的教育和实践时长来保障。但是，正如前文所言，由于在招聘条件中没有设定必要的专业知识与技能要求，有些工作人员的专业能力并不能达到岗位的要求。

> 安置帮教这个工作需要一定的专业技能，我们这里新进来的社区工作者比较多，说实话，流动性也比较大，让他们刚一接手就直接工作，会有一定难度。比如如何与安帮人员相处，如何提供帮助之类的，新来的同事确实不太能胜任。司法所会提供一些专职培训，但也不是强制要求参加的。（CV-01）

> 有的社会工作者有心理咨询背景的话，可能会通过他的专业知识，使用一些专业的技巧。但并不能保证所有社会工作者都能做到这样，毕竟有工作年限与工作经验的差别，也有以前所学专业的差异。（SW-05）

专业能力的缺乏与差异会对业务开展和跨部门合作带来极为不利的影响，对于安置帮教工作系统而言，加强岗位职业技能的培训和督导尤为重要。

[①] Marion B., Regehr C., Power R., Hughes J., Woodford M. & Regehr G., "Toward New Approaches for Evaluating Student Field Performance: Tapping the Implicit Criteria Used by Experienced Field Instructors", *Journal of Social Work Education*, 2004, 40 (3): 417-426.

三 安置帮教工作者的工作素养提升路径

安置帮教工作的顺利开展有赖于工作者具备全面而专业的工作素养，笔者拟从工作人员选拔、培训与督导等角度提出对策建议，以期提升工作者的工作素养。

（一）注重招聘选拔具有专业性的应聘者

选择与工作岗位要求匹配的求职者是工作顺利开展的前提保障，由上文可知，参与安置帮教工作的各个部门的工作者的招聘选拔除了司法行政人员对所学专业有明确要求外，其他岗位并未对专业能力有特定要求。这表明相关部门并未意识到安置帮教工作需要具备一定专业性的工作者这一必然要求，对相关工作开展会有极大不利影响。

在国际上，安置帮教工作专业化的一个重要表现是对行业准入的专业资质要求，以资质控制来排除非专业人员进入，从而保证从业人员能够以其所学的专业知识为基础，以专业价值观为引领，为安置帮教人员提供有质量的专业服务。工作素养的提升并非简单的重复训练能够达到，更不是仅仅具有了多年的实践工作经验便能胜任需要专业知识与技能的工作。专业工作的开展需要经过相当长时间的专业学习或有资质的培训才能获得。

安置帮教工作并非"人人皆可为"的简单劳动，它需要具备多元性专业知识与技能储备，也需要在具体工作中通过实践经验与专业能力的不断互动与融通，使专业知识与技能得以提升。从招聘选拔这一源头环节，通过设置必要的招聘准入门槛不但能够保证专业工作的顺利开展，成熟的招聘选拔程序更能推动整个工作系统的专业化程度提升。

（二）完善培训体制以提升专业素养

加强对安置帮教工作者的培训和继续教育是安置帮教工作顺利开展的必要保证。鉴于部分参与安置帮教工作的工作者并不具有相关专业背景这一现实情况，第一，强化培训体制建设的首要任务是构建具有领域特殊性的安置帮教工作者的培训师资队伍，形成由相关领导、专业高校专家、业内资深工作者构成的培训师资团队，定期为工作者进行业务培训。第二，构建安置帮教培训的领导管理新机制。培训的受众涉及到安置帮教工作的不同部门工作者，对分散在不同部门的工作者进行培训需要涉及政策制定、教育资源整合以及建立与学历资格证书并重的职业资格证书、职业技能鉴定制度等。第三，形成多元化的培训形式。培训的目的在于提高安置帮教工作者的胜任力、增强组织绩效，由于不同部门工作者需要兼顾各项工作，采用多样灵活的培训方式尤为必要；开展统一、系统、规范的脱产培训，将知识与技能以类型化方式进行重点讲授，有助于事半功倍地提升工作者工作能力。在工作过程中开展的在职培训可以针对最新的政策法规和工作中具体困难来进行集中培训。通过完善培训体制，加强对工作者的培训，提升工作者的专业胜任力。

（三）重视工作督导以促进工作效果

安置帮教工作的开展离不开针对工作者的系统化督导，完善的督导制度能够推动工作者专业能力提升，减少工作者的职业倦怠感，提升工作满意度，这是针对工作者的保护机制。安置帮教工作的要求极高，既要服务好，还要管得好，这对于工作人员来讲是极大挑战。

工作督导制度的完善主要应集中在督导制度构建、督导信息平台建设、督导业务流程重组等方面。首先，构建工作督导制度需着力从督导协议、督导伦理原则、督导资金保障等方面着力进行建设，使工作督导的开展具有规范制度保障。其次，建立工作督导信息统筹平台。通过信息化手段变更工作方式，将工作人员的情况纳入数据平台中，遇到重大、复杂工作困难时，借助平台向具有督导能力的督导者求助，能够有效且及时地回应工作者的需求。最后，进行督导业务流程重组。督导业务流程重组可以通过督导形式、频率调整，督导业务内容整合完善，以及督导业务成效的规范化评估，将工作督导的执行落在实处，成效精准把握。通过安置帮教重组这类督导管理模式的构建，笔者希望推动专业工作者的工作能力提升。

第四节　小结

社会适应能力的提升既是安置帮教青少年回归社会的目标，也是他们不断通过主体的努力与外部环境达成和谐一致的过程。在此过程中，外部环境因素的支持作用非常重要。本书发现，在安置帮教青少年回归社会的过程中，

第七章　促进对策

家庭、亲属和朋友等非正式社会支持发挥了较大作用，但很遗憾的是，正式社会支持系统发挥作用不足，甚至在某些方面还对他们的回归产生不利影响，从安置帮教工作的政策优化、服务方式转型和专业人员工作素养提升角度进行调整优化尤为必要。在本章中，笔者通过对相关法规文件进行梳理并对相关工作人员的访谈资料进行提炼，总结出促进安置帮教青少年顺利回归的正式社会支持体系。

安置帮教相关的政策与制度是安置帮教青少年顺利回归的制度保证，通过打造聚焦再犯预防与福利保障双重目标的一体化政策与制度内容，推进与安置帮教相关的政策与制度的法制化进程，并在此二者基础上，关注针对安置帮教青少年顺利回归的支持性特殊制度建设，这一从顶层设计入手所进行的政策与制度建设，会成为安置帮教工作顺利开展的强有力支撑。

作为从属于安置帮教整体格局中的有机组成部分，针对安置帮教青少年的安置帮教工作需要一个具有服务能力、管理能力及各部门协调能力的安置帮教服务输送系统。在对现有安置帮教服务工作系统的工作状况进行调研和分析基础上，笔者提出，从加强安置帮教服务多工作主体合作机制、构建响应安置帮教青少年风险与需求的工作网络和聚焦安置帮教青少年社会适应动态性的工作流程再造这三个方面入手，进行安置帮教服务输送体系优化。

安置帮教工作的开展离不开具有较高专业水平的工作人员。对于犯罪青少年的安置帮教同样需要来自不同部门工作者的协作配合与服务提供。笔者提出了由工作知识素养、工作能力素养，以及政治与伦理素养构成的安置帮教工作者核心工作素养，并在分析当前安置帮教工作者的工作素养现状基础上，提出注重招聘选拔具有专业性的应聘者、完善培训体制以提升专业素养，以及重视工作督导以促进工作效果为核心的安置帮教工作者工作素养提升的实现路径。

安置帮教工作任务复杂艰巨，社会环境因素也在不停变动，在为犯罪青少年提供安置帮教服务过程中，各个工作主体之间的通力合作，社会资源的链接与动员都需要集体协作行动来保障。安置帮教工作作为法治社会建设的重要组成部分，树立新理念、探索新思路、开创新局面极为迫切与必要。本章从政策、体制和人才三个角度入手提出相应对策建议，调动社会各方面积极力量，提升矫正帮教工作的效果，提高安置帮教青少年的社会适应服务水平，为维护社会和谐稳定、促进社会"善治"做出贡献。

第八章 结语

通过对安置帮教青少年的社会适应策略、阶段、类型及相关促进对策进行深入研究后，笔者将对研究的主要发现进行总结性回顾，提出研究的主要贡献与不足，并对未来研究做以展望。

第一节 主要发现

本书是一项针对安置帮教青少年获得犯罪人身份并通过自身行动不断调整与适应的过程与结果所进行的研究工作。笔者通过对质性访谈和参与观察所获得资料的分析，总结出安置帮教青少年社会适应的特点，并建构了本书的理论模型。

一 安置帮教青少年社会适应的内涵

适应是生物有机体生存与发展的前提与保障，社会适应则是人类获得社会生存的基本法则。对于社会适应内涵的关注要追溯到20世纪初，受人格特质论思潮的影响，社会适应被看作个体在与社会环境互动过程中所表现出的、能够满足个人生活和社会要求的内在人格与外在行为特征。随后，有学者强调环境因素，特别是个体、家庭、社区和更大的系统变量之间的相互作用对于社会适应的重要作用，重视从整体性视角对社会适应进行审视，将社会适应看成是个体与环境互动的过程，侧重于描述个体在社会适应过程中所经历的阶段或走过的路径，并试图在对阶段特征的描绘的基础上提出干预对策。还有学者将社会适应看作个体与社会环境通过交互作用，而最终达成的与社会环境之间的和谐、平衡的动态关系，他们更为关注社会适应的结果。社会适应的特质论忽视了社会适应的生态学维度，没有将环境因素的影响考虑进来。过程论视角秉持生态脉络观点，但是未能就社会适应的结果特征解析清楚。结果论虽然获得了个体社会适应的测量学指标，但是这一脱离社会生态脉络的指标体系并不能对不同群体的社会适应特征获得针对性认识。

通过对不同研究取向的梳理与反思，结合本书的研究对象特征，笔者尝试对安置帮教青少年的社会适应内涵进行整合性建构。近年来，发展性生态系统观的兴起逐渐弥合了特质论、过程论与结果论之间的隔阂，强调从生命历程视角出发，通过对个体与社会生态系统的交联互动的过程及后果整合构建来对个体社会适应进行理解。本书从发展性生态系统观出发，以整合性视角重新审视社会适应，对安置帮教青少年的社会适应进行了深入探究，结果发现：

第一，安置帮教青少年的社会适应具有过程动态性特征。它主要由连续推进的四个阶段构成，分别为动荡震惊阶段、反思调适期、缓冲休整期和融入行动期。犯罪青少年的社会适应从被逮捕开始，面对环境的急剧变动和身份突变，会出现各种消极情绪，这是他们进行社会适应的第一个阶段——动荡震惊期。随着时间推移，犯罪青少年开始以积极方式调整和适应封闭监管环境，接受自己的犯罪人身份，其中认知调整是他们最先做出的调整，在对犯罪人和服刑者身份进行认知拒斥后，他们开始学着敬畏法律与规则，并意识到实干和吃苦耐劳是适应新环境必须要做的调整。随后他们将未来的行动目标确定为做个老实的好人和换种活法过人生。这是安置帮教青少年社会适应的第二个阶段——反思调适期。当犯罪青少年的监禁生涯结束后，他们进入了第三个阶段——缓冲休整期，此阶段，安置帮教青少年要在生活习惯、心态和家庭关系等方面进行调适，为未来融入社会做准备。而后的融入行动阶段是安置帮教青少年社会适应的最终阶段，在此阶段中，安置帮教青少年要与犯罪人污名进行抗争，要通过工作技能学习、向相关支持者求助，努力争取经济独立，更要承担家庭赋予的责任。可以说，安置帮教青少年通过个体主动地探索与实践，与不断改变的未知环境进行互动并努力做着积极调适。

第二，安置帮教青少年的社会适应具有环境互动性特征。青少年们在多重要素所构成的社会生态系统中努力运用各种行动策略进行着自我调整。安置帮教青少年在刑罚执行和安置帮教这两个相对独立又相互衔接的场域中不断发展出相应的社会适应策略。必须引起重视的是，人际关系在培养和维持安置帮教青少年社会适应能力中的重要作用，来自家庭、朋友、单位同事及领导、社会工作者的支持与帮助是他们积极社会适应的保护性因素，而家庭经济压力、不良教养方式、社会排斥是他们社会适应的风险性因素。羁押及服刑场域和释放后的社会环境为安置帮教青少年提供了实践其社会适应能力的环境平台，安置帮教青少年通过采用促进性聚焦策略、防御性聚焦策略及外部疏导聚焦策略努力地适应着充满挑战与变数的社会环境。社会生态环境系统与个体行动策略系统之间实现着多层次、多角度的交联互动。

第三，安置帮教青少年社会适应的结果是他们通过能动性调节所达成的人环动态关系。笔者通过对访谈资料的分析构建了一个由两个维度构成的安置帮教青少年社会适应类型框架。此框架中的一个维度为社会融入动机（积极性）维度，另一个维度则为社会支持维度。笔者在此框架构造的基础上将所有受访安置帮教青少年分为四类，分别为积极社会适应型、平稳社会适应型、抗争社会适应型和消极社会适应型。之所以安置帮教青少年会被分为不同的类别，且不同类别之间存在如此巨大的差异和各自鲜明特征，是由于环境因素与个人行动策略的交互组合的差异化组合。

安置帮教青少年从进入刑事司法系统起，便开始了与所处的微观、中观与宏观社会环境发生积极而深入的交互作用，在特定时间段内对资源和挑战进行选择性互动。笔者尝试整合特质论、过程论与结果论的单维视野，基于发展性社会生态系统观对安置帮教青少年社会适应的内涵进行整合性建构，基于研究结果，笔者总结出安置帮教青少年的社会适应具有过程动态性、结果多元性和环境互动性三大重要特征，安置帮教青少年的社会适应可以界定为安置帮教青少年在社会环境多系统相互作用过程中，通过运用各种行动策略而达成的与社会环境之间的动态关系状态（概念框架见图8-1）。

二 安置帮教青少年社会适应的干预对策

从社会适应的内涵属性可以看出，它是主体通过努力不断与外部环境互动的过程进而形成的与社会环境之间的某种动态关系状态。安置帮教青少年在服刑和释放的过程中，家庭、亲属和朋友等非正式社会支持系统发挥了较大作用，但是正式社会支持系统发挥作用尚有不足。本书立足生态系统理论和优势视角来进行干预对策的设计和实施。

第一，加强安置帮教相关的政策与制度建设。安置帮教青少年处于由多层级、多维度组分所构成的社会生态系统中，来自政策与法规中的排斥性条款及社会对于犯罪人的污名化情况，一定程度上阻碍了犯罪青少年回归社会，制定能够推动犯罪青少年释放后回归的政策与制度尤为必要。打造聚焦再犯预防与福利保障双重目标的一体化政策与制度内容，推进与安置帮教相关的政策与制度的法制化进程，并在这二者基础上，关注针对安置帮教青少年顺利回归的支持性特殊制度建设，这一从顶层设计入手所进行的政策与制度建设是安置帮教工作开展的强有力支撑。

第二，推动安置帮教服务体系的完善。作为从属于安置帮教整体格局中的有机组成部分，针对犯罪青少年的安置帮教工作需要一个具有服务能力、管理能力及各部门协调能力的安置帮教服务输送系统。在对现有安置帮教服务工作系统的工作状况进行调研和分析基础上，笔者提出，从加强安置帮教服务多工作主体合作机制、构建响应安置帮教青少年风险与需求的工作网络和聚焦安置帮教青少年社会适应动态性的工作流程再造这三个方面入手，来进行安置帮教服务输送体系优化。通过安置帮教服务系统设计、服务内容与服务方法优化，协助安置帮教青少年改善所处的外部环境，推动个人及家庭能力建设，增强个人就业能力、改善家庭互动模式、优化家庭系统内部资源配置，使他们的主体作用和潜能能够发挥出来。

第三，优化安置帮教工作人才队伍。安置帮教工作的开展离不开具有较高专业水平的工作人员。对于犯罪青少年的安置帮教，同样需要来自不同部门工作者的协作配合与服务提供。安置帮教青少年的非正式社会支持系统具有多元性特征，由本书第六章可知，消极型社会适应者和抗争型社会适应者往往具有较低工作技能和收入，且家庭整体经济条件较为窘迫困顿，特别是消极社会适应者还具有非正式社会支持网络破损的特点，这一研究发现提示我们，安置帮教工作者的专业能力是提升工作成效的必要保证。笔者提出了由工作知识素养、工作能力素养和政治与伦理素养构成的安置帮教工作者核心工作素养，并在分析当前安置帮教工作者的工作素养现状基础上，提出注重招聘选拔具有专业能力的应聘者、完善培训体制以提升专业素养，以及重视工作督导以促进工作效果为核心的安置帮教工作者工作素养提升的实现路径。

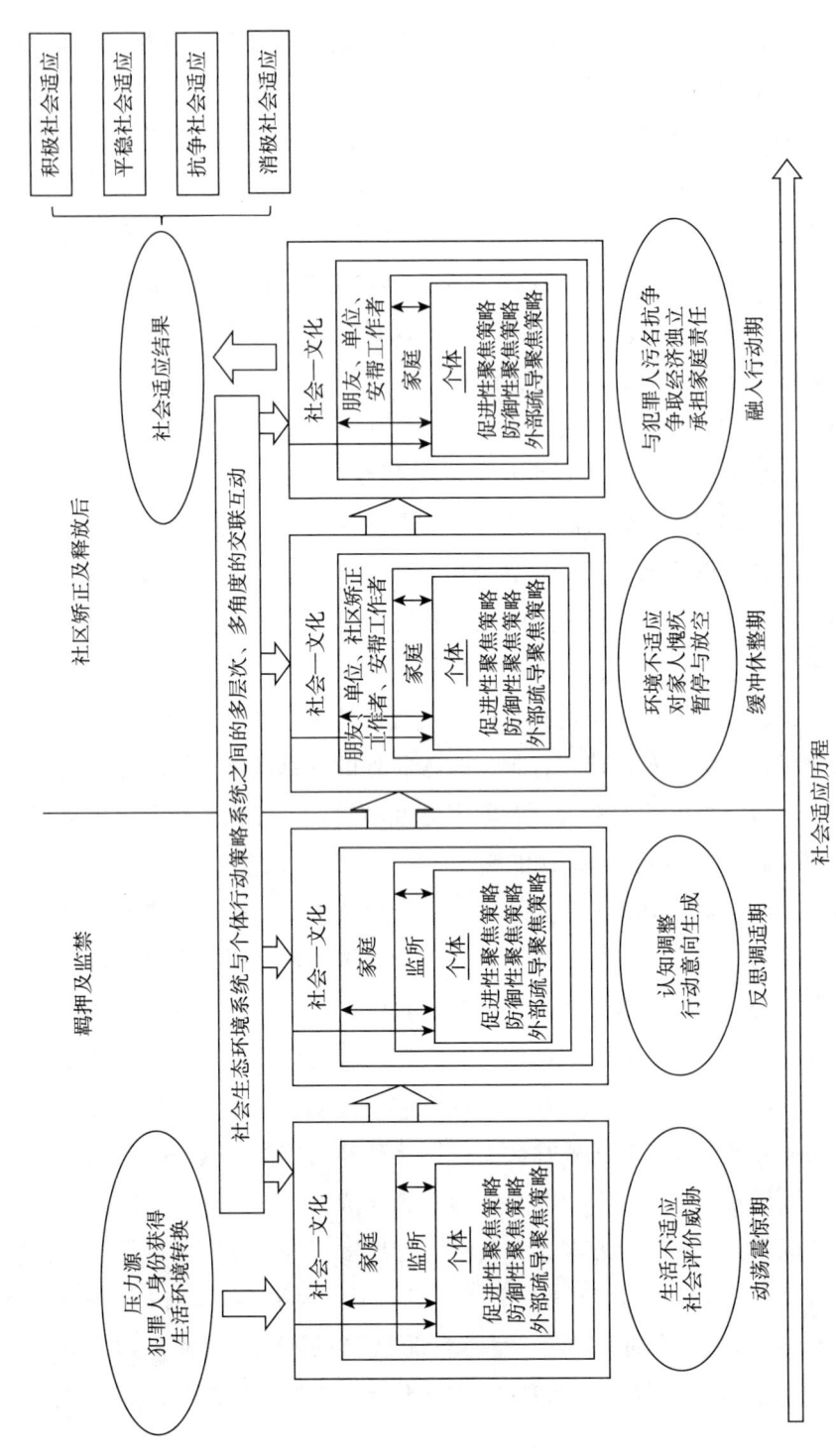

图 8-1 安置帮教青少年社会适应概念框架

第二节 研究贡献

本书尝试运用质性研究方法来对安置帮教青少年社会适应问题展开资料收集和分析工作。经历了研究准备、资料收集、资料分析和书稿撰写的一系列研究历程，笔者不断探索与思考，获得了对研究问题的明晰结论。归纳起来，本书的主要贡献体现在以下几方面。

第一，笔者通过对安置帮教青少年社会适应概念的整合性建构，实现了针对社会适应研究的概念框架创新。笔者通过对28名安置帮教青少年、11名矫正社会工作者、2名司法行政人员和2名社区治保主任的深入访谈，发现安置帮教青少年的社会适应具有过程动态性、结果多元性和环境互动性三大重要特征，安置帮教青少年的社会适应可以界定为安置帮教青少年在社会环境多系统相互作用过程中，通过积极主动地运用各种行动策略而达成的与社会环境之间的动态关系状态。这一概念的提出丰富了社会适应的理论解释，对社会适应理论推进做出了一定贡献。

第二，笔者采用"主位"视角深入研究安置帮教青少年的社会适应过程，以及在此过程中个体行动策略因素如何与所处社会生态系统因素相互作用，个体如何发挥主观能动性并取得积极适应结果，实现了针对安置帮教青少年研究的研究视角创新。本书突破了目前大多数针对安置帮教人员研究将本应被置于核心的安置帮教青少年"客体化"惯习，本书聚焦其行动策略，适应过程等，克服了研究结果的针对性和解释力欠佳的不足。通过对来自安置帮教青少年本人、其家人、社会工作者和司法干部等多元主体的访谈调研，笔者了解到安置帮教青少年的主观意义世界和社会适应过程，这是对于安置帮教人员研究在研究方式上的极大突破。

第三，笔者基于发展性社会生态系统理论对安置帮教青少年的社会适应的干预对策进行系统性建构，为完善针对安置帮教青少年的干预对策做出了一定贡献。安置帮教青少年所在的生态系统由多个不同系统重叠、嵌套而成，各个系统对他们的适应与发展都有着重大影响，个体社会功能和环境之间存在着多层次、多角度的相互影响，通过提升个体与他们所处各个环境系统之间的更好互动，可以强化安置帮教青少年的内在潜力和适应意愿。笔者认为，宏观政策与制度优化、服务多主体合作机制形成、聚焦风险与需求匹配的工作网络的搭建、关注社会适应动态性的安置帮教工作流程再造，以及专业工作者工作素养的提升这一系列宏观—中观—微观的对策方案设计，能够有力推动针对安置帮教青少年社会适应能力提升。

第四，笔者在深入调研基础上，提出对于安置帮教青少年社会适应的起点为他们被批捕进入刑事司法系统之时的观点，强调应关注犯罪青少年作为青少年具有发展性、弱势性和再犯风险性等多重特征，矫正与教育干预工作也要以犯罪人身份获得之时作为起点，并重视在羁押、服刑及回归社会过程中兼顾再犯预防与社会适应的双重目标，以社会适应推动预防犯罪人再犯和维护社会稳定的双重目标的实现。

总的来说，本书是针对我国安置帮教青少年的首部系统性社会学著作，提出了安置帮教青少年社会适应的概念框架，填补了此领域研究空白，有助于对犯罪青少年服刑与回归社会的历程获得较为全面的了解；本书通过深度访谈与参与观察，着重以安置帮教青少年视角来审视他们的社会适应历程与特征，这是对此领域既有研究偏重他者视角所取得研究结果的有价值补充；本书在系统影响模式的引领下提出针对性干预对策，为未来安置帮教青少年的服务方式转型提供了有价值参考。

第三节　研究不足与未来研究方向

由于研究能力与研究经验局限，本书还存在着一些不足，需要在未来研究中予以修正并能够对本书获得进一步深化。

本书通过质性研究方法对安置帮教青少年社会适应问题进行探索，发现了安置帮教青少年社会适应的系统图景。本书将监狱服刑释放人员及社区矫正解矫人员这两类人员作为研究对象，主要是基于相关文件对此群体的界定。更为现实的考量在于，一方面，安置帮教青少年在刑满释放人员中的比例极低，这使得研究对象获取的难度大大提高，在研究周期中很难获取更多受访者。另一方面，研究的开展要尊重受访者的知情同意权，刑满释放人员是正常社会成员，很多刑满释放人员在回归社会后，不愿意与司法部门有更多接触，对于司法部门引荐的研究者持拒绝态度，这进一步加剧了研究对象获取

第八章 结语

的难度。在未来研究中,笔者会进一步对社区矫正青少年和监禁服刑青少年进行区分,分别深入研究不同类型群体的社会适应历程和社会适应后果,以及他们各自与社会环境因素的互动作用状况,为提出有针对性的对策和建议提供证据参照。

本书严格按照质性研究的方法学要求实施,通过相关取样原则和实施步骤规范化,保证了研究结果的真实性和可靠性,但是,不可避免,由于研究对象难以获取等原因,无法对全体研究参与者进行纵向追踪研究,从而难以通过某一个案的发展变化来获得阶段性动态数据,挖掘出关于安置帮教青少年更为丰富的信息。

在未来研究中,笔者计划采用回顾性或前瞻性纵向追踪研究方法将现有质性研究进一步深化,以便获得安置帮教青少年社会适应的动态模式及各种影响因素的作用方向与强度方面等方面的信息。未来还要加强对于质性研究技能与技巧的训练,采用 NVIVO 或 ATLAS.TI 质性资料分析软件,对已有访谈资料进行分析,以期就此研究获得更为深入的认识。在现有针对上海市安置帮教系统中的安置帮教青少年的质性研究基础上,若能通过指标设定、大样本取样在全国范围内进行针对性量化研究,并将质性研究与量化研究相结合进行混合研究设计,一方面可以对现有针对安置帮教青少年社会适应的研究结果进行验证、丰富、完善和扩展;另一方面,通过不同研究方法所获得研究结果的碰撞,可以使对安置帮教青少年的社会适应问题的认识更加深化。

在本书中,笔者尝试在调查研究的基础上提出促进安置帮教青少年社会适应的对策建议,特别就宏观层面的政策与制度建设、中观层面的安置帮教服务体系完善及专业人才队伍建设提出了相应的对策与建议,而对于微观专业服务工作内容的设计与有效性验证还有待深入推进。针对这一问题,笔者认为,未来研究应深入安置帮教工作一线,通过对安置帮教青少年群体及其利益相关者做深入调研,并与安置帮教工作者密切合作,来探索专业工作方案的可行性和有效性,做好服务评估工作,使专业服务工作的专业性和规范性进一步提高。

参考文献

一 中文著作

车文博主编：《心理咨询大百科全书》，浙江科学技术出版社 2001 年版。

陈向明著：《质的研究方法与社会科学研究》，教育科学出版社 2000 年版。

费梅苹著：《次生社会化：偏差青少年边缘化的社会互动过程研究》，上海世纪集团出版社 2010 年版。

郭旨龙主编：《安置帮教工作指南》，中国法制出版社 2016 年版。

力康泰、韩玉胜主编：《刑事执行法原理》，中国人民大学出版社 1998 年版。

刘柳著：《女性服刑者的环境适应与再社会化研究》，中国社会科学出版社 2015 年版。

刘卫政、司徒颖怡著：《疏漏的天网：美国刑事司法制度》，中国社会科学出版社 2000 年版。

麦林华主编：《上海监狱志》，上海社会科学院出版社 2003 年版。

［德］马克斯·韦伯著：《社会科学方法论》，韩水法、莫茜译，商务印书馆 2013 年版。

杨世光、沈恒炎主编：《刑满释放人员回归社会问题专论——回归社会学研究》，社会科学文献出版社 1995 年版。

叶重新著：《教育研究法》，扬智文化事业股份有限公司 2001 年版。

［英］格里·约翰斯通编著：《恢复性司法：理念、价值与争议》，郝方䫜译，中国人民公安大学出版社 2011 年版。

二 期刊报纸

曹瑞、李芳、张海霞：《从主观幸福感到心理幸福感、社会幸福感——积极心理学研究的新视角》,《天津市教科院学报》2013 年第 5 期。

常淑敏、汪姣、张文新:《青少年犯罪的个体与背景危险因素的质性研究》,《中国特殊教育》2014 年第 7 期。

陈晨:《流动青少年重新犯罪的非制度性因素探析》,《中国人民公安大学学报》(社会科学版)2013 年第 4 期。

陈氚:《网络权利变迁中的国家机遇》,《中共中央党校学报》2015 年第 3 期。

陈建文:《论社会适应》,《西南大学学报》(社会科学版)2010 年第 1 期。

陈建文、黄希庭:《中学生社会适应性的理论建构及量表编制》,《心理科学》2004 年第 1 期。

陈赛金:《来沪未成年人重新犯罪成因分析及其预防体系建构》,《青少年犯罪问题》2018 年第 3 期。

陈珊、童峰等:《认知行为治疗降低社区服刑人员再犯率有效性的系统评价》,《中国心理卫生杂志》2018 年第 9 期。

陈蓉、胡琪:《青年新移民社会适应状况与发展》,《当代青年研究》2015 年第 5 期。

丛梅:《未成年人重新犯罪实证研究》,《河南警察学院学报》2011 年第 5 期。

丛梅:《社会管理创新视域下青少年犯罪防控研究》,《预防青少年犯罪研究》2013 年第 2 期。

崔永康、郑国贤等:《犯罪标签:香港青年男性刑释人员的受歧视感和自我污名》,《青少年犯罪问题》2016 年第 5 期。

范晓光:《青年农民工的社会适应》,《当代青年研究》2008 年第 4 期。

方晓义、林丹华等:《亲子沟通类型与青少年社会适应的关系》,《心理发展与教育》2004 年第 1 期。

方晓义、张锦涛等:《亲子冲突与青少年社会适应的关系》,《应用心理学》2003 年第 4 期。

费梅苹、张晓灿:《社区矫正对象的复原力发展过程探究》,《浙江工商大学学报》2020 年第 2 期。

风笑天:《落地生根?三峡农村移民的社会适应》,《社会学研究》2004 年第 5 期。

风笑天:《中国第一代城市独生子女的社会适应》,《教育研究》2005 年第

10 期。

冯雪红：《藏族生态移民的生计差异与社会适应》，《北方民族大学学报》（哲学社会科学版）2019 年第 3 期。

福建省未成年犯管教所课题组：《福建省未成年犯回归社会的安置帮教工作研究》，《犯罪与改造研究》2018 年第 12 期。

高梅书、张昱：《国外出狱人社会适应研究及对当代中国的启示》，《华东理工大学学报》（社会科学版）2013 年第 1 期。

郭成、杨满云等：《少年儿童社会适应问卷的初步修订及信效度检验》，《西南大学学报》（社会科学版）2018 年第 3 期。

郭理蓉：《刑罚政策的概念、功能及模式》，《中国刑事法杂志》2006 年第 2 期。

郭星华、任建通：《规训与选择：对刑释人员回归社会的法社会学研究》，《江苏行政学院学报》2014 年第 4 期。

郭星华、任建通：《刑满释放人员社会适应的法社会学研究：主体间性的视角》，《国家行政学院学报》2014 年第 4 期。

郝振、崔丽娟：《自尊和心理控制源对留守儿童社会适应的影响研究》，《心理科学》2007 年第 5 期。

洪佩、邓泉阳：《特殊群体的情感治理策略：基于社区服刑人员社会互动情境的审视》，《社会工作与管理》2019 年第 3 期。

胡滨：《对未成年人归正群体回归社会中的社会排斥分析》，《青少年犯罪问题》2009 年第 1 期。

胡韬、郭成：《流动少年儿童社会适应与其影响因素的结构模型》，《西南大学学报》（社会科学版）2013 年第 1 期。

胡中锋、黎雪琼：《质的研究之反思》，《广州大学学报》2003 年第 11 期。

黄诚：《论促进刑释未成年犯的社会融入》，《社会工作》2014 年第 3 期。

黄盈盈、潘绥铭：《中国社会调查中的研究伦理：方法论层次的反思》，《中国社会科学》2009 年第 2 期。

贾洛川：《试论社会管理创新视域下出狱人社会保护的创新》，《河北法学》2012 年第 12 期。

贾晓波：《心理适应的本质与机制》，《天津师范大学学报》（社会科学版）

2001年第1期。

江立华、王寓凡:《空间变动与"老漂族"的社会适应》,《中国特色社会主义研究》2016年第5期。

金灿灿、邹泓、侯珂:《情绪智力和父母社会支持对犯罪青少年社会适应的影响:直接效应还是缓冲效应?》,《心理科学》2011年第6期。

金灿灿、邹泓等:《中学生亲子依恋的特点及其对社会适应的影响:父母亲密的调节作用》,《心理发展与教育》2010年第6期。

金灿灿、邹泓:《中学生班级环境、友谊质量对社会适应影响的多层线性模型分析》,《中国特殊教育》2012年第8期。

井世洁:《社区矫正青少年的社会支持及其与精神健康的关系——基于上海市J区的实证分析》,《华东理工大学学报》(社会科学版)2010年第2期。

景晓芬、李松柏:《农村婚姻迁移女性社会适应差异性研究》,《西北农林科技大学学报》(社会科学版)2013年第4期。

孔一:《犯罪生涯的开始》,《河南警察学院学报》2019年第6期。

孔一:《少年再犯研究——对浙江省归正青少年重新犯罪的实证分析》,《中国刑事法杂志》2006年第4期。

利翠珊:《华人婚姻韧性的形成与变化:概念釐清与理论建构〉》,中央研究院人文社会科学研究中心、佛光人文社会学院心理学系暨研究所、台湾大学华人本土心理学研究追求卓越计划、台湾大学心理学系暨研究所主办「第七届华人心理与行为科技学术研讨会」(台北)宣读之论文,2004年。

李冬梅、雷雳、邹泓:《青少年社会适应行为的特征及影响因素》,《首都师范大学学报》(社会科学版)2007年第2期。

李荷:《社会研究的伦理规范——历史、哲学与实践》,《人文杂志》2011年第3期。

李红梅:《青少年自律缺失现象剖析》,《青年探索》2006年第6期。

李嵘:《拓展训练对青少年社会适应能力影响的研究》,《体育文化导刊》2015年第10期。

李珊:《影响移居老年人社会适应因素的研究》,《中国老年学杂志》2011年第 12 期。

李霞、朱志玲、文琦：《土地开发整治中生态移民的社会适应策略研究》，《土地开发工程研究》2016 年第 1 期。

李豫黔：《我国未成年人犯罪现状剖析及预防重新犯罪对策思考》，《预防青少年犯罪研究》2015 年第 1 期。

梁波、王海英：《国外移民社会融入研究综述》，《甘肃行政学院学报》2010 年第 2 期。

梁宗保、孙铃等：《父亲情绪表达与儿童社会适应：气质的调节作用》，《心理发展与教育》2011 年第 4 期。

梁宗保、马林阁等：《父母婚姻关系质量与学前儿童社会适应：父母养育行为的中介作用》，《中国临床心理学杂志》2016 年第 3 期。

梁宗保、胡瑞等：《母亲元情绪理念与学前儿童社会适应的相互作用关系》，《心理发展与教育》2016 年第 4 期。

林清红：《未成年人刑事责任年龄起点不宜降低》，《青少年犯罪问题》2016 年第 1 期。

刘斌志：《毒瘾艾滋病感染者的社会适应历程及影响因素》，《南京人口管理干部学院学报》2013 年第 3 期。

刘冬：《质性、量化方法论的融合对社会工作的意义》，《哈尔滨工业大学学报》（社会科学版）2019 年第 4 期。

刘国庆：《论治疗法理学》，《甘肃社会科学》2019 年第 5 期。

刘建：《社会治理创新的路径及逻辑"无缝隙对接与治理术"》，《中共宁波市委党校学报》2018 年第 4 期。

刘柳：《从福利支持视角论刑满释放者的社会融入》，《国家行政学院学报》2014 年第 6 期。

刘庆、陈世海：《移居老年人社会适应的结构、现状与影响因素》，《南方人口》2015 年第 6 期。

刘文婧、许志星、邹泓：《父母教养方式对青少年社会适应的影响：人格类型的调节作用》，《心理发展与教育》2012 年第 6 期。

刘晓静、余益兵等：《农村留守儿童认知评价与社会适应的关系：一个有调节的中介模型》，《中国特殊教育》2016 年第 7 期。

刘政：《社区矫正的惩罚功能重塑与惩罚机制重构》，《法学论坛》2019 年第 11 期。

刘宗华：《易地扶贫搬迁移民社会适应研究》，《三峡大学学报》（人文社会科学版）2018 年第 5 期。

陆芳、陈国鹏：《青少年自主—联结的发展及其与社会适应的关系研究》，《心理科学》2012 年第 2 期。

卢晖临、李雪：《如何走出个案：从个案研究到扩展个案研究》，《中国社会科学》2007 年第 1 期。

罗云、张雯闻：《质化研究：超越小样本迈向更大研究意义之可能》，《全球教育展望》2018 年第 6 期。

马凤鸣：《农民工城市社会适应的影响因素：基于重庆和珠三角的比较研究》，《西南大学学报》（社会科学版）2012 年第 2 期。

马凤鸣、陈玲：《西部城市农民工双重社会适应研究：基于重庆的问卷调查》，《西北人口》2012 年第 1 期。

缪伟君：《重新犯罪成因实证调查研究》，《宁夏大学学报》（人文社会科学版）2012 年第 3 期。

莫瑞丽、金国华：《对刑释人员回归社会中的社会排斥分析》，《南都学坛》（人文社会科学版）2008 年第 3 期。

莫瑞丽、袁泽民：《社会排斥视角下的刑释人员社会保障问题研究》，《求索》2010 年第 10 期。

莫瑞丽、金国华：《对刑释人员遭受就业排斥的原因分析》，《理论界》2008 年第 4 期。

莫瑞丽、袁泽民：《刑释人员人际交往中的社会排斥研究》，《青海社会科学》2012 年第 5 期。

聂衍刚、林崇德等：《青少年社会适应行为与大五人格的关系》，《心理科学》2008 年第 4 期。

庞岩、凌军、张慧：《短刑期罪犯回归的社会排斥问题及相关对策》，《江苏经管学院学报》2016 年第 2 期。

彭华民：《社会排斥与社会融合——一个欧盟社会政策的分析路径》，《南开学报》（哲学社会科学版）2005 年第 1 期。

任建通、冯景:《刑满释放人员社会融入的多维性研究》,《安徽警官职业学院学报》2015年第3期。

任希全:《新时期刑释人员的社会保护》,《中国青年政治学院学报》2012年第6期。

上海市第一中级人民法院少年审判庭课题组:《未成年重新犯罪的实证分析及对策研究》,《青少年犯罪问题》2011年第3期。

史晓浩、王毅杰:《流动儿童城市社会适应结构与策略选择》,《广西民族大学学报》(哲学社会科学版)2009年第1期。

束锡红:《宁夏南部山区回族聚居区生态移民的社会适应》,《北方民族大学学报》(哲学社会科学版)2015年第4期。

苏红、许小玲:《三峡移民的社会适应策略》,《思想战线》2005年第1期。

苏志强、张大均、邵景进:《社会经济地位与留守儿童社会适应的关系:歧视知觉的中介作用》,《心理发展与教育》2015年第2期。

孙九霞、黄凯洁:《融合与区隔:穆斯林旅游移民在三亚回族村的社会适应》,《民族研究》2016年第6期。

孙铃、陈会昌、单玲:《儿童期社交退缩的亚类型及与社会适应的关系》,《心理科学进展》2004年第3期。

孙双明、刘波等:《青少年体育参与和社会适应关系的实证研究》,《北京体育大学学报》2019年第2期。

孙涛:《社会治理体制创新中的跨部门合作机制研究》,《云南民族大学学报》(哲学社会科学版)2016年第3期。

孙晓敏、刘邦惠、吕郭威:《国外犯罪青少年重新犯罪的风险因子及其评估工具》,《预防青少年犯罪研究》2015年第1期。

谭和平:《儿童情绪性及情绪控制与社会适应能力的关系研究》,《心理科学》2009年第6期。

谭腾飞、张继生等:《武术对青少年社会适应的影响及学生类型的调解作用》,《武汉体育学院学报》2018年第8期。

田晓娟:《同心县生态移民的生活状况与社会适应研究》,《宁夏社会科学》2012年第4期。

万云松、陈贵玲:《留守未成年人重新犯罪问题实证研究》,《青少年犯罪问题》2015 年第 6 期。

王建民、杨木春：《胜任力研究的历史演进与总体走向》，《公共管理》2012 年第 12 期。

王建平、叶锦涛：《大都市老漂族生存和社会适应现状初探》，《华中科技大学学报》（社会科学版）2018 年第 2 期。

王建平、李董平、张卫：《家庭经济困难与青少年社会适应的关系：应对效能的补偿、中介和调节效应》，《北京师范大学学报》（社会科学版）2010 年第 4 期。

王景芝、陈段段、陈嘉妮：《流动儿童自我控制与社会适应的关系：心理韧性的中介作用》，《中国特殊教育》2019 年第 10 期。

王瑞山：《城市本地籍未成年人犯罪生成及遏制实证分析》，《华东师范大学学报》（哲学社会科学版）2019 年第 4 期。

王瑞山：《论刑释人员回归社会的制度困境》，《河南警察学院学报》2015 年第 4 期。

王熙：《质性研究中的多重研究关系和伦理"雷区"：一位行动研究者的自反性思考》，《教育学报》2009 年第 4 期。

王维皓、李晓宇等：《社会适应与社区服刑人员再犯风险的关系》，《心理月刊》2019 年第 17 期。

王晓芬、周会：《流动儿童早期社会适应能力发展现状》，《学前教育研究》2013 年第 7 期。

王跃生：《中国家庭结构变动与特征》，《人口与计划生育》2017 年第 9 期。

王永丽、林崇德、俞国良：《儿童社会生活适应量表的编制与应用》，《心理发展与教育》2005 年第 1 期。

魏星、吕娜等：《童年晚期亲社会行为与儿童的心理社会适应》，《心理发展与教育》2015 年第 4 期。

魏永峰：《中国转型经济中的关系网络与求职方式》，《甘肃行政学院学报》2017 年第 3 期。

魏永峰：《市场抑或网络：中国转型经济中的求职方式》，《浙江社会科学》2015 年第 1 期。

文贤庆：《儒家家庭本位伦理与代际正义》，《南京社会科学》2014 年第 11 期。

马文·E. 沃尔夫岗、朱文英：《对青少年犯罪和其他犯罪的纵向研究》，《环球法律评论》1987年第2期。

吴炳义、董征等：《山东省三峡外迁移民社会适应状况的分析》，《西北人口》2010年第6期。

吴鹏森：《新中国刑释人员社会政策的历史演变》，《学术月刊》2016年第7期。

夏扉、叶宝娟：《压力性生活事件对青少年烟酒使用的影响：基本心理需要和应对方式的链式中介作用》，《心理科学》2014年第6期。

向前：《未成年人重新犯罪问题实证研究——以东莞市为例》，《赤峰学院学报》（汉文哲学社会科学版）2016年第12期。

萧英玲、利翠珊：《夫妻间的恩情与亲密：简效量表的发展》，《本土心理学研究》2009年第32期。

谢庆斌、胡芳等：《母亲教养方式对4岁儿童社会适应的影响：执行功能的中介作用》，《中国临床心理学杂志》2019年第3期。

辛丽平：《贵州民族地区扶贫移民中的社会适应研究》，《贵州民族研究》2019年第3期。

徐建平、张雪岩、胡潼：《量化和质性研究的超越：混合方法研究类型及应用》，《苏州大学学报》（教育科学版）2019年第1期。

许又新：《"落地未生根"新生代农民工城市社会适应研究》，《南方人口》2007年第4期。

杨飞龙、李翔、朱海东：《学校氛围和青少年社会使用的关系：一个有调节的中介效应》，《中国临床心理学杂志》2019年第2期。

杨贵华：《社区共同体的资源整合及其能力建设——社区自组织能力建设路径研究》，《社会科学》2010年第1期。

杨彦平、金瑜：《中学生社会适应量表的编制》，《心理发展与教育》2007年第4期。

姚建龙：《美国少年司法严惩刑事政策的形成、实践与未来》，《法律科学》2008年第3期。

叶光辉：《高龄化下的代间关系——台湾民众孝道信念变迁趋势分析（1994—2011）》，《社会学研究》2014年第2期。

叶婷、吴慧婷、蒂佳婷：《社会经济地位与青少年社会适应的关系：感恩的补偿和调节效应》,《心理学探新》2012 年第 1 期。

尹琳:《美国"治疗性司法"理念的实践及其启示》,《政治与法律》2014 年第 12 期。

应培礼:《论刑满释放人员回归社会的制度排斥》,《法学》2014 年第 5 期。

应星:《质性研究的方法论再反思》,《广西民族大学学报》(哲学社会科学版) 2016 年第 4 期。

袁泽民、莫瑞丽:《社会排斥视角下的刑释人员回归社会的特点探讨》,《社会福利》(理论版) 2013 年第 10 期。

袁泽民、莫瑞丽:《社会排斥与刑释人员的婚恋与家庭问题》,《求索》2013 年 5 期。

俞国女:《未成年犯矫正对策与再犯预防实证研究》,《法治研究》2012 年第 5 期。

曾荣、张冲、邹泓:《中学生的学校人际关系特点及其与社会适应的关系》,《中国特殊教育》2010 年第 12 期。

曾守锤、李其维:《流动儿童社会适应的研究:现状、问题及解决办法》,《心理科学》2007 年第 5 期。

曾守锤:《流动儿童的心理适应:困境、问题、优势及建议》,《华东理工大学学报》(社会科学版) 2010 年第 5 期。

张更立:《农村留守儿童孤独感与社会适应的关系:感恩的中介作用》,《教育研究与实验》2017 年第 3 期。

张静、王金云:《"交互决定论"下新生代农民工社会适应能力及其培养》,《华南师范大学学报》(社会科学版) 2014 年第 1 期。

张丽芬、朱颖、张才安:《社会工作介入刑满释放人员社会融入问题研究》,《社会工作》2012 年第 1 期。

张青、王争艳、董书阳:《青少年创造性发展及其脑机制研究进展》,《心理科学》2017 年第 5 期。

张庆鹏、孙元:《居住稳定性对流动儿童积极社会适应的影响:感知重要他人关注的调节作用》,《中国特殊教育》2018 年第 5 期。

张文娟、邹泓、梁钰苓:《青少年父母支持的特点及其对社会适应的影响:情绪智力的中介作用》,《心理发展与教育》2012 年第 2 期。

张文娟、邹泓、李晓巍:《青少年的父母监控状况及其对社会适应的影响》,《心理发展与教育》2011年第3期。

张雅慧、鲁忠义:《青少年犯罪者道德概念垂直空间隐喻的心理表征及其原因》,《心理发展与教育》2019年第6期。

张友印、余益兵、沙家明:《社会适应双功能模型在犯罪青少年群体中的初步验证》,《中国特殊教育》2015年第12期。

张知博:《美国少年法院的刑事政策变迁及启示》,《中国青年社会科学》2017年第2期。

赵宝宝、金灿灿、邹泓:《青少年亲子关系、消极社会适应和网络成瘾的关系:一个有中介的调节作用》,《心理发展与教育》2018年第3期。

赵莉:《新生代农民工多维性社会适应研究》,《中国青年政治学院学报》2013年第1期。

赵莉、王蜜:《城市新兴职业青年农民工的社会适应》,《中国青年社会科学》2017年第2期。

赵丽丽:《城市女性婚姻移民的社会适应及其影响因素研究》,《上海交通大学学报》(哲学社会科学版)2008年第3期。

朱妙、李振武、张世欣:《关于上海市未成年人重新犯罪情况的调研报告》,《上海公安高等专科学校学报》2014年第3期。

邹泓、刘艳等:《青少年社会适应的保护性与危险性因素的评估》,《心理发展与教育》2015年第1期。

邹泓、余益兵等:《中学生社会适应状况评估的理论模型建构与验证》,《北京师范大学学报》(社会科学版)2012年第1期。

三 学位论文

乔子月:《刑释解教人员的再社会化研究》,硕士学位论文,内蒙古大学,2014年。

四 外文文献

Barendregt C. S., Van der Laan, A. M., Bongers I. L. & Nieuwenhuizen C. V., "Quality of life, delinquency and psychosocial functioning of adolescents in secure residential care: testing two assumptions of the Good Lives Model", *Child adolescence psychiatry mental health*, 2018.

Bazemore G. & Terry W. C. , "Developing delinquent youths: A reintegrative model for rehabilitation and a new role for the juvenile justice system", *Child Welfare*, 1997.

Bourdieu P. , "Social Space and Symbolic Powder", *Social Theory*, 1989.

Blascovich J. & Tomaka J. , "The biopsychosocial model of arousal regulation", *Advances in Experimental Social Psychology*, 1996.

Bryman A. , "The debate about quantitative and qualitative research: a question of method or epistemology?", *The British Journal of Sociology*, 1984.

Burnett R. , "Understanding criminal careers through a series of in-depth interviews", *Offender Programs Report*, 2000.

Bouchard J. & Wong J. S. , "Examining the effects of intensive supervision and aftercare programs for at risk youth", *International Journal of Offender Therapy and Comparative Criminology*, 2018.

Clark M. , "Brief solution-focused work: A strengths-based method for juvenile justice practice", *Juvenile & Family Court Journal*, 1996.

Deng S. & Roosa M. W. , "Family influences on adolescent delinquent behaviors: applying the social development model to a chinese sample", *American Journal of Community Psychology*, 2007.

Denzin N. K. & Lincoln Y. S. , *Handbook of Qualitative Research*, Sage Publications, Thousand Oaks, 1994.

Dickerson S. S. & Kemeny M. E. , "Acute stressors and cortisol responses: A theoretical integration and synthesis of laboratory research", *Psychological Bulletin*, 2004.

Diclemente R. J. , Wingood G. M. & Crosby R. , "Parental monitoring: Association with adolescents' risk behaviors", *Pediatrics*, 2001.

DiLorito C. , Völlm B. & Dening T. , "The individual experience of ageing prisoners: systematic review and meta-synthesis through a Good Lives Model framework", *International Journal of Geriatric Psychiatry*, 2018.

DollE. , "The essentials of an inclusive concept of mental deficiency", *American*

Journal of Mental Deficiency, 1941.

Ekland-Olson S., Supancic M., Campbell J. & Lenihan K. J., "Post-release depression and the importance of familial support", *Criminology*, 1983.

Flyvbjerg B., "Case Study", Denzin N. K. & Lincoln Y. S., *The Sage Handbook of Qualitative Research* (4th ed.), Los Angeles/London/New Delhi/Singapore/Washington DC: SAGE, 2011.

Gendreau P., French S. & Gionet A., "What works (what doesn't work) —revised 2002: The principle of effective correctional treatment", *Journal of Community Corrections*, 2004.

Graves N. & Graves T., "Adaptive strategies in Urban Migration", *Annual Review of Anthropology*, 1974.

Grossman H., "Classification in mental retardation", Washington DC: AAMD, EUA, 1983.

Hammersley M., "*What's wrong with Ethnography?*", London: Routledge, 1992.

Kurtz D. & Linnemann T., "Improving probation through client strengths: evaluating strength based treatments for at risk youth", *Western Criminology Review*, 2006.

Lave C. A. & March J. G., "*An introduction to models in the social sciences*", New York: Harper & Row, 1975.

LeComple M. D. & Goetz J. P., "Problems of reliability and validity in ethnographic research", *Review of Educational Research*, 1982.

Lindlof, T. R. & Taylor B., "Qualitative communication research methods", *Sage*, Thousand Oaks, 1995.

Liu R. X. & Lin W., "Delinquency among Chinese adolescents: Modeling sources of frustration and gender differences", *Deviant Behavior*, 2007.

Marion B., Regehr C., Power R., Hughes J., Woodford M. & Regehr G., "Toward new approaches for evaluating student field performance: Tapping the implicit criteria used by experienced field instructors", *Journal of Social Work Education*, 2004.

Marshall C. & Rossman G. B., *Designing qualitative research* 4th ed., SAGE Publications, 2006.

Menon S. E. & Cheung M. , "Desistance-focused treatment and asset-based programming for juvenile offender reintegration: A review of research evidence", *Child and Adolescent Social Work Journal*, 2018.

Nelson M. , Deess P. & Allen C. , "The first month out: Post-incarceration experiences in new york city", *Federal Sentencing Reporter*, 2011.

O'Reilly K. , "*Ethnographic methods*", London: Routledge, 2004.

Patton M. , "*Qualitative evaluation and research methods*", 2nd ed. , London: Sage Publications, 1990.

Pomerleau O. , Adkins D. & Pertschuk M. , "Predictors of outcome and recidivism in smoking cessation treatment", *Addictive Behaviors*, 1978.

Richard E. & Southern S. , "Correctional Case Management", Cincinnati, Ohio: Anderson Publishing Co. , 1996.

Ronel N. , "Positive criminology in practice", *International Journal of Offender Therapy and Comparative Criminology*, 2014.

Ronel N. & Elisha E. , "A different perspective: Introducing positive criminology", *International Journal of Offender Therapy and Comparative Criminology*, 2011.

Rossman G. B. , Rallis S. , An Introduction to Qualitative Research: Learning in the Field, 2nd ed. , Thousand Oaks, CA: Sage, 2003.

Scales P. C. , Benson P. L. , Leffert N. & Blyth D. A. , "Contribution of developmental assets to the prediction of thriving among adolescents", *Applied Developmental Science*, 2000.

Taylor S. E. , "Adjustment to threatening events: A theory of cognitive adaptation", *American Psychologist*, 1983.

Unnever J. D. , Cullen F. T. & Travis P. C. , "Parental management, ADHD, and delinquent involvement: Reassessing gottfredson and hirschi's general Theory", *Justice Quarterly*, 2003.

Ward T. , Mann R. E. & Gannon T. A. , "The good lives model of offender rehabilitation: Clinical implications", *Aggression and Violent Behavior*, 2007.

Weitzman E. A. , "Software and qualitative research", Denzin N. and Lincoln Y. ,

Eds., *Handbook of qualitative research*, Thousand Oaks, CA: Sage. 2000.

Willis G. M., Ward T. & Levenson J. S., "The good lives model (GLM): an evaluation of GLM operationalization in North American treatment programs", *Sex Abuse*, 2014.

附录 1 安置帮教青少年访谈对象基本情况表

编号	性别	婚姻	年龄	教育程度	是否在职	家庭结构	刑期	犯罪类型	释放/解矫时间
JRY-X-01	男	未婚	21	中专	模特（兼职）	跟父母住，父母经常吵架	缓刑 2 年	聚众斗殴	2014.12
JRY-X-02	男	未婚	19	中专肄业	否	父母离婚，与父亲住	有期徒刑 2 年，假释 1 年	抢劫	2017.12
JRY-X-03	男	已婚	24	初中	殡葬行业	与父母爷爷妻子住，有婚外情	缓刑 1 年	聚众斗殴	2017.09
JRY-X-04	男	未婚	19	中专	否	和外公、父母住	缓刑 1 年	聚众斗殴	2016.04
JRY-X-05	男	未婚	25	本科	网络工程	家庭关系较好	有期徒刑 4 年	诈骗	2015.09
JRY-X-06	男	未婚	23	初中	否	父母离婚，跟父亲住	有期徒刑 5 年	敲诈勒索	2017.06
JRY-X-07	男	订婚	25	初中	否	父母离婚，跟母亲住	有期徒刑 1 年 3 个月	容留他人吸毒罪	2016.01
JRY-X-08	男	已婚	25	中专	仓库管理	父母亲离婚，跟父亲爷爷奶奶住	缓刑 7 个月	聚众斗殴	2015.10

续表

编号	性别	婚姻	年龄	教育程度	是否在职	家庭结构	刑期	犯罪类型	释放/解矫时间
JRY-X-09	女	未婚	24	高中	人力资源	和父母同住，关系较好	缓刑1年	合同诈骗	2017.02
JRY-X-10	男	未婚	20	初中	驯狗师	父母离婚，跟外婆住	缓刑1年6个月	盗窃	2016.06
JRY-X-11	男	未婚	23	中专	服装设计	自己在外住，和父母关系较好	缓刑1年	聚众斗殴	2016.09
JRY-X-12	男	未婚	22	专升本在读	后勤	自己在外地	缓刑2个月	交通肇事	2017.07
JRY-X-13	男	未婚	21	中专	否	自己住，与父母关系好	缓刑4个月	盗窃	2017.12
JRY-X-14	男	已婚	25	本科	否	与父母关系较好	缓刑1年	盗窃	2016.12
JRY-P-15	男	未婚	24	初中	机械制造	与父母同住，关系加好	有期徒刑4年8个月	诈骗	2018.04
JRY-P-16	男	未婚	25	初中	车间工人	父母离婚，与父亲同住	有期徒刑1年4个月	诈骗	2015.02
JRY-P-17	男	未婚	20	中专	汽车维修	与父母合住，关系较好	缓刑6个月	盗窃	2017.09
JRY-P-18	男	未婚	23	本科	销售	父亲去世，与母亲合住	缓刑6个月	寻衅滋事	2018.02
JRY-P-19	男	已婚	23	中专	否	与妻子、母亲同住	缓刑2年	聚众斗殴	2017.01
JRY-P-20	男	未婚	23	大专	否	与父母、姐姐同住	缓刑6个月	故意伤害	2017.06

附录1 安置帮教青少年访谈对象基本情况表

续表

编号	性别	婚姻	年龄	教育程度	是否在职	家庭结构	刑期	犯罪类型	释放/解矫时间
JRY-P-21	男	未婚	25	初中	销售主管	父母离婚，与母亲合住	有期徒刑6个月	容留他人吸毒	2013.08
JRY-P-22	男	未婚	21	高职	个体经营	父母离婚，与母亲合住	有期徒刑6个月	非法拘禁	2016.06
JRY-P-23	男	未婚	21	中专	物流司机	与父母合住	缓刑1年	寻衅滋事	2017.11
JRY-P-24	男	未婚	22	大专	工程师	父母离婚，与父亲合住	缓刑4个月	寻衅滋事	2018.05
JRY-P-25	男	未婚	23	中专	开宠物店	与父母合住	有期徒刑1年10个月	聚众斗殴	2017.03
JRY-P-26	男	未婚	24	本科	设备维修	父母离婚，独住	缓刑6个月	盗窃	2016.08
JRY-P-27	男	已婚	23	初中	待业	与父母、妻女同住	拘役2个月	盗窃	2017.07
JRY-P-28	女	未婚	20	初中	钻石销售	与父亲、继母合住	有期徒刑2年	抢劫	2014.05

注释：受访安置帮教青少年的编号由三部分组成，第一部分为安置帮教青少年之意，取英文juvenile re-entry的首字母及最后一个字母，第二部分为访谈对象所在区，第三部分为具体编号。

229

附录2 安置帮教工作人员访谈对象情况表

编号	职位	职务	从业年限年龄
SW-01	社工	高层管理者	12年
SW-02	社工	中层管理者	5年
SW-03	社工	中层管理者	6年
SW-04	社工	一线社工	10年
SW-05	社工	一线社工	4年
SW-06	社工	一线社工	10年
SW-07	社工	一线社工	1年
SW-08	社工	一线社工	2年
SW-09	社工	一线社工	3年
SW-10	社工	一线社工	10年
SW-11	社工	入监社工	6年
OF-01	专职干部	司法行政人员	5年
OF-02	专职干部	司法行政人员	3年
CV-01	社区志愿者	居委会治保主任	5年
CV-02	社区志愿者	居委会治保主任	2年

附录3 安置帮教青少年社会适应状况访谈提纲

本研究采用半结构式访谈提纲来指导访谈过程。访谈提纲可作为参考或引导，访谈员无需完全遵从提纲的提问顺序。访谈前由访谈员先自我介绍，说明访谈的目的和保密原则，并征得受访者的同意后进行录音。

1. 请你简单谈谈你个人和家庭的基本情况（年龄、案由、刑满时间、教育情况、工作情况、家庭结构等）。

2. 请问你对自己现在的生活是否满意？（追问：如果回不满意，询问不满意的方面）

3. 请问你认为是什么原因导致了你现在对生活的满意/不满意态度？

4. 请问你怎么看待你的服刑经历？

5. 请问你在刑期刚满，回到社会和家庭的时候，心态是怎样的？现在和当时有什么区别？（追问：你是如何度过那段日子的？）

6. 请问你现在的家庭关系怎么样呢？（追问：你觉得这样的家庭关系是否令你满意？）

7. 请问你的家人是否在你服刑期间、期满之后给予了你帮助？（追问：何种形式、何种程度的帮助）

8. 请问你在校期间（如果受访者服刑前或服刑期仍在上学）有没有受到学校的帮助？（追问：何种形式、何种程度的帮助）

9. 请问你在服刑期间，社区老师/看守所是否对你有过辅导？你觉得对你有无帮助？（追问：如果没有，原因是什么？有的话，是什么方面的帮助？）

10. 请问在刑期期满之后，社区老师和你是否还有联系？何种方式的联系？对你是否有帮助？（追问：如果有，请谈谈帮助的形式和内容）

11. 请问你刑期期满后，是否找到了工作？做了多久？（追问：如果没有，询问原因；如果有工作，询问做了多久或辞职/辞退原因、工作性质、寻

找途径）

12. 请问你觉得在找工作的过程中是否有困难？你是如何解决的？

13. 请问你的社交圈子是否广泛？你和朋友的关系如何？你的朋友对你有过帮助吗？

14. 回顾你过去几年的经历，哪件事/个人给你留下了深刻的印象？你对此有何态度？

15. 请问你觉得自己的行为方式和以前是否一样？（追问：如果不一样，是哪方面的不一样，原因是什么）

16. 请问你有什么近期目标或者长远打算？想通过什么方式来实现这个目标？

17. 请问现阶段你在生活中有什么困扰或者担心吗？需要哪方面的帮助？

18. 请问你是否了解安置帮教的政策？你觉得这个政策还有什么可以改进的地方？

19. 请问你还有其他想法或意见想和我分享吗？

最后，感谢受访者接受访谈！

附录 4　安置帮教工作人员访谈提纲

本研究采用半结构式访谈提纲来指导访谈过程。访谈提纲可作为参考或引导，访谈员无需完全遵从提纲的提问顺序。访谈前由访谈员先自我介绍，说明访谈的目的和保密原则，并征得受访者的同意后进行录音。

1. 请您介绍一下安置帮教工作的发展历程和目前概况？
2. 安置帮教工作主要提供哪些服务？有没有一些特色项目？
3. 上海的安置帮教工作模式与其他地区有什么区别？目前安置帮教效果怎么样？再犯率的情况如何？
4. 根据您的实务经验，您认为安置帮教服务的必要性体现在哪些方面？社会工作介入安置帮教工作的优势是什么？多年来的服务实践中发现了哪些需要改进之处？
5. 安置帮教工作的工作流程是怎样的？
6. 针对安置帮教对象做评估用什么工具？评估与后续服务提供之间有没有衔接性？
7. 在提供服务过程中，有哪些部门参与其中？这些部门之间的配合度高吗？有什么障碍？
8. 各个部门之间是否有适当的沟通和转介通道？
9. 您认为目前上海的安置帮教服务输送机制有什么地方是需要完善的？
10. 服务对象觉得我们的服务有帮助吗？
11. 根据您的实务经验，您认为安置帮教青少年最大的需求是什么？实际的服务提供在满足他们的需求方面还欠缺什么？他们的这些需求是否会影响到政策制定。
12. 安置帮教工作对于工作人员具有什么要求，你认为安置帮教工作者需要哪些能力和素质？

最后，感谢受访者接受访谈！

后　记

在书稿写作过程中，我曾无数次期待过这一刻的到来，此刻临窗伏案，却百感交集，迟迟无法落笔。遥想十六年前，当我踏进华东政法大学校门那一刻起，便注定了研究方向上的转型与跋涉。对于一个接受了十年心理学专业训练并从事了五年心理学专业教学与研究工作的我来说，融入华东政法大学的社会学学科并结合学校法学优势背景凝练自己的学术生长点便成为必须要面对的职业生涯课题。

21世纪初，社区矫正开始在中国大地上生根发芽，上海率先成立社会组织以服务购买方式为社区矫正人员和刑满释放人员提供专业服务，我便懵懵懂懂地投入到相关议题的研究中来，从社区矫正青少年的心理健康到社会支持，将曾经的心理学研究训练和致力于心理健康研究的学术兴趣与司法实践相结合，竟然渐渐找到了研究兴趣点。随着研究的不断深入，司法实践场域中的种种现象引发了我的思考，"社会适应"这一社会科学研究中较为重要的命题对于司法场域中的青少年犯罪人群体而言到底是怎样的样貌令我好奇。2015年至今，我便致力于这个问题的探索与研究。

在本书杀青的当口，频频获悉未成年司法实践中的种种创新举措着实令我振奋。新的法律法规的出台以及未成年人司法社会工作服务体系建设，无不彰显着国家对未成年人违法犯罪相关行为在审视角度上的变革和对违法犯罪青少年的矫治教育及惩罚措施的关注。但是，与以检查院主导的活跃的未成年人司法系统相比，负责犯罪行为矫正的司法行政系统在工作理念和工作方法上却大相径庭。基于未成年人身份所应秉持的儿童利益最大化原则和作为犯罪人身份而赋予的防范与管控之间存在着巨大张力，犯罪矫正系统中针对未成年犯罪人的矫正措施的改革势在必行，却也任重道远。这便是我采用"主位"视角深入研究安置帮教青少年的社会适应过程，以及在此过程中个体

后　记

行动策略因素如何与所处社会生态系统因素相互作用,并对安置帮教青少年社会适应的干预对策进行系统性建构的努力的根本出发点。

历时六年的研究与写作历程终于告一段落,难以忘记调研访谈与转录访谈录音的艰苦,难以忘记恰逢疫情高峰阶段夜以继日的网课与写作轮转交替,难以忘记编码遇到困难时的一筹莫展与彻夜难眠,难以忘记历时六个月写作留下的腰椎疼痛。而除了这些难以忘记的困难与挑战,我更难以忘记的是来自各方的支持与帮助。我发自内心地说,感谢大家。

首先,我要感谢接受访谈邀约的 28 位安置帮教青少年。他们所诉说的字字句句,甚至是音容笑貌,时时浮现在我脑海中。他们的人生故事加深了我对生命的理解,激励着我更加努力地投身犯罪青少年社会心理服务之中,他们也是我写作的源动力。我一定要说,"感谢这些接受我的访谈邀约的青少年朋友们,没有你们,就没有这部关于你们的著作。"我希望他们的故事能够被更多的人知晓,希望这个群体能够被更多的人看见,希望更多的专业人士和社会大众投入到青少年犯罪的预防与矫正工作中来,因为他们需要也值得更多的关爱与包容。

我还要感谢上海市新航社区服务总站的郑波总干事、业务干事王玮玮老师、虹口工作站的裴大凤站长、徐汇工作站的郑鹿站长和上海中和社区矫正事务尤静凤总干事,他们在本研究调研过程中给予我巨大支持。他们对犯罪矫正工作的敬业和对矫正社会工作专业的执着更是我努力学习的榜样。

感谢我的研究生们,华东政法大学 18 届社会工作硕士高秋烨和赵平同学、19 届社会工作硕士陈溪同学对于访谈资料的严谨转录,以及 22 级社会学硕士生张希羽同学对文献的整理汇总,保证了研究与写作工作的顺利开展。

感谢"华东政法大学建校 70 周年图书出版资助计划"对本书出版的经费资助。感谢中国社会科学出版社的编辑王莎莎与刘亚楠老师专业而严谨的编辑工作,是她们的帮助使这本书得以面世,接受读者的检验。

感谢我的家人们。一地鸡毛的中年,捡了芝麻放了西瓜的时候常有,是同为高校教师的先生和具有颇高情商的女儿的理解、支持与包容让我得以完成这个研究计划。更要感谢年逾古稀的父母和天堂中的爷爷,是你们的殷殷期望给了我不断在学术道路上超越自我的信心和勇气。

最后,我要说,这本书不仅仅是对六年研究工作的交代,更是对我的学术生涯的一次检阅。未来的青少年犯罪与矫正研究之路"道阻且长",但我坚信,只要"行而不辍",定会"未来可期"。

井世洁

于浦东花木寓所

2022 年 12 月 26 日